चार वेदों में से चतुर्थवेद अथर्ववेद है।

अथर्ववेद को ज्ञान काण्ड, अमृतवेद और आत्मवेद भी कहा जाता है।

इसमें आत्म-परमात्मज्ञान के साथ-साथ जीवनोपयोगी ज्ञान का भी भण्डार भरा है।

अथर्ववेद का ज्ञान सार-रूप में सरल हिन्दी भाषा में जन-जन के लिए प्रस्तुत है।

# अथर्ववेद

डॉ. राजबहादुर पाण्डेय

डायमंड बुक्स

प्रकाशक: डायमंड पॉकेट बुक्स (प्रा.) लि.

X-30 ओखला इंडस्ट्रियल एरिया, फेज-II

नई दिल्ली- 110020

फोन : 011-40712200

ई-मेल : sales@dpb.in

वेबसाइट : www.diamondbook.in

---

Atharvaveda

By : Dr. Raj Bahadur Pandey

# पूर्वकथन

भारतीय अध्यात्म-मनीषा के द्वारा प्रतिपादित काण्डत्रय-ज्ञान, कर्म, उपासना में से ज्ञानकाण्ड का ग्रंथ है -अथर्ववेद। यह चार वेदों में से चतुर्थ वेद है। आयुर्वेद इसका उपवेद है।

'अथर्व' का अर्थ है -अचल यानी सदा एकरस यानी परमात्मा। और वेद का अर्थ है- ज्ञान अत: वह वेद, जिसमें परमात्मा का ज्ञान है, अथर्ववेद है। इस वेद को आत्मवेद और अमृतवेद भी कहा जाता है। महर्षि 'अथर्वा' इस अथर्व-विद्या के रचयिता एवं द्रष्टा-स्रष्टा हैं।

अथर्ववेद का मुख्य विषय आत्म -परमात्म ज्ञान है। इसके अध्ययन से मनुष्य अपनी अन्तर्निहित शक्तियों का ज्ञान प्राप्त करके उनके विकास एवं उपयोग- प्रयोग से ऐहिक - पारलौकिक उन्नति साध सकता है तथा साधन के द्वारा परमात्मा को भी प्राप्त कर सकता है।

यों मानव-जीवन का चरम - लक्ष्य तो मोक्ष प्राप्ति ही है; किन्तु अन्य तीन पुरुषार्थ- धर्म; धर्मसम्मत काम एवं अर्थ भी व्यावहारिक जीवन में काम्य हैं। यह इसीलिए कि ये तीनों ही जीवन के उस परमलक्ष्य मोक्ष तक पहुंचाने वाले सोपान ही तो है। अस्तु, अथर्ववेदकार महामना महर्षि अथर्वा ने जहां अथर्ववेद में आत्मा, परमात्मा विराट्, व्रात्य, जगत् एवं जगत् में व्याप्त इक्कीस पदार्थादि का वर्णन किया है वही मानव - जीवन के लिए आवश्यक सभी विद्याओं, कलाओं, साधनों एवं ज्ञान का प्रतिपादन भी किया है।

आयुर्वेद वनौषधियों, भस्मो एवं रसायनों के द्वारा रोगों का शमन एवं निर्मूलीकरण करता है। अथर्ववेद में साध्य, कष्टसाध्य एवं असाध्य अनेक रोगों का उपशमन करने वाली वनौषधियों और वृक्ष-मणियों का उल्लेख है। इसीलिए अथर्ववेद को आयुर्वेद का मूल -उत्स कहा जाता है। 'कूट' - नामक वनौषधि चर्म रोगों एवं कुष्ठरोग की नाशिका है। मण्डूकपर्णी- जले हुए स्थान की जलन को शान्त करती है। इसी प्रकार सहदेवी, पृष्ठपर्णी, पाठा, मधूक, अर्जुनादि ऐसी वनौषधियां हैं जो अतिमूत्र, अतिसार, नाड़ीव्रण, यक्ष्मादि रोगों को दूर करती है; ऐसा वर्णन अथर्ववेद में मिलता है। वृक्षों की लकड़ी- छाल आदि से बनायी गयी मणियों के धारण से और सूर्य - रश्मियों के सात रंगों से रोगशमन की बात भी वहां कही गयी है। मानसोपचार, मंत्रों एवं अभिमंत्रित जलादि से भी रोग दूर किये जा सकते है, ऐसा अथर्ववेद में उल्लेख है।

जीवन के लिए उपयोगी ज्ञान एवं शिक्षाएं तथा उपदेश अथर्ववेद में यत्र तत्र-सर्वत्र उपस्थित मिलते हैं। बुद्धिवर्धक उपाय, वीर्यरक्षा, ऐश्वर्य-साधनों की वृद्धि, परस्पर सहयोग-

वृद्धि, पतन के कारणों का दूरीकरण, गर्भाधान, मुंडन, अन्त्येष्टि आदि संस्कार, सभा में जय, कलहशान्ति के उपाय समय पर वर्षा कराने के उपाय, देश-विदेश में व्यापार-वृद्धि, ऋणविमोचन, अभिचार-निवारण, यज्ञ-प्रक्रिया, शत्रुनाशन, शत्रु सेना का मोहन एवं उच्चाटन, कृत्यानिवारण, राजा के कार्य आदि बहुत कुछ और सब कुछ अथर्ववेद में है।

सभी वेद स्तुति-प्रधान हैं, अत: अथर्ववेद में भी इन्द्र, अग्नि, इन्द्राग्नि, वरुण, पर्जन्य, मरुद्गण, त्वष्टा, सविता, विश्वेदेवा, सोम, भवशर्वादि देवो तथा ध्यावापृथिवी, अन्तरिक्ष आदि की स्तुतियों हैं और इन देवों से रोग-पापमुक्ति, ऐश्वर्य, सन्तान, पशुवृद्धि और शत्रुनाशन एवं रक्षा आदि की प्रार्थनाएं की गयी हैं। अतिथि-सत्कार, युद्ध-विजय आदि का भी वहां वर्णन है।

अथर्ववेद के मन्त्र गायत्री, जगती, बृहती, पंक्ति, त्रिष्टुप, अनुष्टुप, साम्नी आदि छंदों में बद्ध हैं। कथन को प्रेषणीय एवं प्रभावोत्पादक बनाने के लिए भाषा में सांग-निरंग रूपक, उपमा, उत्पेक्षा, विपरीत परिणामी, उदाहरणादि अलंकारों का भी यथास्थान प्रयोग किया गया है। अलंकारों के अश्व, गौ, वत्स, जलस्रोत, जलधारा आदि उपमान परिवेश से ही ग्रहीत हैं।

अथर्ववेद में बीस काण्ड, सात सौ इकतीस सूक्त एवं पांच हजार नौ सौ इकहत्तर मन्त्र हैं। मन्त्रसमूह को सूक्त कहा जाता है। सूक्त का रचयिता-द्रष्टा जो ऋषि है, वही सूक्त का ऋषि कहा जाता है। सूक्त में जो वर्णन है या जिसका वर्णन है; वही उस सूक्त का देवता होता है। प्रस्तुत पुस्तक में हमने सूक्त देवता का ही उल्लेख किया है, सूक्त ऋषि का नहीं। सूक्तों का सरल हिन्दी में अनुवाद किया गया है। किन्तु विस्तार भय से संक्षेपीकरण की प्रवृत्ति का आश्रय लेकर अनेक सूक्तों का भावार्थ भी प्रस्तुत किया गया है।

हमारी यह पुस्तक यदि पाठकों के समक्ष अथर्ववेद का मर्म प्रस्तुत कर सके और वेदों तथा वेदज्ञान के सम्बन्ध में उनकी धर्मरुचि बढ़ा सके, तो हम अपने श्रम को सफल मानेंगे।

**राजबहादुर पाण्डेय**

# प्रथम काण्ड

**प्रथम अनुवाक : सूक्त :** 1 : देवता वाचस्पति (ब्रह्मा)

संसार के समस्त-पदार्थों में इक्कीस देवता व्याप्त हैं। वाणीपति ब्रह्मा मुझे उनका बल दें। हे वसुपति! वाणीपति ब्रह्मा! मुझे पठित ज्ञान- धारिका-बुद्धि और मेरे इच्छित फल दीजिए। हे वाचस्पति ब्रह्मा! ऐश्वर्य में हमारी बुद्धि स्थिर रहे। हम सम्पूर्ण ज्ञान से ओत -प्रोत हों।

**सूक्त :** 2 : देवता : पर्जन्य

जड़-चेतन के धारक पर्जन्य (मेघ) एवं पृथिवी; वाण के पिता-माता है। तीव्र वाणों को और शत्रुओं के द्वेषपूर्ण कर्मों को हे देवपति! हमसे दूर हटाओ। हमारे शरीर दृढ़ हों। पृथिवी-द्युलोक के बीच स्थित तेजों से युक्त यह 'वाण ' हमारे रोग, स्राव और घावों को ठीक करें।

**सूक्त :** 3 : देवता : पर्जन्य

मेघ-पुत्र वाण से हे रोगी! तेरे मूत्र रोग को दूर करता हूं। सूर्य की किरणों से तेरे रोग को दूर करता हूं। तेरा रुका हुआ सब मूत्र शब्द करता हुआ बाहर निकल जाय। तेरे मूत्राशय के द्वार को मैंने खोल दिया है।

**सूक्त :** 4 : देवता : आप (जल)

जल, सोमरस, दूध तथा धृतादि होमद्रव्य लेकर याज्ञिक यज्ञ में आते हैं। सूर्य-मण्डल स्थित जल हमारा यहां सफल करे। दिव्य-गुणों वाला तथा अमृत एवं औषधियों से पूर्ण जल हमारे पशुओं को शक्ति दे। मैं जल देवता का आह्वान करता हूं।

**सूक्त :** 5 : देवता : आप (जल)

हे सुखदायक जलों! अपने रसों से हमें पुष्ट करो। अन्न-प्राप्ति के लिए हम पर्याप्त रूप में आपको पाये। सुख-साधनों के स्वामी तथा औषधिरूप में व्याधि-निवारक जल की मैं प्रार्थना करता हूं।

**सूक्त :** 6 : देवता : आप. (जल)

दिव्य-गुण-सम्पन्न जल हमें सुख-शान्ति दें। सब औषधियों में व्याप्त जल हमारे लिए कल्याण- कारक एवं रोग निवारक हो। मरु-प्रदेश, जलसम्पन्न प्रदेश तथा कुएं और घड़े के जल हमें सुख दें।

**द्वितीय अनुवाक : सूक्त :** 7 देवता : अग्नि : इन्द्र

हे अग्नि! हमारी हवि से प्रसन्न होकर हमारे प्रार्थित देव को पास बुलाओ। धृत तथा हवि के भोजन से प्रसन्न आप और इन्द्र, राक्षसों का नाश करें। हे ज्ञानस्वरूप अग्नि! आप हमारे दूत बनकर हमारे इच्छित प्रयोजनों को पूर्ण करे, राक्षसों को हमसे दूर करे। इन्द्र अपने वज्र से राक्षसों के शिरों को काटे।

**सूक्त :** 8 : देवता : बृहस्पति

प्रवाह से जल के भागों को दूर फेंक देने वाली नदी के समान तुम भी हे अग्नि! हमारे द्वारा दी गयी हवियों को देवों के पास पहुंचा और इन दुष्टों को तथा इनके हानिकर प्रयत्नों को दूर फेंक दो। हे अग्नि! हे बृहस्पति! आपसे त्रस्त होने वाले और शरण में आये हुए इस राक्षस को नष्ट करो। मन्त्रबल से वृद्धि को प्राप्त, ज्ञानसंपन्न आप इन राक्षसों को संतान-सहित नष्ट करो।

**सूक्त :** 6 : देवता : वसु आदि

धनादि के इच्छुक यजमान को वसु, इन्द्र, पूषा; वरुण, सूर्य, अग्नि आदि देव धन दे और आदित्य तथा विश्वेदेवा इसे तेजस्वी बनाये। हे देवो! इस यजमान में सूर्य, अग्नि, इन्द्रादि की ज्योति रहे। इसे शत्रुरहित, दुःख-रहित करके स्वर्ग में पहुंचाओ। देवो तक हवि पहुंचाने वाले हे अग्नि! इस यजमान को यज्ञ-मंत्रों से बढ़ाओ और लोक में श्रेष्ठ बनाओ।

**सूक्त :** 10 : देवता : वरुण

वरुण देव सर्वनियामक और पापियों के दण्डदाता है। सत्यभाषण उनके वश में है; उनसे शक्ति पाकर तीक्ष्ण हुआ मैं, वरुण के क्रोध से पीड़ित यजमान को बचाता हूं। हे वरुण! यह यजमान आपका होकर सौ वर्ष जीवे। असत्य भाषण में जिह्वा का दुरुपयोग करने वाले; जलों के अधिष्ठाता वरुण देव के क्रोध-पात्र इस यजमान को मैं वरुण देव से छुड़ाता हूं। हे वरुण! हमारी स्तुतियों से आप प्रसन्न होकर हमारे अपराधों को क्षमा कीजिए।

**सूक्त :** 11 : देवता : पूषा आदि

हे पूषा! वषट्कार (स्वाहा) के द्वारा ऋत्विज; अर्यमा, वेधा और आपको हवि दे। आपकी कृपा से यह रखी बिना कष्ट के प्रसव करें। इन्द्र दिग्देवता आदि ने पहले इसके गर्भ को बनाया, अब वे ही इसे बाहर निकाले। पूषा उसे जरामुक्त करे। मरुत देव गर्भ का मुख नीचे करें। यह जरायु मांसादि किसी धातु का बना नहीं अत: यह नीचे गिर जाय। जैसे पक्षी आकाश में अरोक विचरते हैं, वायु और मन तीव्रगति से चलते हैं, वैसे ही हे गर्भस्थ शिशु! तू गर्भ से बाहर आ।

**तृतीय अनुवाक : सूक्त :** 12 : देवता : रोगनाशक सूर्यादि

इस जरायुज जगत में सर्वप्रथम वायु-सदृश शीघ्रगामी सूर्य मेघों और वर्षा के साथ आते हैं। अकेले होकर भी तीन रूपों में प्रकाशित वे सूर्य हमारे वात-पित्त-कफ तीन दोषों को सम रखें।

हे सूर्य और सूर्य के समीपवर्ती देवो हवि अर्पण के द्वारा तुष्ट आप यजमान को शिर दर्द, श्लेष्मा, खासी आदि से रोगमुक्त कीजिए। इसके उत्पन्न हुए कफज, वातज और पित्तज रोग दूर हों। मेरे शरीर में व्याप्त रोग नष्ट हो और मैं सुखी होऊं। मेरे प्रत्येक अंग को सुख मिले।

**सूक्त :** 13 : देवता : पर्जन्य, विद्युत

चमकती हुई विद्युत, उसकी गर्जना-ध्वनि और वज्र एवं मेघ को मेरा प्रणाम। आप पातकों एवं आततायियों पर वज्र प्रहारकर्त्ता है। सत्पुरुषरक्षक पर्जन्य (जल-भरे मेघ) को मेरा नमन। आप हमें और हमारी सन्तान को सुख दे और हमारे भयों को दूर करें। हे अगम्य पर्जन्य! आपको हमारा नमस्कार।

**सूक्त :** 14 : देवता : वधू-वर

इस वधू की तेजस्विता तथा इसके भाग को मैं मानता हूँ। यह मेरी माता तथा बान्धवों में पर्वत के समान स्थिर होकर बहुत काल तक रहे। हे नियम में रहने वाले राजा (वर)! यह नियम में बँधी वधू आपके परिवार में रहे। यह आपके परिवार की रक्षिका है। जब तक यह जीवित है, आपके माता-पितादि बान्धवों में रहे। बन्धन-रहित, सोमपायी, मैं इसे तेरे ऐश्वर्य के साथ बांधता हूँ।

**सूक्त :** 15 : देवता : प्रजापति

सब नदियाँ, वायु और पक्षी मेरे अनुकूल रहें। मैं धृत, दुग्ध, हवि से देवताओं के लिए यज्ञ कर रहा हूँ। वे मेरे अनुकूल हों। हे देवों! यज्ञ में स्तुति किये गये और हवि दिये गये तुम यजमान के यज्ञ में आओ और इसे सन्तान, धन, पशु दो। नदियों के अक्षय-जल से हम धन-धन्यादि अविच्छिन्न रूप से प्राप्त करते हैं। घृत, दुग्ध एवं जल, पशु-धन हम पर्याप्त रूप में प्राप्त करें।

**सूक्त :** 16 : देवता : अग्नि-वरुण आदि

अंधकार में विचरने वाले मानव-घातक राक्षसों से इनके संहारक अग्निदेव हमें अभय करें। इन्द्र ने कहा है -ये सीसा राक्षसों का संहार करने वाले हैं। इनसे लोक की रक्षा कर। शत्रु हमारे घोड़ों, भृत्यों और वीरों को हानि न पहुँचाए, अत: हम उसे सीसे से मारते हैं।

**चतुर्थ अनुवाक : सूक्त :** 17 : देवता : योषित-धमनियाँ

इस स्त्री के शरीर के निम्न भाग, ऊपरी भाग, मध्य भाग की छोटी-बड़ी सभी धमनियां रक्त का बहाव छोड़कर स्थिर हो जाएं। हृदय की हजारों शाखाओं वाली प्रधान सौ धमनियों का रक्तस्राव मन्त्र से बन्द हो गया है। मूत्राशय की वक्र नाड़ी तथा अन्य नाड़ियों! तुम रक्तस्राव बन्द करके इस रोगी को सुख प्रदान करो।

**सूक्त :** 18 : देवता : सवितादि

ललाट, मस्तक एवं शरीर के कुलक्षणों को हम त्यागते हैं, और अपने तथा अपनी सन्तान के लिए कल्याणकारी-चिन्हों को धारण करते हैं। सविता, वरुण, अर्यमा देव तथा हमारी अनुकूल बुद्धि भी हमारे असौभाग्य-चिन्हों को दूर करे। पुरुष! तेरे शरीर, केश एवं नेत्रों में जो बाहरी भीतरी कुलक्षणों के चिंह हैं, उन्हें हम मन्त्रों से दूर करते हैं। हरिण के समान पैर वाली, बैल सदृश दाँत वाली, गौ-सदृश चाल वाली, विकृत वाणी वाली स्त्री यानी कुलक्षणा-वृत्ति को मन्त्र्-प्रभाव से हम दूर करते हैं।

**सूक्त :** 19 : देवता : इन्द्रादि

अस्त्रों से बेधने वाले और सब ओर प्रहार करने वाले शत्रु हमारे पास न आयें। हे इन्द्र! शत्रु के बाणों को हमसे दूर कीजिए। हमारे दिव्य वाण शत्रु-संहार करें। हमारे समाज के, जाति के, समान जाति के और हमें दास बनाने के इच्छुक, सब शत्रुओं को, संहारक रुद्र-देव अपने बाणों से नष्ट कर दें। मेरा मन्त्र कवच-सदृश मेरा रक्षक हो।

**सूक्त :** 20 : देवता : सोम-मरुदगण आदि

हे सोम! हमारे शत्रु अपने स्थान एवं अपनी स्त्री से विलग हो जायें। हे मरुद्गण! हमारे यज्ञ हमें सुखी करे एवं शत्रुओं को दूर करें। हे वरुण। शत्रु के अस्त्रों को दूर करो। शत्रु हमारी हिंसा न कर सके। हमें सुख दो। हे इन्द्र! आप अपराजेय हैं, शत्रु-तिरस्कारक हैं। आपका मित्र पुरुष अपराजेय एवं अहिंस्य हो जाता है। आपकी सहायता से हम शत्रु-जेता हों।

**सूक्त :** 21 : देवता : इन्द्र

अविनाशी, शोभन-फल एवं मंगलदायी, प्रजापालक, वृष्ट्यर्थ वृत्र (मेघ) के हन्ता, शत्रुनाशक, प्राणि-नियन्ता एवं सोमपायी इन्द्र हमें अभय दे; युद्ध में हमारे नेता हों। हे ऐश्वर्यवान् इन्द्र! हमारे शत्रुओं को मारो। हमारे धन-क्षेम आदि के हरण के इच्छुक शत्रु को अन्धकार में डालिए। हे प्रभु! हे वृत्तहन्ता! शत्रु का उत्साह भंग कर उसके जबड़े तोड़िए, उसके वाणों को हमसे दूर कीजिए।

**पंचम अनुवाक : सूक्त :** 22 देवता : सूर्य

हे रोगी! तेरे हृदय रोग एवं कामला रोग तथा शरीर का पीला एवं हरा रंग सब सूर्य की ओर जाए। तेरा गो जैसा लाल वर्ण हो जाय। हे रोगी! स्वाथ्य एवं दीर्घायु के लिए तेरा शरीर-वर्ण गौ-सदृश लाल हो जाय, हरापन एवं पीलापन दूर हो जाए। हम तुझे कामधेनु तथा सामान्य धेनु के लाल-वर्ण से युक्त करते हैं। तेरे शरीर के हरित वर्ण को हम शुक्र, शुककोष्ठ एवं गोपीतक पक्षियों के हरे रंग में भेजते हैं।

**सूक्त :** 23 : देवता : वनस्पतियां

हे हल्दी, भाँगरा, इन्द्रवारुणि, असित वर्ण करने वाली नील-औषधि! तुम सब कुष्ठ-रोग से विकृत अंग को अपने रंग का बनाओ। हे औषधि! श्वेत कुष्ठ के श्वेत रंग को दूर कर इस रोगी को लालिमा दे। हे नील औषधि! तेरा रंग काला है। तेरे लेपन से श्वेत कुष्ठ के धब्बे दूर हों। हड्डियों, मांस एवं त्वचा में स्थित कुष्ठ के धब्बे दूर हों। हड्डियों, मांस एवं त्वचा में स्थित कुष्ठ रोग के जीवाणुओं को मैंने मंत्र द्वारा नष्ट कर दिया है।

**सूक्त :** 24 : देवता : आसुरी वनस्पति

हे औषध! तू पहले गरुड़ के पित्तरूप में स्थित थी। असुरों ने गरुड़ को जीतकर तुझे प्राप्त किया। असुरों ने तुझे गरुड़ के पित्तरूप-औषधि को कुष्ठनाशक औषध बनाया। हे औषध! तेरे पिता-माता का और तेरा श्याम वर्ण है अत: तू श्वेतकुष्ठ वाले अंग को श्याम बना देती है। हे श्याम वर्ण वाली! तू इस कुष्ठ-ग्रसित अंग को ठीक करके पहले जैसा बना दे।

**सूक्त :** 25 : देवता : यक्ष्मादि ज्वरनाशक अग्नि

हे पीड़ादायक ज्वर! तेरी उत्पत्ति हवन की अग्नि से है; यह समझ और हमारे द्वारा शरीर पर छिड़ गये यज्ञ के उष्ण जल से; हमारे शरीर को छोड़ बाहर हो जा। तू शरीर को पीत-वर्ण का बना देने के कारण 'हडू' नाम से ख्यात है। अग्नि से उत्पन्न ताप-गुण-युक्त शरीर-तापक ज्वर! उष्ण जल से सिंचित तू शरीर से बाहर हो जा। शीत ज्वर! ऐहिक ज्वर, द्विआह्निक ज्वर, तिजारी ज्वर सबको मैं प्रणाम करता हूँ।

**सूक्त :** 26 : देवता : इन्द्रादि

हे देवो! शत्रु द्वारा छोड़ा गया अस्त्र और उसके द्वारा फेंके गये पाषाण हमसे दूर रहें। सूर्य, सविता, परमेश्वर और इन्द्र हमारे मित्र हों। वे हमें सुख दें, आरोग्य दें, हमारी सन्तान को सुख दें और हमारे अनिष्ट को दूर करें। सप्तगुणयुक्त तेजस्वी मरुद्गण और पर्जन्य हमें सुख दें।

**सूक्त :** 27 : देवता : इन्द्राणी

नागलोक के 21 जातियों के सर्पों की केंचुलियों से परहितचिन्तक शत्रुओं की आंखों को हम ढक दें। शिव-धनुष के समान तीक्ष्ण शसत्रास्त्रधारिणी हमारी सेना शत्रु को नष्ट करे। थोड़े अथवा असंख्य शत्रु हमसे हारकर ऐसे निर्बल हों, जैसे बांस की ऊपरी शाख निर्बल होती है। है सुभटो! तुम शीघ्र अपने लक्ष्य-शत्रु के राष्ट्र-तक सेना को पहुंचाओ। सेना की रक्षिका इन्द्राणी सेना के आगे-आगे चलें।

**सूक्त :** 28 : देवता : अग्नि, यातुधान

रोग एवं राक्षसों के नाशक अग्निदेव स्वर्ग से चलकर यजमान के समीप आ रहे हैं। हे अग्नि! पिशाचों, यातुधानों, राक्षसों को भस्म करो। पापिनी, कटुभाषिणी, हिंसिका और सन्तान के भूप-रुस-पुष्टि का हरण करने वाली राक्षसी अपनी सन्तानों और शत्रुसन्तानों का भक्षण-करें। वे परस्पर लड़ती हुई मर जाएं।

**षष्ठ अनुवाक : सुक्त** : 26 : देवता : ब्रह्मणस्पति

हे ब्रह्मणस्पते! जो मणि इन्द्र की समृद्धिदायिका है, उससे शत्रुओं से पीड़ित राष्ट्र की समृद्धि (अश्व-गज-धन) बढ़ाओ। हे मणि! तू हमारे शत्रुओं को निर्वीर्या कर। जीवों के प्रेरक सविता देव से समृद्ध और सोम से समृद्ध हे मणि! तू अपने धारणकर्ता की महिमा बढ़ाती है, मुझे शत्रु को हराने का बल दे। सब प्राणियों का प्रेरक सूर्य उदय हुआ। शत्रु-पराभव-कामना वाली मेरी मन्त्ररूप वाणी प्रकट हुई। मणिधारक मैं शत्रु हिंसा में समर्थ होऊँ। हे मणि! तेरे बल से मैं शत्रु-हन्ता, राष्ट्र का स्वामी और प्रजाओं को इच्छित फल देने वाला होऊँ।

**सूक्त :** 30 : देवता : विश्वेदेवा

हे इन्द्र, विश्वेदेवा, वसुगण, धाता, अर्यमा देवो! आयु की कामना वाले यजमान की रक्षा करो। इसके शत्रुगण को अशक्त करो, इसकी कोई हिंसा न कर सके। मैं इसे तुम्हें सौंपता हूं इसे विपत्ति से बचाओ और पूर्ण आयु दो। हे स्वर्गवासी देवो भूमण्डलवासी अग्निदेव, हे अन्तरिक्ष में गमनशील वायु! तुम यजमान की आयु को बढ़ाओ। जिस अग्नि के लिए पंचयज्ञ होते हैं, जिन देवों का यज्ञ में हवि भाग है; वे इन्द्रादि देवता और दिशाओं के स्वामी देवता इस यजमान की आयु बढ़ाये।

**सूक्त :** 31 : देवता : दिग्पाल

हम दिग्पालों को मन्त्र- युक्त आहुति देते हैं। हे इन्द्रादि दिग्पालों! हमें मृत्यु के तथा अन्य दुःखदायक पाशों से रक्षित कीजिए। चौथे दिग्पाल कुबेर धन दें, मैं कुबेर को हवि देता हूँ। हमारे माता-पिता, गौएं, सभी सम्बन्धी श्रेष्ठ धन वाले और कुशल हों तथा हम सौ वर्ष तक सूर्य के दर्शन करें।

**सूक्त :** 32 : देवता : द्यावा-पृथिवो

हे जिज्ञासुओं! यह जानो कि जलात्मक ब्रह्म न पृथिवी पर और न द्यौ में रहता है। जल से औषधियां पुष्ट होती हैं। जल आकाश-पृथिवी के मध्य स्थित है। गन्धर्व भी अन्तरिक्ष में ही रहते हैं। अन्तरिक्ष ही स्थावर-जंगम का आश्रयस्थल है। हे धावा-पृथिवी तुम इस जल की उत्पत्ति में लगे हो। जल तरल है। नदियाँ जलयुक्त रहती हैं। आकाश विश्व का ढक्कन है। वृष्टि के द्वारा समस्त धनों के देने वाले आकाश को और विश्व की आश्रय पृथिवी को मैं प्रणाम करता हूँ।

**सूक्त :** 33 : देवता : आप (जल)

रमणीय, सुन्दरवर्ण और पवित्रताप्रद जल से सूर्य, विद्युत और बड़वानल उत्पन्न हुए हैं। जो अग्निगर्भा है, वह जल रोगादिहर और सुखदायक हो। जिसमें कर्मपाशधारक वरुण रहते हैं, वह जल हमें सुख-शान्ति दे। जिस जल से देव स्वर्ग में सोम का उपभोग करते हैं, वह जल हमें सुख-शान्ति दे।

**सूक्त :** 34 : देवता : मधु-वनस्पति

मधुमयी पृथिवी से उत्पन्न अत: मधुमयी हे मधुकलता! मैं तुझे खोदता हूँ। तू मुझे मधुरता दे। मेरी जिव्हा का अग्रभाग मधुर हो। मेरा शरीर, अन्तःकरण और कर्म मधुर हो। मेरे द्वारा किये गये निकटवर्ती कार्य और दूरवर्ती कार्य मधुमय हो। मेरी वाणी में तथा मेरे कार्यों में मधुरता होने से मैं सर्वप्रिय हो जाऊँ। हे मधुकलता! तेरी समीपता से मैं, मधु से भी अधिक मधुर हो जाऊँ। हे पत्नी! परस्पर प्रिय और मधुमय रहने को ही मैं तुझे प्राप्त हुआ हूँ। तू मेरी इच्छा करने वाली रहे। मुझे छोड़ अन्यत्र न जाय।

**सूक्त :** 35 : देवता : हिरण्यम-सोना

हे पुरुष! तुझे शतायु करने के लिए आनन्दप्रद हिरण्य मैं तेरे बधता हूं। हिरण्य देवों में प्रथम उत्पन्न हुआ है। हिरण्यधारी को रोग नहीं होते। पिशाच उसे पीड़ित नहिं करते। यह बलदायक आठवीं धातु है। इसका धारक राक्षसनाशक और शतायु होता है। जलों, इन्द्र, सूर्य, चन्द्र का तेज हिरण्य-धारक में मैं स्थापित करता हूँ। ऐश्वर्य के इच्छुक तुझे सवंत्सर तक रहने वाले तेज से युक्त करता हूँ।

## द्वितीय काण्ड

**प्रथम अनुवाक : सूक्त :** 1 : देवता : ब्रह्म, आत्मा

विश्व परब्रह्म में लीन होकर रहता है। भौतिक जगत् से अभिन्न सर्वशक्तियुक्त इस ब्रह्म को सूर्य के नाम रूप से प्रकट किया। तब से प्रजाएँ सूर्य को जानती और पूजती हैं। आराधकों

के हृदयस्थित उस ब्रह्म को सूर्य कहा गया है। ब्रह्म के तीन पाद दृष्टि से ओझल हैं। सत्योपदेश से ही ब्रह्मज्ञान हो सकता है। सूर्यात्मक ब्रह्म हमारा पिता है-भ्राता है। वही कर्मफल ज्ञाता है। वह इन्द्र, अग्नि नाम से भी लोक में प्रकट है। जैसे ब्रह्म संसार को व्याप्त करते स्थित है; वैसे मैं (आत्मा) भी स्थित हूं। मैं तत्त्व-ज्ञान के प्रकट होने पर सब जान चुका हूँ। इन्द्रादि देवता भी ब्रह्म में ही लीन हो जाते है, वृत्तियों के द्वारा ब्रह्म का साक्षात्कार होने पर इन्द्रियाँ भी ब्रह्म में लीन हो जाती हैं।

**सूक्त :** 2 : देवता : गन्धर्व (सूर्य) अप्सराएं (किरणें)

अपनी वृष्टि से संसार का पोषण करने वाले सूर्य पृथिवी के स्वामी हैं, प्रजाओं के स्तुत्य हैं। हे गन्धर्व (सूर्य)! मैं तुम्हें हवि देता हुआ नमस्कार करता हूँ। गन्धर्व हमें सुख दें। गन्धर्व (सूर्य)! रश्मियों (अप्सराओं) से संगत हों।

रश्मियाँ सूर्य से ही निकलती हैं, उन्हीं में विलीन हो जाती हैं। चन्द्रमा से संयुक्त होने वाली सूर्य-रश्मियों! मैं तुम्हें हवि देता हुआ नमस्कार करता हूँ। उपद्रवों से संसार को रुलाने वाली अप्सराओं (सूर्य-पत्नी रूप रश्मियों) को मैं नमस्कार करता हूँ।

**सूक्त :** 3 : देवता : स्रावरोधक भेषज मूँज-मिट्टी

मूँज के अग्रभाग की औषधि बनाता हूँ। उसे शक्तिशाली औषधि बनाकर व्याधिनाशार्थ प्रयोग करता हूँ। हे मूँज। तू अतिसार, अतिमूत्र, नाड़ीव्रण, रक्तस्रावनाशक औषधियों में उत्कृष्ट हैं। खेत की मिट्टी व्रण-पाक करने वाली और अतीसारादि की अचूक औषधि है। बामी की मिट्टी स्राव और अतिसार की उत्तम औषधि है। औषधि रूप में प्रयुक्त जल रोगनाशक एवं सुखदायक हों। रोगोत्पादक कारणों को इन्द्र का वज्र नष्ट करे। राक्षसों के द्वारा फेंके हुए रोग रूपी शस्त्र अन्यत्र गिरें।

**सूक्त :** 4 : देवता : जगिड्डमणि

हिंसात्मक कर्म तथा राक्षसों के वेग एवं शरीर-शोषक व्याधि के नाशार्थ जगिड्ड वृक्ष की बनी मणि को हम बाँधते हैं। यह अन्यों से प्रेरित उपद्रवों तथा कृत्या राक्षसी की नाशिका है। रोगनाशिका यह मणि हमें पापों से बचाये, भूत-प्रेत-पिशाचों को मारे, शत्रु का पराभव करे और आयु-वृद्धि करे।

**सूक्त :** 5 : देवता : इन्द्र

दिव्य-ऐश्वर्य-युक्त हे इन्द्र! हमें इच्छित फल देने के लिए हर्यश्वों के साथ हमारे यज्ञ में आओ और छन्ने में छानकर शुद्ध किये सोम को पियो। इसका मधुर-नवीन रस तुम्हें स्वर्गिक आनन्द दे। इन्द्र जीवों के मित्र, शत्रुवशकर्ता, वृत्रासुर तथा वर्षक मेघ के हननकर्ता और

अंगिरा की गोओं के अपहारक मणियों के बल के नाशक हैं। हे इन्द्र! हमारी स्तुतियों से प्रसन्न होओ।

**दूसरा अनुवाक : सूक्त :** 6 : देवता : अग्नि

हे अग्नि! संवत्सर, ऋतु, मास, पक्ष दिवस, पृथिवी आदि तुम्हें बढायें। प्रदीप्त तुम सर्वत: प्रकाशित होओ। प्रदीप्त तुम यजमान के कामनापूरक होकर उसे कर्म करते रहने की प्रेरणा दो। जो तुम्हारे सेवक न हों, श्रीहीन हो जायें। हमारे शत्रुओं का नाश करो। मित्रों के उपकारक तुम उन्हें पुष्ट करो समानजन्मा ब्राह्मणों के मध्यस्थ तथा यजमान के उपजीव्य होओ। विषय-विकार का शमन करो। व्याधियों-कुबुद्धियों को मिटाओ। हमें पुत्र-पौत्रादि का धन दो।

**सूक्त :** 7 : देवता : वनस्पति (दूर्वा)

देवनिर्मित वीरुध (जड़ी) पापों-शापों और विघ्नों की नाशिका हो तथा शरीर-मलों को दूर करे। ब्राह्मणों का शाप, भगिनी का क्रोध और शत्रुओं का कोसना; ये हमारे चरणों से दबे रहें। हे मणि! फैली जड़ी वाली और गाँठों वाली दूर्वा हमें बन्धन-मुक्त करे। हे मणि! मेरे सन्तान-धन की रक्षा करे। हमसे और हमारे सुखदायक पुरुष से दुर्भाव रखने वाले तथा हमारे पीछे निन्दा करने वाले को छिन्न-भिन्न कर।

**सूक्त :** 8 : देवता : यक्ष्मा-कुष्ठादिका नाशन

'बिचती' नामक मूल नक्षत्र उदय हुआ। वह क्षय, कुष्ठ, अपस्मार आदि रोगों को समूल नष्ट करे। उषाकालीन रात्रि और सूर्य इन रोगों का शमन करें। हे रोगी! अर्जुन वृक्ष की लकड़ी, जौ का भूसा, तिल और मंजरी से निर्मित मणि (औषध) तेरे रोग का नाश करे। हे रोगी! बैल, हल और उसके अंगों को तेरे रोग-शमनार्थ नमस्कार। क्षेत्रीय रोग-नाशिका ओषधि तेरे रोग का नाश करे।

**सूक्त :** 9 : देवता : वनस्पति

गूलर-पलाश काष्ठ से निर्मित हे मणि! ब्रह्म राक्षस से ग्रसित इस पुरुष को उससे छुड़ा पुन: जीवित कर। यह पुरुष तेरे प्रभाव से संसार में लौटे, कर्मों को पुन: करे। भूली विद्या पुन: याद करे और अपने पुत्रों का पिता हो। हे मणि! ब्राह्मण औषध, वरुण, मित्र, ब्रह्म-ग्रह तथा अन्य ग्रह तुमको विकारों की नाशिका जानते हैं। इस मणि के रचनाकार महान् भिषक् महर्षि अथर्वा हे रोगी! तेरे विकार की चिकित्सा करें।

**सूक्त :** 10 : देवता : निऋति-द्यावा-पृथिवी आदि

हे पुरुष! मन्त्र शक्ति से मैं तुम्हें माता-पिता से प्राप्त क्षय-कुष्ठादि रोगों गुरुदोषजन्य पापों एवं अन्य पापों, वरुण-पाश तथा ब्रह्म-दोष, क्षेत्रीय व्याधि और निऋति से मुक्त करता हूँ। आकाश-पृथिवी दिशाएँ, सविता, अग्नि तथा अन्य देवता तेरा मंगल करें। कबीला आदि ओषधियों से मिश्रित सोम तुझे नीरोग करे। वृद्धावस्था तक के लिए मैं तुझे रोगरहित करता हूँ। देवताओं ने जैसे राहु से सूर्य को छुड़ाया था, ऐसे ही मैं तुझे क्षेत्रीय रोग से छुड़ाता हूँ।

**तीसरा अनुवाक : सूक्त :** 11 : देवता : मन्त्रोक्त

हे तिलक मणि! तू अन्य के दोषरूप कृत्य एवं अन्य-प्रेरित आयुध को नष्ट करती है। वज्रवाणी के लिए तू वज्र है। तू मन्त्रात्मक रक्षासूत्र है। तू हमारे समान बल और अधिकबल वाले शत्रुओं को नष्ट कर। वंश तथा बान्धवों वाले तथा हम जिनको मारना चाहते हैं, उन शत्रुओं को नष्ट कर। शत्रु-कृत अभिचारों से अपने धारण-कर्ता को बचा। देश को अन्यकृत अभिचारों से बचा। संताप देने वाले ज्वरादि और कृत्या को अपने सूर्य-सम तेज से नष्ट कर।

**सूक्त :** 12 : देवता : द्यापापृथिवी-अन्तरिक्ष

द्यावापृथिवी-अन्तरिक्ष, वायु, सूर्य, अग्नि, लोकपाल विष्णु आदि शत्रुओं को मारें। हे देवताओं! भरद्वाज मेरी काम्य वस्तुओं की प्राप्ति के लिए मन्त्रों के द्वारा यज्ञ कर रहे हैं। जो शत्रु हमें दुःख दे रहा है, वह हमारे इस यज्ञकर्म से दुर्गति को प्राप्त करे। सोमपान से प्रसन्न हे इन्द्र! मैं तुम्हें बार-बार बुलाता हूँ। मेरे निवेदन पर ध्यान दो। उद्गाता से इन्द्र और सोम के स्तोत्र, अंगिरा ऋषि, बारह आदित्य, अष्टावसु और रुद्रों-सहित हमारे पुरुषाओं की जो कामना है, वह वापी कूप-तड़ाग निर्माण की कामना से प्रकट पुण्य हमारी रक्षा करें। हे आकाश-पृथिवी! हे विश्वेदेवाओं, हे अंगिरा, हे पितरो, हे मरुद्गण! हमारे शत्रुओं का संहार करो। हे शत्रु! तेरे कंठ, सप्तप्राण, आठ नाड़ियां व अन्य अंगों को अभिचार कर्म से मैं छिन्न-भिन्न करता हूँ।

**सूक्त :** 13 : अग्नि, बृहस्पति, विश्वदेवा

हे अग्नि! तुम शतायुष्य के प्रदायक धृत की प्रतीक हो। धृत पीकर तुम मुझे शतायु करो। हे देवताओं। मुझे परिधान धारण कराओ, तेजस्वी बनाओ। हे बालक! तेरी कुशल के लिए यह परिधान धारण कराया है। इससे गौओं की रक्षा-पोषण कर तू ऐश्वर्य प्राप्त कर, दृढ़ और नीरोग हो। विश्वेदेवा तुझे शतायु करें। तेरे बांधव पुत्र-पौत्रादि से समृद्ध हो।

**सूक्त :** 14 : देवता : मंत्रोक्त

निःसाला, एकवाद्या एवं चण्डहासा पिशाची को हम भगाते हैं। हे मगुन्धी पिशाची की पुत्रियों! गोओं के गोष्ठों धन-धान्य-युक्त भवनों, आवासों से दूर रहो। अव्यि नाम्नी तथा सेदि

नाम की राक्षसियों इस लोक को त्याग पाताललोक को चली जायें। भूतनाथ रुद्र और इन्द्र इन राक्षसियों को दूर करें। हे राक्षसियों! तुम (माता-पिता से प्राप्त) अपस्मार गृहणी आदि रोग उत्पन्न करती हो। तुम मेरे घर से दूर रहो। हे राक्षसियों! तुम युद्ध में पराजित हुईं, अब आश्रयहीन हो मृत्यु को प्राप्त होओ।

**सूक्त :** 15 : देवता : प्राण

हे प्राण! तू मरण-शंका से रहित हो और आकाश-पृथिवी के समान चिरजीवी हो। मरणशंका से रहित दिन-रात के समान तू भी हे प्राण! मरण से निर्भय हो। मरणशंका से निर्भय अविनाशी चन्द्र-सूर्य के समान हे प्राण! तू चिरंजीवी हो। मरणशंका से निर्भय ब्राह्मण-क्षत्रिय जाति, सत्यासत्य, भूत-भविष्य के समान हे प्राण! तू भी मरण से निर्भय और चिरजीवी हो।

**सूक्त :** 16 : देवता : प्राण-अपान आदि

प्राण-अपान के अभिमानी देवो! मेरी आहुति ग्रहण करो और मुझे मरण से बचाओ। आकाश-पृथिवी में स्थित दिशाओं! आहुति स्वीकारो एवं मुझे श्रवण-शक्ति दो। नेत्राभिमानी आदित्य आहुति स्वीकारो। मुझे दर्शन-शक्ति दो। हे अग्नि! मुझे वाक्शक्ति दो। हे अग्नि! मुझे पोषण-शक्ति दो और मेरी रक्षा करो। तुम्हारे लिए यह आहुति है।

**सूक्त :** 17 : देवता : ओज आदि

हे अग्नि! तुम ओज हो, मुझे ओज दो। तुम पराक्रम हो, मुझे पराक्रम दो। हे अग्नि! तुम बल हो, मुझे बल दो। तुम आयु हो, मुझे आयु दो। तुम श्रवण-शक्ति और दृष्टि हो, मुझे श्रवण एवं दृष्टि-शक्ति दो। तुम पालन-शक्ति हो, मुझे पालन-शक्ति दो।

**चतुर्थ अनुवाक : सूक्त :** 18 : देवता : अग्नि

सन्तापदायिका शक्ति से प्रदीप्त होकर हे अग्नि! हमारे शत्रु का नाश करो। हमसे द्वेष रखने वाले या हम जिनसे द्वेष रखते हैं, उन पर क्रोध करो। हमारे वैरी और हम जिनके वैरी हैं, उन्हें नष्ट करो। हमारे वैरियों की शक्ति छीनकर उन्हें बलहीन करो।

**सूक्त :** 20 : देवता : वायु

अन्तरिक्ष में घूमने वाले हे वायु! तुम अपनी पीड़ाप्रद शक्ति से उन्हें सन्ताप दो, जिनसे हम या जो हमसे द्वेष करते हैं। हे वायु! तुम उन शत्रुओं पर क्रोध करो, जो हमसे द्वेष या हम जिनसे द्वेष करते हैं। हे वायु! तुम अपनी अर्चि-से प्रदीप्त हो, हमारे उन शत्रुओं पर क्रोध करो, जिनके हम या जो हमसे द्वेष करते हैं। ऐसे शत्रुओं पर हे वायु! तुम बल का प्रयोग करो।

**सूक्त :** 21 : देवता : सूर्य

हे आदित्य! तुम अपनी सन्ताप शक्ति से उस शत्रु को पीड़ित करो, जो हमसे द्वेष करता है और हम जिससे द्वेष करते हैं। उस शत्रु पर अपना क्रोध करो, उसको भस्म करने को अपनी दीप्ति छोड़ो, उसे अपने बल से शोकाकुल करो और उसे निर्वीर्य कर दो।

**सूक्त :** 22 : देवता : चन्द्र

हे चन्द्र! तुम अपनी संताप-शक्ति से हमारे उस शत्रु को सन्ताप करो, जो हमसे द्वेष करता है और जिससे हम द्वेष करते हैं। उस शत्रु पर अपना बल छोड़ो, उसको ही नष्ट करो, उसे अपने बल से शोकाकुल करो, उसे अपनी सामर्थ्य से निर्वीर्य कर दो।

**सूक्त :** 23 : देवता : आप

हे जलो! तुम अपनी सन्ताप-शक्ति से उस हमारे शत्रु को सन्तप्त करो; जो हमसे द्वेष करता है और जिससे हम द्वेष करते हैं। उस शत्रु पर अपना क्रोध प्रकट करो, उसे अपनी दीप्ति से नष्ट करो, उसे अपने बल से शोकाकुल करो। उसे अपनी सामर्थ्य से निर्वीर्य कर दो।

**सूक्त :** 24 : देवता : आयु

हे वधकर्ता! तुम्हारे आयुध, हमारे शत्रु और उसके पशुओं का भक्षण करें। हे घातक! तुम अपने आश्रितों को सुख दो। तुम्हारी भेजी यातनाएँ, आयुध, राक्षस और चोर अनुचर तुम्हारे पास लौट जायें। तुम हमारे शत्रु के साँस का भक्षण करो। हे चोर! तुम्हारी यातनाएँ, तुम्हारे चोर, अनुचर, आयुध हमारे शत्रु का नाश करें। हे जिर्णि राक्षसी, हे उपाब्ध राक्षसी, हे अर्जुनी राक्षसी, हे भंजी राक्षसी तुम सब हमारे उस शत्रु के माँस का भक्षण करो; जिस शत्रु ने तुम्हें हमारे पास भेजा है।

**सूक्त :** 25 : देवता : पृश्निपर्णी औषधि

हे पृश्निपर्णी! तुझे मैं सेवन करता हूँ। तू दाद, छाजन, विसर्पक, कुष्ठादि की नाशिका मुख्य ओषधि है। तू इन रोगों और शुद्ध रक्त को चूसने वाले रोगों तथा गर्भ नष्ट करने वाले रोगों को समूल नष्ट कर। शरीर की धातुओं के भक्षक दुष्ट चर्म रोगों को अपने लेपन, भक्षण आदि के द्वारा नष्ट कर।

**सूक्त :** 26 : देवता : पशु

जिन पशुओं के साथ 'वायु ' रहती है; जिन गर्भ धारण करने वाले पशुओं की रक्षा 'त्वष्टा' करता है; जिनको गोष्ठ में लाने में बृहस्पति समर्थ है; वे सब मेरे गोष्ठ से गये पशु गोष्ठ

में आ जाये। तुझे सेवक, धान, जौ आदि धान्य प्राप्त हो, मेरी गौएँ मेरे पास रहे; मेरी सन्तान घृतादि से पुष्ट हो। मैं इन्हें धृत, दुग्ध, जल, रस, धान्य आदि से सींचता हूँ।

**पंचम अनुवाक : सूक्त :** 27 : देवता : पाठा नामक औषधि, इन्द्र

हे पाठा नामक औषधि! तू वात पित्त, कफ का शमन कर, वाद में प्रतिवादी को पराभूत कर, प्रतिवादियों को शुष्क कंठ और असम्बद्ध बोलने वाले बना। इन्द्र ने जैसे तुझे बायीं भुजा पर धारण किया था और राक्षसों को निरुत्तर किया था, मैं भी भुजा पर धारण करता हूँ, मेरे प्रतिवादियों को परास्त कर। हे इन्द्र! तुम स्मरण मात्र से जल को औषध बना देते हो, तुम मेरे पाठा-सेवन के द्वारा मेरे शत्रुओं को हराने की शक्ति दो।

**सूक्त :** 28 : देवता : अग्नि आदि देव

हे अग्नि! यह बालक रोग से छूटे और पुष्ट हो। हे वृद्धावस्था! तेरे आने तक मित्र देवता इसकी रक्षा करें। मित्र और वरुण इसे वृद्धावस्था प्राप्त करने वाला बनाएँ। हे अग्नि! तुम उत्पन्न और उत्पन्न होने वाले प्राणियों के स्वामी हो; प्राण-अपान इस बालक का त्याग न करें। मित्रशत्रुओं से यह अहिंसित हो। हे बालक! पिता आकाश और माता पृथिवी तुझे वृद्धावस्था में ही मरने वाला कर दें। हे अग्नि! इस बालक को शतायु कर। हे मित्रावरुण, विश्वेदेवा, माता अदिति! तुम इस बालक को वीर्यवान्, गुणी और दीर्घजीवी बनाओ।

**सूक्त :** 29 : देवता : अग्नि, सूर्य आदि

इन्द्र, भग, सूर्य बृहस्पति इस पुरुष को शतायु, तेजस्वी, बुद्धिमान् करें। अग्नि शतायु करे। त्वष्टा सन्तान दे। सूर्य पशुधन सम्पन्न करें। इन्द्र के बल से यह शत्रु-विजय और गृहादि प्राप्त करे। इन्द्र से आयु और वरुण से बल पाकर मरुदगणों से प्रेरित यह पुरुष हे द्यावापृथिवी! तुम्हारी गोद में आ गया है, तुम इसे अन्न-जल दो। हे प्यासे पुरुष! मैं तुझे सुखदायी जल से तृप्त करता हूँ। तू दीप्ति तथा आनन्द से युक्त हो। एक वस्त्र वाला वह रोगी अश्विनीकुमारों की भेषज का पान करे और बल-तेज पाकर शतायु हो।

**सूक्त :** 30 : देवता : मन, ओषधि, दम्पत्ति

हे पत्नी! मैं तेरे मन को हिलाता हूं, तू मुझे चाहने वाली होकर मुझसे दूर न हो। हे अश्विनीकुमारों! तुम्हारे मन मेरी ओर हों। मेरी इच्छा पूर्ण करो। मेरी यह पुकार वाण के समान आप तक पहुँचे। हे औषध! तू कन्या के मन और चित्त को पकड़। यह मेरी इच्छित स्त्री मुझ पति के पास आ गयी, मैं इसे प्राप्त हो गया। मैं धन-सहित इसके पास आया हूँ।

**सूक्त :** 31 : देवता : कृमिनाश

मैं इन्द्र की कृमिनाशक शिला से दृश्य-अदृश्य, जाल के समान फैले रक्त-मनस-दूषक सब कृमियों को नष्ट करता हूँ। मैं मन्त्रबल और ओषधि से आंतों, शिर, पसलियों आदि के कृमियों को नष्ट करता हूं। पर्वत, वन, ओषधि, पशु आदि के द्वारा जो कृमि देह में घुस गये हैं, मैं उनकी पुष्टि को रोकता हुआ उन्हें नष्ट करता हूँ।

**सूक्त :** 32 : देवता : आदित्य

सूर्यवंशियों विकृतियों को नष्ट करें। मैं अनेक वर्ण-आकार वाले कृमियों को नष्ट करता हूँ। अत्रि, कण्व, जन्मदग्नि, अगर के मन्त्रों से कृमिनाश करता हूँ। कृमियों के परिवार, वंश, घर, बीज सभी नष्ट हो गये। हे सींगयुक्त कृमि! तेरे सींग और विष को नष्ट करता हूँ।

**षष्ठ अनुवाक : सूक्त :** 33 : देवता : यक्ष्मा

हे यक्ष्मा (क्षय रोग) ग्रस्त! में तेरे नेत्र, कान, चिबुक, जीभ, नाड़ियों, कंठ भुजाओं, हृदय, क्लोम, पार्श्व, उदर, प्लीहा, यकृत, ऑख, उदर, कुक्षि, नाभि, जाँघों, पाँवों, कटि, गुह्य-प्रदेश, अस्थि, मज्जा, अंगुलि, नख आदि अंगो और रोम-कूपों तथा त्वचा आदि से कश्यप के विवर्ह-मन्त्र के बल से यक्ष्मा रोग को हटाता हूँ।

**सूक्त :** 34 : देवता : पशुपति आदि

पशुपति यज्ञ को प्राप्त हों और उनकी कृपा से धन-बल मिले। हे देवों! अपने उपदेश से यज्ञकर्त्ता का मार्ग-निर्देश करो। हमें सोम प्राप्त हो। जो ज्ञानवान् जीव इस वृद्ध-जीव को मन की आंख से देखते हैं, उन्हें विश्वकर्ता मुक्त करे। भिन्न होते हुए भी एक से दीखने वाले ग्राम्य पशुओं को ईश्वर मुक्त करे। ज्ञानी प्राण को दित्य मार्ग से स्वर्ग को ले जाते हैं।

**सूक्त :** 35 : देवता : विश्वकर्मा

अयष्टा और दुर्यष्टा हमारी यज्ञ करने की इच्छा को विश्वकर्मा पूर्ण करें। सोम की बूदों को अवतरित करने वाले प्रजापति उन बूंदो से हमारे यज्ञ को सम्पन्न करें। मैं यज्ञ के स्वरूप को जानता हूँ। मैंने विद्या-मद में विद्वानों के तिरस्कार का पाप किया है, प्रजापति मुझे पाप-मुक्ता करें। ऋषियों को यथार्थ रूप में देखने वाले चक्षु को नमस्कार, देव स्वामी, बृहस्पति एवं प्रजापति को नमस्कार।

# तृतीय काण्ड

**प्रथम अनुवाक : सूक्त :** 1 : देवता : अग्नि, मरुत्, इन्द्र

देवासुर-युद्ध में देवसेना के सेनापति अग्नि हमारे शत्रुओं की सेना को असमर्थ बनायें। मरुद्गण, अग्नि, इन्द्र मेरे शत्रु की सेना के नाश में प्रवृत्त हो। हे इन्द्र! आप शत्रु-सेना के प्रतिकूल

होकर उसे नष्ट करो। अग्नि; वायु के योग से शत्रु-सेना को पराङ:मुख करते हुए उसे भस्म करो। अग्निदेव शत्रुनेत्रों को विकृत कर दें। वह सेना पराजित होकर वापस हो जाय।

**सूक्त :** 2 : देवता : अग्नि इत्यादि

देवदूत अग्नि शत्रुओं की सामर्थ्य को भस्म करे। शत्रुओं के हमको दबाने के विचार को अग्निदेव भ्रमित करें और उनके मन को मोहग्रस्त करें। हे इन्द्र! शत्रुओं के मन विचलित करके अग्नि-वायु के योग से उन्हें भस्म करो। हे शत्रु के मनो! हे शत्रु-संकल्पों! तुम भ्रमित होओं। हे इन्द्र! हे देवगण तुम शत्रुओं को मोहग्रस्त करके उनके उत्साह को ठंडा करो। हे पापदेवी अप्वा! शत्रुओं के शरीर में रमण कर। मन को भ्रमित करके, मतिभ्रष्ट करके, शोकादि युक्त करके मोहपिशाची उन्हें नष्ट कर दे। हे मरुतो! बल के अहंकार से हमारी ओर बढ़ती रघु-सेना को माया से नष्ट करो।

**सूक्त :** 3 : देवता : अग्नि आदि

हे अग्नि! राज्य भ्रष्ट, प्रजापालक राजा को कृपापूर्ण हो राज्य दिलाओ। द्यावा-पृथिवी में व्याप्त तुम्हारी सहायता मरुद्गण करें। हे ऋत्विजों! देवों से पराक्रमी बनाये गये इन्द्र को यज्ञ में बुलाओ। हे राजा! वरुण, सोम, इन्द्र तेरी प्रजा के द्वारा तुझे मेरे राज्य में आमंत्रित कराएँ और शत्रुओं को पराजित करके फिर पूर्व राजा को तू प्राप्त करे। देवता तुझे अपने देश पहुँचाये। अश्विनीकुमार तेरा मार्ग विघ्नरहित करे। सब पुन: तेरे आज्ञावर्ती हो। हे इन्द्र! तुम इसके शत्रु को भगाकर इसको राज्य प्राप्त कराओ।

**सूक्त :** 4 : देवता : इन्द्र

हे राजा! अपहृत राज्य तुम्हें मिल गया। सब प्रजा तुम्हें माने। दिशाएँ तुमको शुभ हो। हम सेवकों को यथा योग्य धन प्रदान करो। सब राजा तुम्हारे बुलाने पर आये। तुम्हारा दूत अधृष्य हो। अश्विनीकुमार, मरुद्गण, मित्रावरुण तुम्हें राज्य-प्रविष्ट करें। दान में मन लगाओ। द्यावापृथिवी तुम्हारे लिए मंगलकारिणी हो। हे राजा! इन्द्र और वरुण तुम्हें राज्य में बुलाते हैं। इनके लिए यज्ञ करते हुए प्रजा को अपने कार्य में लगाओ। जल देवता और सब देवता तुम्हें राज्य में बुलाते हैं। तुम सौ वर्ष तक राज्यसुख भोगो।

**सूक्त :** 5 : देवता : पलाशमणि

प्राप्त पलाश-मणि मुझे तेजस्वी बनाये। पलाशमणि मुझे धन-बल दे। देवो ने इस मणि को पलाशस्थ किया है, यह पलाश-मणि मुझे तेजस्वी बनाये। पलाशमणि मुझे धन-बल दे। दोनों ने इस मणि को पलाश में स्थित किया है। इसे मुझे भरण-पोषण एवं आयुवर्धन के हेतु देवगण प्राप्त कराएँ। दूसरों का तिरस्कार करने में समर्थ सोममणि मुझे प्राप्त हो। सोममणि को मैं शतायु

होने के लिए धारण करता हूं। यह पर्णमणि अर्यमा की कृपा से बल में श्रेष्ठ है। मैं इसे हाथों में धारण करूँ। घीवर, रथकार और लोहार आदि तथा मन्त्री, अन्य राजागण, ब्राह्मण, क्षत्री, सारथि, ग्रामनेता इन सबको हे मणि मेरी सेवा में लगाओ।

**द्वितीय अनुवाक : सूक्त :** 6 : देवता : अश्वत्थ

हे खदिरोत्पन्न पीपल से बनी अश्वत्थ मणि तेरा वृत्रहन्ता इन्द्र और वरुण से स्नेह है। तू मेरे शत्रुओं को समूल नष्ट कर। हे पीपल! तू जैसे खदिर की त्वचा को भेदकर उत्पन्न हुआ है, उसी प्रकार हमारे शत्रुओं को छेद डाल। हे पीपल! जैसे तुम वृक्षों पर चढ़कर उगते और बढ़ते हो, वैसे मेरे शत्रुओं को कुचलकर बढ़ो। जैसे पीपल अन्य वृक्ष को दबाकर बढता है, वैसे अश्वत्थमणि- धारक हम शत्रुओं को दबाकर बढ़े। नदी-तट के वृक्षों से बंधी नौका खुलने पर जैसे प्रवाह में पड़ जाती है, वैसे हमारे शत्रु प्रवाह में ही रहे, पार न लगें।

**सूक्त :** 7 : देवता : हरिण आदि

कृष्ण मृगमृग रूप औषध माता-पिता से प्राप्त क्षय, कुष्ठ मृगी रोगों को मिटाये। हे मृगश्रुंग! तू क्षेत्रीय रोगों का शमन कर। मृगचर्म के द्वारा मैं क्षेत्रीय रोगों को दूर करता हूँ। जल समस्त रोगों की नाशक औषधि है। हे रोगी! जल तुझे समस्त क्षेत्रीय रोगों से बचायें। रोग आदि का कारण उषाकाल में किये गये अभिषेक से दूर हो। फिर हमारा क्षेत्रीय रोग दूर हो जाय।

**सूक्त :** 8 : देवता : मित्र, विश्वेदेवा

मृत्यु से रक्षा करने में समर्थ मित्रवत् उपकारी मित्र देवता वसन्त आदि ऋतु-परिवर्तन से हमें स्वस्थ करे और दीर्घायु करे। वरुण, वायु और अग्नि महान् राज्य पर प्रतिष्ठित करें। धाता, अर्यमा, सविता मेरी हवि ग्रहण करें। इन्द्र और त्वष्टा मेरी स्तुति सुनें। मैं अदिति की कृपा से सम्मान पाऊँ। मैं सोम, सविता तथा अदिति-पुत्रों की एवं अग्नि की स्तुति करता हूँ। ये मुझे सम्मान दिलाएं। हे महिलाओं! सन्मार्ग-प्रेरक पूषा तुम्हें सत्प्रेरणा दे। हे विरुद्ध मनवालों! मैं तुम्हारे मन को अपने अनुकूल बनाता हूँ।

**सूक्त :** 9 : देवता : द्यावा-पृथिवी, विश्वेदेवा

नख-खुरवाले, खुर-रहित सभी जीवों का वृष्टि आदि से पालक पिता आकाश और पृथिवी माता है। देवो! विघ्नों को तुमने ही बनाया, तुम्ही विघ्नों को नष्ट करो। मैं इच्छित फल-प्राप्ति एवं विघ्न-नाश के लिए पीले डोरे में पिरोयी अरलू वृक्ष की वनी मणि को धारण करता हूँ। हे मनुष्यों! तुम भी इसी प्रकार विघ्न शान्त करके निःशक होकर कार्यों में लगो। सौ प्रकार के विघ्नों की शान्ति के लिए देवताओं ने हे मणि। तुझे बनाया है। अत: मैं तुझे धारण करता हूँ।

**सूक्त :**10 : देवता : एकाष्टका ( प्रकृति )

एकाष्टका (प्रकृति) सृष्टयारंभ में हुई। यह हमें दूध और उत्तम फल दे। रात्रि रूपी प्रकृति की देवता प्रशंसा करते हैं। वह हमारे लिए कल्याणरूप हो। हे रात्रि! हमारी सन्तान को आयुष्मती और हमें धन-सश्वन करो। सूर्य की भार्या उषा रूपिणी एकाष्टका प्रकृति नित्य उदित होती है। इसमें सूर्य-सोम-अग्नि का वास है। हे एकाष्टका (प्रकृति)! हम तेरी स्तुति से सुखी पुत्र-पौत्र-भृत्यादि प्राप्त करें। हे अग्नि! हवि ग्रहण करके प्रसन्न होओ। मुझे सातों प्रकार के पशु दो। हे रात्रि! हम तेरी कृपा से देव-कृपा पायें। हमें इच्छित फल दे। हे एक् व्याप्ति वाली प्रकृति! संवत्सर तेरा पति है। वह आ गया है। इसके साथ रहकर हमें ऐश्वर्य से समृद्ध कर। संवत्सर को मैं यहां द्वारा हवि देता हूं। मैं चौबीस पक्ष और द्वादश मास व्यापी यज्ञ करता हूँ।

हे एकाष्टके! ऋतु, दिन, रात्रि, सवंत्सर, धाता, विधाता, काल के निमित्त मैं यज्ञ करता हूँ। वे प्रसन्न होकर कामनापूरक हों। एकाष्टका ने इन्द्र को प्रकट किया। इन्द्र के बल से देवताओं ने असुरों को परास्त किया। हे इन्द्र-सोम- प्रजापति की पुत्री एकाष्टका! तू हवि ग्रहण करके हमारी कामना पूर्ण कर।

**तृतीय अनुवाक : सूक्त :** 11 : देवता : इन्द्र, अग्नि आदि

यक्ष्मा रोग से मैं तुझे मुक्त करता हूं चिरायुष्य देता हूँ। हे इन्द्राग्नि! इसे यक्ष्मा-राक्षसी से मुक्त करो। व्याधि के कारण क्षीणायुष्य इसको मैं यमलोक से लौटाकर शतायु करता हूँ। इंद्रियों को शक्ति देने वाली हवि से मैं इस रोगी को मृत्यु-पाश से लौटाने के लिए इन्द्र को इसलिए प्रसन्न करता हूँ कि वे इसे शतायु करें। हे प्राणअपानों! तुम इसके शरीर में प्रवेश करो, जिससे इसके मृत्यु-कारणरूप रोग दूर हो जाएं। वृद्धावस्था तक तुम इसके शरीर में रहो। मैं इस रोगी को वृद्धावस्था तक जीवित रहने वाला बनाता हूँ। बृहस्पति तेरे अकाल-मृत्यु-रूप बन्धन को काटे।

**सूक्त :** 12 : देवता : शाला

मैं यही शाला बनाता हूँ। उसमें रोगरहित पुत्र-पौत्रों सहित हम रहें। हे शाला! तू अनेक पशु-युक्त, भोग-पदार्थयुक्त एवं शिशओं की प्रिय वाणी से युक्त तथा अनेक आशाओं से युक्त और मंगलदायिका हो। निर्माता-विधि-विशेषज्ञ बृहस्पति, सविता, वायु और इन्द्र इस शाला को बनाओ, मरुद्गण घृत से सींचें। भगदेवता इसकी भूमि को कृषि-योग्य करें। हे शाला! तुझमें रहने वाले कभी संतप्त न हो और सन्तानयुक्त हो, शतायु हो। शाला में किये गये श्रौत-स्मार्त कर्म चौरादि-भयों से रक्षा करे। मैं यक्ष्मा के कीटाणु-रहित कलश के जलों को अविनाशी अग्नि के सहित शाला में लाता हूँ।

**सूक्त :** 13 : देवता : आप, वरुण

हे जलो! मेघ-ताड़न से इधर-उधर चलकर नाद करने के कारण तुम्हारा नाम नदी हुआ। वरुण से प्रेरित तुम्हें इन्द्र ने प्राप्त किया। अत: तुम्हारा नाम 'आप' हुआ। इन्द्र ने बहते हुए वरणीय तुम्हें 'वरुण' किया और वारण किया। अत: तुम्हारा 'वार' नाम हुआ। इन्द्र ने तुम पर आधिपत्य जमाया तब तुम्हारी ऊपर को श्वास चढ़ी; इसलिए तुम्हारा नाम 'उदक' है। जल ही घृत हुआ। अग्नि में होम कर घृत जल रूप होता है। जल अग्नि-चन्द्रमा से मिलकर पुष्टि देता है। ऐसे जलों के मधुर रस से हमें अक्षय प्राणशक्ति और बल प्राप्त हो। जल के यथावत् प्रयोग से प्राणी में दर्शन-शक्ति, श्रवण-शक्ति और बोलने की शक्ति आती है। इसी से वह इष्ट-प्राप्ति के द्वारा अमृत-आनन्द भोगता है।

**सूक्त :** 14 : देवता : गोष्ठ, अर्यमादि

हे गौओ! हम तुम्हें सुखदायक गोष्ठ में रखते और चारा आदि देते हैं, सन्तान से सम्पन्न करते हैं। अर्यमा, पूषा, इन्द्र, बृहस्पति तुम्हें संपन्न करें। तुम साधक को क्षीर-पूतादि से तुष्ट करो। गोष्ठ में तुम सन्तति सम्पन्न, भयरहित, दुग्ध धारण में समर्थ होकर रहो। तुम्हारी वृद्धि हो, पुत्र-पौत्रादि से सम्पन्न होओ।

**सूक्त :** 15 : देवता : इन्द्राग्नि

वणिक इन्द्र की स्तुति करता हूँ। वह वाणिज्य के विघ्नों को दूर करे और वाणिज्य से मुझे धन-सम्पन्न करे। विदेश-व्यापार से हम बहुत धन लाये। हे अग्नि! व्यापार से बहुत धन पाने को मैं तुम्हें हत्या देता हूँ और तुम्हारी स्तुति करता हूं। विदेश में हमें सुख दो। क्रय-विक्रय लाभकारी हो। मूल धन से अधिक प्राप्त धन हमें सुखी करे। लाभ बाधक देवो को हे अग्नि! रोको। देवताओं! तुम्हारी कृपा से धन बढ़े। इन्द्र, सविता, सोम, प्रजापति अग्नि मुझे धन आदि की ओर प्रेरित करें। हे अग्नि! हम तुम्हें हवि देते हैं, तुम हमें धन-अन्न, सन्तान दो और हमारी रक्षा करो।

**चतुर्थ अनुवाक : सूक्त** 16 : देवता : अग्नि, इन्द्र

हम प्रातःकाल इन्द्र, मित्र, वरुण, अश्विनीकुमार, पूषा, भग, ब्राह्मण दम्पति, सोम और रुद्र का आवाहन करते है। सर्वधारण-पोषण कर्ता, सर्वसाधारण एवं राजा के भी पूज्य अदिति-पुत्र सूर्य का हम प्रात: आवाहन करते हैं। हे सूर्य! तुम्हारे धन का कभी नाश नहीं होता। हे भग! हम पुत्र-पौत्र-पशु-भृत्यादि से सम्पन्न हों। प्रात:-मध्याह्न-सायंकाल हम इन्द्र, भग, सूर्य अग्नि के कृपापात्र रहे। उषा देवी भग देवता को मेरे समीप लाये। अश्व-गौ से सम्पन्न करने वाली उषा सदा मेरे घर में रहे। उषा! तुम हमें जल देने वाली हो, हमारी रक्षा करो।

**सूक्त :** 17 : देवता : सीता

हलवाहे हविरूप मन की प्राप्ति के लिए बैलों के कन्धे पर जुआ रखते हैं। हे कृषको! खेत में अन्न बोओ। खेतों में अन्न शीघ्र उत्पन्न हो, फिर पके। खेत को जोतने को लोहे की फाल का हल अच्छा होता है। वह अन्नोत्पादक होने से सोमयागकर्त्ता है। खेत की रेखा के स्वामी इन्द्र और रक्षक पूषा हों। हे सूर्य! हे वायु! अन्न को सुन्दर फल वाला बनाओ। कृषक सुख से हल चलाएं। जल-देवता जल दें। हे विश्वेदेवाप्रेरित सुन्दर फाल वाली सीता! मधुर-रस-सिंचित तू जल-सहित आ।

**सूक्त :** 18 : देवता : वनस्पति

स्त्री को पति तथा स्त्रोत को बाधा देने वाली 'पाठा' औषधि को मैं खोदकर लाती हूँ। हे पाठा! सौत को पति से दूर और पति को असाधारण-बलयुक्त कर। हे सौत! मैं तेरा नाम भी लेना नहीं चाहती। हे पाठा! सौत नीच से नीच और मैं उच्च से उच्च होऊँ। मैं सौत को तेरे प्रभाव से वश में करूँ। हे सौत! मैं तेरे पलंग पर और पलंग के चारों ओर औषधि रखती हूँ जिससे तू मेरे वश में हो जाये।

**सूक्त :** 19 : देवता : विश्वेदेवा-इन्द्र

मैं जिस क्षत्रिय राजा का पुरोहित हूँ, उसका जाति-भ्रंश-दोष मिटे, मन्त्र से उसका बल बढे। मैं मन्त्रशक्ति से उस राजा के राज्य को समृद्ध एवं उसकी शत्रु-जेता सेना करता हूँ। उसके शत्रुओं की भुजाओं को हवि-दान से छिन्न-भिन्न करता हूँ। शत्रुओं को क्षीण करता हूं। वह राजा कुठार की धार से भी तीक्ष्ण हो जाय। अग्नि तीक्ष्ण होकर शत्रु-सेना को भस्म करे। देवगण राजा के मन के रक्षक हो। हे इन्द्र! संग्राम में हमारे शूर सिंहनाद करें! हे सैनिकों! रणक्षेत्र की ओर हों! मरुद्गण तुम्हारे सहायक हों। हे बाण! तू शत्रु-नाश करने वाला हो।

**सूक्त :** 20 : देवता : अग्नि आदि

हे अग्नि! अपने उत्पादक यजमान में प्रविष्ट होकर धन-वृद्धि करो। प्रजापालक तुम धन दो। अथर्वा, भग, बृहस्पति, सरस्वती, इन्द्राणि धन दें। सोम, अग्नि, विष्णु, ब्रह्मा रक्षा करें।

हे स्तोता! अर्यमा, इन्द्र, बृहस्पति, सरस्वती, विष्णु और सूर्य को इच्छित फल देने को प्रेरित करो। पृथिवी आकाश, दिन, रात्रि, जल और औषधि हमें इच्छित फल दें। हे वाणी! मुख में तेजस्विता से उदय होओ, वायु शरीर में प्राण भरे और त्वष्टा प्राणों को पुष्ट करे।

**पंचम अनुवाक : सूक्त :** 21 : देवता : अग्नि, सावित्री आदि

विद्युत, बडवानल, वैश्वानर तथा अन्य सब अग्नियों को हवि प्राप्त हो। सोम के रस को पकाने वाली अग्नि, गौ आदि में दुग्ध को पकाने वाली अग्नि; और मनुष्य-पशु-पक्षियों में

रहने वली अग्नि, इन सब अग्नियों को यह हवि प्राप्त हो। रथगामी अग्नि, संग्राम में शत्रुघर्षक तेज रूप अग्नि इनको हवि पहुंचे। प्राणाग्नि, सवार, तेरह महीनों, पांच ऋतुओं में व्याप्त अग्नि, सत्य वाणी का तेजरूप अग्नि आकाश-पृथ्वी-अन्तरिक्ष में विचरणशील अग्नि, ज्योति-चक्र में विचरने वाले, समस्त दिशाओं में रहने वाले अग्नि को हमारी हवि पहुंचें। क्रव्याद अग्नि, पुरुषों के हिंसक अग्नि और दावाग्नि शान्त हों।

**सूक्त :** 22 : देवता : बृहस्पति, विश्वेदेवा, वर्च

अदिति के देह से उत्पन्न अहष्य तेज मुझमें आये। मित्र-वरुण-इन्द्र मुझे तेजस्वी करें। हे अग्नि! मुझे राजा के तेज, जलों के तेज, हाथी के तेज, अन्तरिक्ष के तेज, इन्द्रादि देवों के तेज से तेजस्वी बनाओ। अग्नि में जितना तेज है, उससे और सूर्य के तेज से अश्विनीकुमार मुझे तेजस्वी करें।

**सूक्त :** 23 : देवता : योनि

हे वन्ध्या! तेरे वन्ध्यत्व के पाप रोग को हम मंत्रों से दूर करते हैं। तेरी योनि में वीर्यपात हो और गर्भ रह जाय। फिर दस मास बाद पुत्र ही उत्पन्न हो और आगे भी पुत्र ही पुत्र उत्पन्न हुआ करें। पुत्र तुझे सुख दें। औषधियाँ तेरे गर्भ की रक्षिका हों।

**सूक्त :** 24 : देवता : प्रजापति

मैं धान्यवृधिकारक देवता का आवाहन करता हूं। वे सारयुक्त धन सहस्र भुजाओं से लाकर मुझे दें। अयाज्ञिक धनवान् का धन संभ्रुत्वा नामक देव मुझे दें। दिशाएं यजमान के लिए सर्वत: धन-धान्य लाएं। वे धन, दान देने पर भी क्षीण न हों। सम्पूर्ण कला-सम्पन्न है धान्य! हम तुम्हारा स्पर्श करते हैं। हे प्रजापति! धान्यवृद्धिकर्ता देवों को लाओ।

**सूक्त :** 25 : देवता : मित्रावरुण

हे स्त्री! 'उतुद' नामक कामार्त करने वाले देवता तुझे कामार्त करें, तू पलंग पर सोना पसंद न करे। काम तेरे हृदय को बींधता रहे। काम के ताप-वाण से तेरा कण्ठ सूखे। तू कामार्त हो, मुझे प्राप्त हो। प्रणय-कलह को त्याग मीठा बोल। हे मित्रावरुण! इस स्त्री के हृदय को ज्ञानशून्य करो। यह कार्याकार्य को भूल मेरे वशीभूत हो, ऐसा करो। (मन्त्र में परिणामी अलंकार है अत: इसका भाव जो कहा है, उसे उलटा समझना चाहिए)।

**षष्ठ अनुवाक : सूक्त :** 26 : देवता : गन्धर्व

दक्षिण दिशा में रहने वाले हे गन्धर्वो! यह आहुति तुम्हें प्राप्त हो। तुम हमारी रक्षा में समर्थ हो, हमें सुख दो तथा सर्प - बिच्छु आदि को हमसे अलग रखो। पश्चिम दिशा के वासी वैराज

नामक देवों! वर्षा की धाराएं तुम्हारे बाण हैं; तुम हमें सुखी करो। दानादि गुणसम्पन्न प्रविष्यन्त गन्धर्वो! वायु तुम्हारे बाण हैं। हमें सुखी करो। अधो दिशा में रहने वाले देवताओं! धान्य, वृक्ष, गुफा तुम्हारे वाण हैं। आहुति ग्रहण करके हमें सुख दो। ऊर्ध्व दिशा वासी अवस्यंत देवो! आहुति लो, सुख दो।

**सूक्त :** 27 : देवता : प्राची दिशा, अग्नि

पूर्व दिशा तथा उसके स्वामी अग्नि एवं उस दिशा के रहने वाले अदिति पुत्र सर्प, अर्यमादि को प्रणाम। वे शत्रु-नाश करें। दक्षिण दिशा तथा उसके स्वामी इन्द्र, पितरादि को प्रणाम। हम अपने शत्रुओं को खाने के लिए उनकी दाढ़ों में डालते हैं। पश्चिम, उत्तर, ऊर्ध्व, अध: इन सभी दिशाओं और इनके स्वामियों को प्रणाम। हमारा प्रणाम उन्हें प्रसन्न करे। हम जिससे वैर करते हें और जो हमसे वैर करता है, उसे हम तुम्हारी डाढ़ों में भक्षण के लिए डालते हैं; उस शत्रु का नाश कीजिए।

**सूक्त :** 28 : देवता : यामिनी

अनेक जीवों वाली विधाता की इस सृष्टि में निकृष्ट रज-वीर्य से यदि किसी के यहां गौ के जुड़वां बच्चे पैदा होते हैं, तो वे उस व्यक्ति को हानि पहुँचाने का कारण होते हैं। यदि ऐसी गौ ब्राह्मण को दान में दे दी जाय, तो वह दानी का कल्याण करती है। हे जुड़वां सन्तान उत्पन्न करने वाली गौ! तू इस यजमान की वृद्धि करने वाली एवं धनदात्री बन। जिस स्थान पर स्वस्थ, प्रसन्न, उत्तमकर्मा पुरुष हों, वहाँ यदि ऐसी गाय हो, तो वह भी उन पुरुषों को हानि पहुंचाने वाली न होवे। जहाँ शुद्ध, सुन्दर ज्ञान-कर्म वाले पुरुष हों, यज्ञादि कर्म होते हो, वहाँ ऐसी गाय मनुष्यों और पशुओं को हानिप्रद न हो।

**सूक्त :** 29 : देवता : काम, भूमि आदि

यम के सभासद पापि दण्डदाता, सज्जनों पर कृपा करने वाले, यज्ञ तथा निर्माण-कार्य में हो जाने वाले पाप से पुण्य को अलग करने वाले हैं। यज्ञ-कर्म सर्वत्र वृद्धिकर्ता और काम्यफलदाता है। यज्ञ में भेड़ का दान करने वाला स्वर्ग में जाता है। पाँच पुओं के साथ श्वेत पैरों वाली भेड़ का यहां में दान करने वाला सूर्य-चन्द्र लोकों में अक्षय फल भोगता है। ऐसी दान की गयी भेड़ अक्षय अश्विनीकुमारों के समान अक्षय होती है। दान से पारलौकिक फलेच्छु दाता और इहलौकिक फलेच्छु ग्रहीता दोनों कामात्मा हैं। अत: वह प्रतिग्रहीता इस भाव से दान लेता है कि काम ने काम को दान दिया, तो दान लेने का दोष उसे नहीं लगता। हे देने योग्य द्रव्य! आकाश-पृथिवी तुझे ग्रहण करें और मुझे अक्षय प्राण तथा सन्तान प्राप्त हो।

**सूक्त :** 30 : देवता : सौमनस्य

गौएँ, बछड़े से जैसे स्नेह करती हैं, वैसे हे पुरुषो! तुम भी परस्पर स्नेह करो। पुत्र पिता का अनुगत हो, माता, पुत्र से अनुगत हो, पत्नी-पति का मधुर व्यवहार हो। भ्राता, भ्राता का बुरा न करे, बहन, भाई से वैर न करे। जैसे देवताओं में सौमनस्य होता है, वैसा ही सौमनस्य सब में रहे। तुम सब समान मन वाले, समान कर्म वाले परस्पर सुन्दर वचन बोलने वाले होओ। तुम्हारा अन्न-पानी का उपभोग समान हो। मैं तुम्हें प्रेम-सूत्र में बाँधता हूँ। तुम्हें समान मन वाले बनाता हूँ। जैसे इन्द्रादि देवता स्वर्ग में अमृत-रक्षा को एकमत हैं, वैसे तुम भी एकमत रहो।

**सूक्त :** 31 : देवता : अग्नि आदि

हे अश्विनीकुमारो! तुम इस ब्राह्मणी को वृद्धावस्था से दूर रखो। हे अग्नि! तुम इसे अदानशीलता से अलग रखो। मैं इसे यक्ष्मा से मुक्त कर दीर्घायुष्य प्रदान करता हूँ। वायु इसे रोग-दुःख से बचाये। ग्राम्य-पशु जैसे सिंहादि से दूर रहते है, वैसे मैं इसे पाप से दूर करता हूँ। त्वष्टा के द्वारा दिये गये दहेज को निकालने के लिए जैसे पृथिवी-अंतरिश अलग-अलग हो गये, वैसे मैं इसे पाप से अलग करता हूँ। प्राणपोषक सूर्य के तेज को मैं इस बालक में स्थापित कर इसे दीर्घायुक्त प्रदान करता हूँ। हे बालक! तू दीर्घायु हो, पाप मुक्त हो। मैं तुझे यक्ष्मामुक्त करता हूँ। आपकी शक्ति से हम मृत्यु से बचते है और फिर लोक में रहते हुए धन-अन्नादि में वृद्धि को प्राप्त होते है, ऐसे तू भी रह। मैं तुझे पाप और यक्ष्मा से मुक्त करता हूँ। जैसे वर्षा के जल से सब अमृतत्व एवं जीवन पाते हैं, संसार के प्राण तेरे लिए ऐसे ही हों। मैं तुझे सब रोगों की उत्पत्ति के हेतु पाप से तथा यक्ष्मा से मुक्त करता हुआ दीर्घायु बनाता हूँ।

# चतुर्थ काण्ड

**प्रथम अनुवाक : सूक्त :** 1 : देवता : बृहस्पति, आदित्य,

सृष्टि के प्रारम्भ में सर्वप्रथम ईश्वर का हिरण्यगर्भ रूप सूर्य में प्रकट हुआ। सूर्य सत्-असत् का ज्ञान कराता है। प्रजापति ईश्वर से प्राप्त नाद रूप से व्याप्त वाणी व्यवहारों की स्वामिनी है। यह वाणी सूर्य की स्तुति करे। संसार के बन्धु-सम हितकारी, सर्वज्ञाता, सूर्य इन्द्रादि देवताओं की उत्पत्ति जानते हैं। सूर्य ने वेदों का उद्धार किया। सूर्य रूप में प्रथम उत्पन्न परब्रह्म आकाश और पृथिवी के कारण हैं और उन्हें विनाशहीन बनाते हैं। वे रसातलादि लोकों में व्याप्त हैं। दानादि गुणरूप बृहस्पति इस लोक के स्वामी हैं। सूर्य के उदय होने पर ऋत्विज स्तुति-हविदान से उनकी पूजा करें। यज्ञ से ही सूर्य-तेज उदयाचल पर पूर्वदिशा में प्रकट होता हैं। देव-बन्धु बृहस्पति तथा अथर्वा को हमारा नमन। बृहस्पति हविदान से सब पर प्रसन्न होते हैं।

**सूक्त :** 2 : देवता : आत्मा

देवो-मनुष्यों सबके शासक, जीवों के शक्तिदाता, श्वास-उच्छ्वास रूप से सब प्राणियों के कारण और मृत्युनाश के साधन प्रजापति को हम हवि देते हैं। 'क्रन्दनी' नामक देवता के प्रभाव से द्यावा-पृथिवी अपने-अपने स्थान से गिरते नहीं। द्यावा-पृथिवी ने रक्षार्थ जिन प्रजापतियों को पुकारा, उन्हें हम हवि देते हैं। जिनके प्रताप से ध्यावा-पृथिवी-सूर्य प्रकट हुए, पवन, नदी, समुद्र उत्पन्न हुए, चार दिशाएँ ही जिनकी चार भुजाएँ हैं, जो जलों के गर्भभूत हैं, जो हिरण्यगर्भ रूप में सृष्टि से पहले उत्पन्न हुए, जो जगत्-प्रपंच के अधीश्वर हैं-द्यावा-पृथिवी के धारक हैं; उन प्रजापति को हम हवि दान करते हैं। जिन हिरण्यगर्भ ने सृष्टि-उत्पत्ति के कारणभूत जलरूप कार्य को गर्भ में धारण किया, उन प्रजापति को हम हवि देते हैं।

**सूक्त :** 3 : देवता : व्याघ्र

व्याघ्र, चोर, भेड़िया अन्तर्हित हों। हमारे चलने के मार्ग पर चोर, सर्प, हिंसक जीव कुत्ते-भेड़िये न चलें। हे व्याघ्र! हम तेरे नेत्र, मुख को नष्ट करते और नाखून उखाड़ते हैं। हिंसकों में व्याघ्र को प्रथम और फिर चोर-राक्षसादि को मारते हैं। चोर भागे, इन्द्र इसे नष्ट करे। व्याघ्रादि के दाँत क्षीण हों, सींग वालो के सींग नष्ट हो तथा हड्डी, पसली व्यर्थ हो जायें। इन्द्र और सोम से उत्पन्न संयम निश्चय ही व्याघ्रदि भंयकर प्राणियों को नष्ट करता है।

**सूक्त :** 4 : देवता : वनस्पति

वरुण के वीर्यदाता हे शक्तिवर्धक कैथ! हम तुझे प्राप्त करते हैं। सूर्य और उनकी पत्नी उषा हमें श्रेष्ठ वीर्य दें। प्रजापति कामेन्द्रिय को स्वस्थ करें, कैथ तुझे अतुल वीर्य-सम्पन्न करें, जिससे तेरी कामेन्द्रिय पुव्यंजक नाग के फन के समान चेष्टा कर सके। कैथ वृषभों में भी साररूप से है। हे कैथ की जड! तू अमृतमयी सोम की सजातीय है और अंगिराओं के मन्त्र-बल से वीर्यरूप हो गयी है। हे अग्नि, सूर्य, ब्रह्मणस्पति! इस पुरुष के शरीरांग को वीर्य-युक्त करो। वीर्य की कामना वाले हे पुरुष! तू वीर्ययुक्त हो और वृषभ के समान नृत्य करते हुए पत्नी के पास जा। हे कैथ औषधि! अश्व, वृषभ, मेढ़ा जैसा वीर्य (शक्ति) इस पुरुष में स्थापित कर।

**सूक्त :** 5 : देवता : वृषभ : स्वापन

जलवर्षक-कामनावर्धक-सहस्ररश्मि चन्द्रमा उदय होते हैं। शत्रुवशकर्ता चन्द्रमा की शक्ति से ही हम शत्रुओं को सुलाते हैं। इन्द्र के मित्र हे वायु! स्त्रियों, कुत्तों को सुलाओ। जो स्त्रियाँ पलंग पर हैं, ऑगन में हैं, जो पुण्यगन्धा हैं, उन्हें हम सुलाते हैं। सभी जंगम प्राणियों को सुला दिया। उनकी देखने-सूँघने की शक्ति हाथ-पाँव की शक्ति मेरे वश में है। हमारे आने के समय जो प्राणी घूमता है-देखता है, उसे सुला दिया। जिस स्त्री को हम बुलाना चाहते हैं, उसके माता-पिता आदि सभी घर वाले निद्रामग्न हो स्वप्न के देवता इन्हें निद्रामग्न रखें।

**द्वितीय अनुवाक : सूक्त :** 6 : देवता : ब्राह्मण आदि

दस शिरों (दान, शील, क्षमा, वीर्य, ध्यान, वृद्धि, सेना, अपाय, गुप्तदूत और उपाय) वाले तथा दशदिशाओं में स्थिति वाले यानी दशमुखों वाले ब्राह्मण सब वर्णों में पहले उत्पन्न हुए। उन्होंने सोमपान किया। उन्होंने विष को निर्गुण कर दिया। सम्पूर्ण आकाश-पृथिवी, समुद्र में फैले विष को दूर करने वाली मन्त्रयुक्त वाणी को मैं प्रयुक्त करता हूँ। हे विष! तुझे पहले गरुड़ ने खाया, उसके लिए तू प्रभावहीन (अन्नसदृश) हो गया। वाण के फल से विष शरीर में पहुंचा, उसे मैं मंत्रों से प्रभावहीन करता हूँ। हे वाण! तेरे विषयुक्त फल निर्वीर्य और विष निष्फल हो। विषमयी औषधि देने वाले, लेपन-प्रयोग करने और दूर तथा पास से विष फेंकने वाले, अन्न में विष देने वाले के विषों को मैं मन्त्रों से निर्वीर्य करता हूँ। हे विष! तू मन्त्र बल से प्रभावहीन हो, तेरे उत्पत्ति-स्थान निर्वीर्य हों।

**सूक्त :** 7 : देवता : विषापहरण

वरुण औषधि में वर्तमान जल विष को हटाये। मैं जल और दही मिले सत्तुओं से विष दूर करता हूँ। पूर्व-उत्तर-दक्षिण सब दिशाओं का विष निर्वीर्य हो। हे विष! अनजाने में तुझे खा लेने वाले इस पुरुष को तू चेतनारहित न कर। गुप्तरूप से अंग में व्याप्त तुझे मन्त्रशक्ति से निकालता हूँ। हे विष-औषधि! तुझे शुद्ध करने के लिए क्रय हरिणचर्म के बदले में किया है।

**सूक्त :** 8 : देवता : राज्याभिषेक

अभिषिक्त, ऐश्वर्य प्राप्त सेवकों को अन्नदान करने वाला राजा प्राणियों का स्वामी है। प्राणियों पर शासन कराने और दुष्टों को दण्ड दिलाने के लिए यमराज राजा से राजसूय यज्ञ कराते हैं। राजा! तुम कार्याकार्यविवेकी, दुष्टों के दण्डदाता और महाबली हो। इन्द्र तुम्हें अपना कहें। तुम्हारे तेज दशों-दिशाओं में व्याप्त हो। भयत्रस्त शत्रु भाग जाये। तुम्हारे देश में अनावृष्टि और अकाल न हो। हैं राजा! पृथिवी-अन्तरिक्ष में सर्वत्रव्याप्त जल से मैं तुम्हें अभिषिक्त करता हूँ। नदी-जल जैसे समुद्र को, वैसे ही अभिषेक-जल राजा को समृद्ध करते हैं।

**सूक्त :** 9 : देवता : आजन

परमेश्वर मेघ के समान जगत् की रक्षा करने वाला है। वही हृदयों में विराजमान होकर प्राणाधार है। परमेश्वर ही अश्ववार, अश्व तथा मनुष्यों, गौओं का रक्षक है। हे आंजन! संसार को व्यक्त करने वाले परमेश्वर! (अथवा आंजन मणि) तू हमारी रक्षा का साधन, पीड़ानाशक जीवों का पालक और रोगों की औषध है। हे आंजनमणि! तू मनुष्य के जोड़-जोड़ में व्याप्त राजरोग की नाशक हो। हे मणि! जो तुम्हें धारण करता है, उसे क्रोध, हिंस्र, महाशोक विघ्न नहीं व्यापते हैं। तू अभिचारमत्रों, उनसे प्राप्त दुःखो और दूसरों के क्रूर नेत्रों से हमें बचा। ज्वर,

सन्निपात, सर्पविष आदि तेरे प्रभाव से दूर होते हैं। तू चाहे पर्वत पर उत्पन्न है, चाहे यमुना से; दोनों ही रूपों में हमारा कल्याण कर।

**सूक्त :** 10 : देवता : शंखमणि

शंखमणि पाप से हमारी रक्षा करे। अन्तरिक्ष-वायु से दमकते हुए समुद्रोत्पन्न शंख से हम पिशाचों को वश में करते हैं। शंख रोग-अलक्ष्मी हरते हैं। ये हमें पाप से बचाएं। शंखमणि हमारी आयु बढ़ाये। मेघ से उत्पन्न यह सूर्य के समान दमकता है। यह देवता-दैत्यों के उपद्रवों से हमें बचाये। चन्द्रमा से उत्पन्न यह हमारी आयु बढ़ाये। शंख का कारण रूप सुवर्ण; शंख रूप देह से जल में रहता है। हे यज्ञोपवितधारी! तेरी देहकीर्ति, आयु और बल के लिए मैं शंखमणि तेरे बाँधता हूँ। यह मणि तुझे शतायु करे और तेरी रक्षक हो।

**तृतीय अनुवाक : सूक्त :** 11 : देवता : इन्द्ररूप अनड्वान

अनड्वान वृषभ परमेश्वर के समान पृथिवी, आकाश, अन्तरिक्ष का पोषक और दिशाओं का धारणकर्त्ता है। यह इन्द्र के समान है। इन्द्र वृष्टि द्वारा चराचर जगत् का पालक है, वृषभ वीर्य-सिंचन से गौ उत्पन्न करता है। गौओं से संसार का पालन होता है। सूर्य रूप से अनड्वान विचरण करता है और जगत् को प्रकाश देता है। कर्मों के पुण्य रूप में यह अक्षयफलदाता है। सोमयज्ञ में संस्कृत सोम अपने रस से वृषभ को पूर्ण करता है। वर्षा करने वाले देवता उसकी धार रूप और मरुत् इसके ऐन होते हैं। यह पूरा यज्ञ ही है। दक्षिणा इसकी दोहन क्रिया है। इस अनड्वान का दोहन अक्षयफलदाता है। यह वायु रूप में संसार का भरणकर्त्ता है। संसार के सभी कर्म इसके हैं। इस वृषभ के द्वारा ही देहत्याग करके मुक्तिद्वारा देवता स्पर्ग पर चढाये गये हैं। यह इन्द्र, अग्नि, प्रजापति, ब्रह्मरूप है। यह तीनों ही अग्नियों में प्रविष्ट हुआ है। यह वृषभ विराट् के समान है। यह अलक्ष्मी को गिराता और अपने सामने चलने वाले किसान को अन्न प्रदान करता है। उक्त लक्षण वाले वृषभ को मैं तीनों कालों (प्रात:, सायं, मध्याह्न) दुहता हूँ। इस प्रकार मैं अनुष्ठानों से प्राप्त फल का भी दोहन करता हूँ।

**सूक्त :** 12 : देवता : रोहिणी वनस्पति

हे रोहिणी (लाख) तू घाव के भरने में समर्थ है अत: बहते रक्त को रोक। हे पुरुष! तू शस्त्र से घायल है। तेरे अंगों के जोड़ को जोड़ से मिलाकर लाख जोड़ दे। प्रहार से तेरी हड्डी टूट गयी हैं, मज्जा अलग हो गयी है, लाख से वह भी पूर्ववत हो गया। हे लाख! मज्जा से मज्जा, हड्डी से हड्डी, चर्म से चर्म, लोभ से लोभ मिला। हे पुरुष! यदि शस्त्र-प्रहार से तेरा अंग कट गया है, तो वह मन्त्र और औषधि-शक्ति से ठीक हो। जैसे ऋभु, रथ के अंगों को मिलाकर एक करता है, वैसे सी यह अथर्व-मन्त्र टूटे अंगों को मिलाकर ठीक करता है।

**सूक्त :** 13 : देवता : विश्वदेवा

हे देवो! इस बालक को धर्म के प्रति अप्रमादी और ज्ञान सम्पन्न करो। पाप और अपराधों से क्षीण होने वाली आयु को रोककर इसे शतायु करो। इसके प्राणापान वायु ठीक चलें। हे उपनीत! प्राणवायु तुझे बल दे, अपान रोग दूर करे। इस उपनीत बालक की सब देव रक्षा करें। यह पापलिप्त न हो। हे बालक! मैंने तुझे बल प्राप्त कराया है। मैं तुझे यक्ष्मादि रोगों से पृथक् करता हूँ। मेरे हाथ में रोग-शोक दूर करने वाला औषध-प्रभाव है। मेरे हाथ के स्पर्श से तेरे रोग-शोक दूर हों।

**सूक्त :** 14 : देवता : अग्नि-आज्य

अज अग्नि के तप से उत्पन्न हुआ है। यह पहले अग्नि को देखने लगा। अज से इन्द्रादि ने देवत्व तथा ऋषियों ने उच्चलोक प्राप्त किये। हे मनुष्यो! अग्नि से यज्ञ करके श्रेष्ठ लोक प्राप्त करो, फिर स्वर्ग में पहुंचो। स्वर्ग में दुःख नहीं है। यज्ञ फल से स्वर्गप्राप्त व्यक्ति संसार के सुख नहीं चाहता। याज्ञिक लोकत्रय पर विजय पाते हैं। देवों में प्रमुख हे अग्नि! तुम यज्ञस्थल पर आओ। तुम हविवाहक होने से देवप्रिय हो, श्रेष्ठ लोकों को दिखाने वाले नेत्र हो। मैं अज को घृत से मिलाता हूँ। अज के पाँच भाग करो। फिर इस अज में अंग स्थापन करो। शिर को पूर्व, पसली को दक्षिण, कमर को पश्चिम, पार्श्व को उत्तर, पृष्ठ को ऊपर, उदर को नीचे, मन को मध्य में स्थापित करो और आज्य समर्पित करो। यह विश्व को जीवन समर्पित करने का मन्त्र है। मेरे अंग विश्वहेतु हैं।

**सूक्त :** 15 : देवता : दिशाएँ, वर्षा का आवाहन

दिशाएँ मेघाच्छादित हों। जलवर्षक मेघ एकत्र हो गर्जनापूर्वक भूमि को वर्षा से तृप्त करें। मरुद्गण वर्षा कराएँ। धान्यों को जल मिले। जल से पृथिवी का अभिषेक हो। घास-औषधि उगे। हे पर्जन्य! मरुद्गण तेरी स्तुति करें। तुम मेघों में प्रविष्ट हो सर्वत्र शब्द करो। हे मनुष्यों! मरुद्गण तुम्हें तृप्त करें। अजगर जैसे मोटे जल-प्रवाह चले। वायु चले, बिजली चमके, मेघ बरसने को एकत्र हों, सूर्य अदृश्य हो जाय। विद्युत रूपिणी अग्नियों। वनस्पतियों की ईश्वर हैं। वे अग्नि हम प्राणियों के लिए प्राणदायिनी अमृत-वर्षा करें।

**चतुर्थ अनुवाक : सूक्त :** 16 : देवता : वरुण

जो वरुण अविनाशी तथा नाशवान् पदार्थों के ज्ञाता हैं, महिमावान् हैं, पापियों के नियंत्रक हैं, अतीन्द्रिय हैं, अत: सर्वज्ञाता हैं। जो शत्रु छल से दृश्य-अदृश्य घूमता है, उसे वरुण जानते हैं। पृथिवी तथा द्युलोक वरुण के वश में हैं। समुद्र वरुण के पार्श्व हैं, वे सरोवर जल में भी हैं। हे वरुण! तुम्हारे सात पाश पापियों के बन्धन हेतु फैले हुए हैं। वे पाश पापी को तापदायी और

पुण्यात्मा को सुखदायी हैं। मिथ्यावादी वरुण के 'सत्यपाश' से बचे नहीं। उनका उदर जलोदर से नष्ट हो। 'सामान्य पाश' रोगी बनाता है। काम्यपाश और संदेश्यपाश बड़े प्रभावशाली हैं। मैं अमुक नाम गोत्र शत्रु को वरुण-पाश में बाँधता हूँ।

**सूक्त :** 17 : देवता : अपामार्ग औषधि

हे सहदेवी (अपामार्ग) तू औषधि-स्वामिनी है। तू शत्रु-अभिचारी को नष्ट करने वाली, अन्य के आक्रोश को दूर करने वाली और रोगनाशिनी है। शत्रु द्वारा प्रेरित सक्रोध शापदायिनी, पिशाची यदि पुत्र को रक्तहरण करने के लिए स्पर्श करें, तो इससे शत्रु का पुत्र ही नष्ट हो। भूख-प्यास से आकुल तथा संतानहीन के लिए हे अपामार्ग! तू उपायरूप है। इन सन्तापों को हम तुमसे ही दूर करते हैं। कृत्या के अभिचार हम इसी से दूर करते हैं। अपामार्ग अन्य औषधियों का वशकर्ता है।

**सूक्त :** 18 : देवता : अपामार्ग

जैसे ज्योति सूर्य के साथ और रात्रि दिन के साथ वर्तमान ही ऐसे है मैं सत्यकर्म अभिचार रक्षा के लिए करता हूँ। कृत्या नीरस हो जायें। जो कृत्या दूसरे के लिए गाढ़ता है, वह उसी का उपकार करती है। जो विश्वासघाती साथ रहता हुआ कृत्या गाढ़कर मारना चाहता है, उसकी कृत्या व्यर्थ हो जाय, हे सहदेवी (अपामार्ग)! तू शत्रु को नष्ट करके उसकी कृत्या उसी को लौटा। खेत में, गोष्ठ में, वायु चलने के स्थान में, मार्ग में गाढ़ी कृत्याएँ सहदेव से निर्वीर्य हो जायें। जो हमारे पांव को तोड़ना चाहता है, उसने मानो अपना पैर और अँगुली तोड़ ली और हमारे लिए आनंद तथा अपने लिए ताप तैयार कर लिया। हे अपामार्ग! रोग, यक्ष, राक्षस, पिशाच, अलक्ष्मी, पाप, शत्रु, आक्रोश को हमसे दूर रख।

**सूक्त :** 19 : देवता : अपामार्ग

हे सहदेव! तू शत्रुनाशिका है। हमारे अपकारेच्छुक शत्रु के पुत्र पौत्रादि को नष्ट कर। नृषदपुत्र कण्व ने तेरा विनियोग किया था। तू रक्षक सेना के समान जहाँ जाती है, वही अभिचार-भय नहीं रहता। सर्वश्रेष्ठ सूर्य-ज्योति के समान तू ओषधियों में श्रेष्ठ है। इन्द्रादि देवों ने तेरे द्वारा ही राक्षसों को बनाया था। तेरा नाम विभिदन्ती भी है, तू शत्रु के समक्ष जाकर उसे नष्ट कर। तू जिस भूमि पर जाती है, वहाँ गढ़ी हुई कृत्या निष्फल हो जाती है और कृत्याकारी का ही नाश करती है। तू हमारी रक्षा कर। इन्द्र मुझे तेजस्वी बनायें।

**सूक्त :** 20 : देवता : औषधि

हे सद्मपुष्पा औषधि! तेरी मणि का धारक साधक ऐसी दृष्टि पाता है कि समीप एवं दूर स्थित, पृथिवी, आकाश, अन्तरिक्ष सब को देख लेता है। मैं तीनों स्वर्ग, तीनों पृथिवी, छहों

दिशाओं को तेरे प्रभाव से देखूँ। तू गरुड़ की कनीनिका रूप है। तू गरुड़ के नेत्र से पृथिवी पर उतरी है। इन्द्र ने तुझे मेरे हाथ में धारण कराया है। तेरे द्वारा मैं चारों वर्णों को और राक्षसों को वशीभूत करता हूँ। तू अपने गुण प्रकट कर। तू कश्यप तथा सरमा का नेत्र है। मुझसे मेरे शत्रु-राक्षस-पिशाचों को न छिपा।

**पंचम अनुवाक : सूक्त :** 21 : देवता : गौएँ

हमारे गोष्ठ-स्थित गौएँ दुग्ध दे और मंगल करे। सन्तानवती अनेकवर्णी उषाकाल में दुही जान वाली गौएँ इन्द्र का आह्वान करें। इन्द्र स्तोता को गौ-प्राप्ति का उपाय बताते और बहुत-सी गौएँ देते हैं। सूर्य याज्ञिक को वह स्वर्ग देते हैं, जहाँ अयाज्ञिक नहीं जाते।

इन्द्र द्वारा दत्त गौएँ नष्ट न हो। यजमान उनसे देव-पूजा करता तथा उन्हें दान में देता है। सोम गोरस में सिद्ध होता है। हे गौओं! तुम चरो, जल पियो, सन्तानवती होओ और मुझे दुग्धादि से पुष्ट करो।

**सूक्त :** 22 : देवता : इन्द्र, क्षत्रिय राजा

हे इन्द्र! राजा को पुत्र-पौत्र-सम्पत्तिवान करो। शत्रु-शून्य करो। सब राष्ट्र, पशु इसके वश में करो। यह यज्ञ-कर्म के द्वारा आपका स्नेह-पात्र बने। हे राजा! इन्द्र की मित्रता से वृषभ-समान पराक्रमी बनो, भोग-साधन और ऐश्वर्य पाओ।

**सूक्त :** 23 : देवता : अग्नि

देव, पितृ, भूत, मनुष्य और ब्रह्म यज्ञों से, गन्धर्व-राक्षसों द्वारा किये गये यज्ञों से जो अग्नि आराधित होता है, उसकी महत्ता मैं जानता हूँ वह रक्षा करे। हे अग्नि! तुम सर्वज्ञाता हो, देवों के पास हवि पहुंचाते हो, प्राणियों में जठराग्नि रूप में रहते हो, हमें बुद्धि प्रदान करो और पाप से बचाओ। अंगिराओं ने अग्नि से मित्रता की। इन्द्रादि ने अग्नि-सहायता से अमृत पाया और औषधियां रस-संम्पन्न की। उस अग्नि की मैं स्तुति करता हूँ।

**सूक्त :** 24 : देवता : इन्द्र

हम इन्द्र के ऐश्वर्य-महत्त्व को जानते हैं। वे यजमान के आह्वान पर यज्ञ में आते हैं। उन्हेंने वृत्र को मारा, वे स्वर्ग-प्राप्ति में सहायक हैं, जिनका सोमयाग सात होताओं को हर्षदायक है, जिनका पराक्रम असाधारण है, जिनकी शक्ति तथा जिनके कार्य प्रशंसनीय हैं, मैं ऐसे इन्द्र का आह्वान करता हूँ। वे मुझे पाप से बचायें।

**सूक्त :** 25 : देवता : वायु, सविता

हम सूर्य और वायु को जानते हैं। वे प्राणियों में व्याप्त हैं, वे धारण-पोषण करते हैं, वे हमें पाप से बचाएं। हे सूर्य! तुम्हारे उदय होने पर सब लोग कामों में लग जाते हैं। हे वायु! हे सूर्य! तुम प्राण-रक्षक हो। पाप से रक्षा करो। तेजमयी कृत्या से बचाओ। अन्न-रस-उत्पादन-पुष्टि दो। तेज-आरोग्य दो। हर्षकारी सोम से लुप्त होओ। सद्बुद्धि, ऐश्वर्य दो। हम उत्तम स्तुति करते हैं।

**षष्ठ अनुवाक : सूक्त :** 26 : देवता : द्यावा-पृथिवी

हे सुन्दर-भोग-सम्पन्न द्यावा-पृथिवी! मैं तुम्हारी महिमा को जानता हुआ स्तुति करता हूँ। तुम अपरिमित मार्गों वाले और विस्तृत हो। तुम देव-मनुष्यों के ऐश्वर्यदाता हो, प्राणियों के अधिष्ठाता हो, धनदाता हो, मंगलमय हो। तुम हवि धारण करते हो, नदियों को धारण करते हो, गौओं और वनस्पतियों के पोषक हो। तुम्हारे बिना कोई कुछ नहीं कर सकता। मैं तुम्हारी स्तुति करता हूँ। तुम्हें हवि देता हूँ। मुझे पाप से बचाओ।

**सूक्त :** 27 : देवता : मरुदगण

मैं मरुद्गण की महिमा को जानता हूँ। वे हमारी रक्षा करें, रणक्षेत्र की कुशल रखे। वे अग्नि-वृक्ष-औषधियों में जल देकर वृद्धि करते हैं, दूध को और औषधि-रस को शरीर में रमाते हैं। वे अन्तरिक्ष में मेघों को प्रेरित करते है समुद्र में जल पहुंचाते हैं तथा अन्न से सबको तृप्त करते हैं; वे वृष्टिकर्त्ता और दिव्य-शक्ति दाता हैं। मैं उनकी स्तुति करता हूँ वे मुझे पापमुक्त करें।

**सूक्त :** 28 : देवता : भव-शर्व

हे शिव के रुपद्य! भव-शर्व! मैं तुम्हारी महिमा को जनता हूँ। तुम सृष्टिकर्ता और सृष्टि-संहारक हो, सब के ईश्वर हो। विश्व तुम्हारी आज्ञा का वशवर्ती है। तुम हमें पापमुक्त करो। इन भव-शर्व देवताओं के समीप या दूर जो कुछ है, उस पर इन्हीं का अधिकार है, वे सबके स्वामी हमें पापमुक्त करें। हे भव-शर्व! तुमने सृष्टि के आरम्भ में अनेक प्राणियों की रचना की। जिन भव-शर्व के हिंसामय शस्त्रों से कोई नहीं बच सकता, वे हमें पापमुक्त करें। जो शत्रु कृत्या के द्वारा हमारी सन्तान को नष्ट करना चाहता है उस पर भव-शर्व वज्र प्रहार करें और दुपाये-चौपाये सबके स्वामी वे हमें पाप से बचायें। हे भव-शर्व। हमारे शत्रुओं, और हिंसक राक्षसों को शस्त्री से आलिंगन कराओ। हमारे पक्ष में बात करो, मैं तुम्हारी स्तुति करता हूँ। मुझे पापमुक्त करो।

**सूक्त :** 29 : देवता : मित्रावरुण

हे मित्र वरुण! तुम जल और जल के वृद्धिकर्ता हो। मैं तुम्हारी महिमा का गान करता हूँ। तुम शत्रु-तिरस्कारक हो एवं सत्यनिष्ठो के रक्षक हो। तुम दोनों समान ज्ञानी हो। तुम प्राणियों के सब कर्मों को जानते हो। तुम अंगिरा, अगसत्य, अत्रि, कश्यप, वशिष्ठ, श्यावाश्व, पुरुमीढ

ऋषि तथा सप्त ऋषियों के रक्षक हो। भारद्वाज, विश्वामित्र, कुत्स, कण्वादि ऋषियों के रक्षक हो। मैं तुम्हें पुकारता हूँ, मुझे पाप से बचाओ।

**सूक्त :** 30 : देवता : वाक्

मैं 11 रुद्रों, 8 वसुओं, 12 आदित्यों, विश्वेदेवा के रूप में विचरती हूँ। मैं ब्रह्मवादिनी हूँ। मैं मित्रावरुण, इन्द्राग्नि और अश्विनीकुमारों का भरण करती हूँ और विश्व की अधीश्वरी हूँ, मैं आत्मारूप, यज्ञ के देवताओं में प्रमुख, स्वर्ग-आकाश की धारिका, सोम, त्वष्टा, पूषा, भग की पोषिक और संसार की करणरूपा हूँ।

**सप्तम अनुवाक : सूक्त :** 31 : देवता : मन्यु

हे मन्यु! तुम उत्साह के देवता तथा मरुदगण-सदृश वेगवान् हो। तुम तेजस्वी होकर शत्रु को वश में करो, सेनापति बन युद्ध में जाओ, शत्रु को नष्ट कर हमें धन दो। अपरिमित बलशाली तुम सबको वश में करते हो। राजा के हाथी, घोड़ों के मारक सैनिकों को नष्ट करो। प्रजाजनों को युद्ध-कुशल बनाओ। हम तुम्हारी स्तुति करते है। हमारे रक्षक बनो।

**सूक्त :** 32 : देवता : मन्यु (क्रोध)

हे मन्यु! तुम्हारे सेवक शत्रु को तिरस्कृत करते हैं। सभी देवता मन्यु हैं। इन्द्र, अग्नि, वरुण आदि सब देवता मन्यु हैं। तुम अमित्रों के घातक, दु:खापहारक, अपनी आत्मा में उदित ओर उत्तम ज्ञानी हो। मुझे युद्धकाल में बल दो, शत्रु-नाश करो, बल देते हुए आओ। मैं तुम्हें सोमाहुति देता हूँ, हम दोनों गुप्त-रूप से सोमपान करे।

**सूक्त :** 33 : देवता : अग्नि

हे अग्नि! हमारे पाप दूर हों, हमें धन-सम्पन्न करो। हम सुन्दर मार्ग और सुन्दर स्थान पाने के लिए तुम्हें हवि से तृप्त करते हैं। मेरे पुत्र और मैं तुम्हारे स्तोता हैं। हम पुत्र-पौत्रादि-युक्त हो। हमारे पाप दूर करो।

**सूक्त :** 34 : देवता : सोम

रथन्तर सोम इस वेद का शिर, वृहत्साम पृष्ठ, वामदेव द्वारा दृष्ट मंत्रभाग इसका उदर, गायत्र्यादी छन्द पंख और सत्य इसका नाम है। यह ब्रह्म से ही उत्पन्न है। याज्ञिक का सूक्ष्म शरीर वायु-द्वारा यमलोक में स्वर्ग में जाता है, देवताओं का सामीप्य प्राप्त करता और सोमपान से प्रसन्न होता है। जो ओदन का दान करता है, वह दरिद्र नहीं होता।

**सूक्त :** 35 : देवता : ओदन

ओदन को प्रजापति ने अपने लिए बनाया। ओदन देता हुआ मैं मृत्यु को दूर करता हूँ। ओदन पृथिवीधारक है। सवंत्सर और तीस दिन ओदन से ही उत्पन्न हैं। ओदन के तेज से दिशाएँ सम्पन्न हैं। ओदन के प्रकाश में अमृत उत्पन्न हुआ, चारों वेद जिस ओदन में व्याप्त हैं, उस ब्रह्मरूप ओदन को मैं संस्कृत करता हूँ। देवता मेरी स्तुति सुने।

**अष्टम अनुवाक : सूक्त :** 36 : देवता : अग्नि

हम पर मिथ्या दोष लगाने वाले हमारे हिंसक शत्रुओं को अग्नि नष्ट करे। शत्रुओं को हम अग्नि की दाढ़ों में डालते हैं। अपने शत्रु राक्षसों-पिशाचों को हम मन्त्रशक्ति से वश में करते हैं। हमारा संकल्प सुख-समृद्धिमय हो। मैं राक्षसों से बचता हुआ पशु-धन युक्त होऊँ। जैसे दुष्ट अश्व को रस्सी से बाँधते हैं, वैसे पाप देवता नित्रर्दृति मुझ पर क्रोध करने वाले शत्रु को बाँध ले।

**सूक्त :** 37 : देवता : औषधि

हे औषधि! अथर्वा, कश्यप और कण्व ने तेरे द्वारा राक्षसों को नष्ट किया था, वैसा मैं भी करता हूँ और तेरे द्वारा उपद्रवी गन्धर्व, अप्सराओं का नाश करता हूँ। गुग्गुल, औक्षगन्धी, प्रमद्रनी आदि पाँच हवन-द्रव्यों से भयभीत गंधर्व-स्त्रियाँ अपने स्थान को लौट जाएँ। अजश्रृंगी औषधि पिशाचों का नाश करे। इन्द्र गन्धर्वों को नष्ट करे। अनेक रूपाकृति वाले गन्धर्व को हम मन्त्रशक्ति से स्त्रियों के पास से भगाते हैं।

**सूक्त :** 38 : देवता : अप्सरा

छूत-किया की देवता अपरा को मैं द्युत विजयार्थ बुलाता हूँ। वह अक्षों पर अपनी माया के साथ प्रतिष्ठित होकर मुझे विजित धनादि दिलाएँ। अप्सराओं का स्वामी सूर्य हमारे यज्ञ में आये और हवि ग्रहण करे। हे सूर्य! गोष्ठस्थ श्वेत गौ का और बछड़ों का पोषण करते हुए हमारे सामने आओ और नमस्कार स्वीकार करो। यह घास पौष्टिक हो। हमारा गोष्ठ गायों से भरा रहे।

**सूक्त :** 39 : देवता : पृथिवी, अग्नि

पृथिवी गौ है सबके प्राप्य अग्नि उसके बछड़े हैं। अग्नि हमें अन्न, धन एवं शतायुष्य दे। जैसे अन्तरिक्ष में वायु के पास एकत्र होने वाले गन्धर्वादि शतायु हो जाते हैं, वैसे मैं भी शतायु होऊँ। अन्तरिक्ष गाय और वायु बछड़े के समान हैं। ऐसी वायु हमें इच्छित वस्तुएं दे। आकाश धेनु और सूर्य बछड़ा है। सूर्य हमें इच्छित दे। दिशाएँ गौएँ है और चन्द्रमा बछड़ा है। चन्द्रमा हमें इच्छित दे। सात जिह्वाओं वाले दानशील, सर्वज्ञ, मिथ्यापवादरक्षक अंगिरापुत्र अग्नि को हम हवि देते हैं।

**सूक्त :** 40 : देवता : अग्नि

हे अग्नि! तुम सर्वज्ञ हो! अभिचारकर्म से हमें नष्ट करना चाहने वाले हमारे पूर्व दिशा के शत्रु पूर्व दिशा के स्वामी तुम्हारे पास आकर भस्म हों। दक्षिण दिशा के ऐसे शत्रु दिशा-स्वामी यम के पास आकर, पश्चिम दिशा के ऐसे शत्रु दिशास्वामी वरुण के पास आकर, उत्तर दिशा के शत्रु सोम के पास आकर, 'अधो' दिशा के शत्रु पृथिवी के पास, ऊर्ध्व दिशा के शत्रु सूर्य के पास आकर; अन्तरिक्ष के शत्रु वायु के पास, दिक्कोणओं के शत्रु सत्स्वरूप परब्रह्म के पास आकर, भस्म हो जाएँ। मैं प्रतिसरकर्म द्वारा उनका नाश करता हूँ।

# पंचम काण्ड

**प्रथम अनुवाक : सूक्त :** 1 : देवता : वरुण

त्रैयोक्य-प्रकाशक, रक्षक, धारक, अमर, सुन्दर, जन्म लेकर बढ़ने वाला अहिंसित आत्मा योनि द्वारा प्रकट हुआ। धर्म-कर्म करने से आत्मा को मानव-शरीर मिलता है। उसे अमर नाम द्यावा-पृथिवी देते हैं, प्रजाएँ वस्त्र देती हैं। परमात्मचिंतन करते हुए प्रजापालन करने वाले राजा को ईश्वरप्राप्ति हो। मनु ने गुरुपत्नी गमनादि पाप कहे हैं। पाप न करने वाला पुण्यात्मा प्रलयपर्यन्त सूर्यमण्डल में स्थान पाता है। हे वरुण! तुम जीवों की देह-रचना करते हो। मित्र-वरुण को हम स्तुति से बढ़ाते हैं।

**सूक्त :** 2 : देवता : वरुण, इन्द्र

श्रेष्ठ, धनी, बली इन्द्र प्रकट होते ही शत्रु-संहार करने लगते हैं अत: उनके सैनिक हर्षित रहते हैं। समस्त विश्व ब्रह्म में लीन होता है। श्रेष्ठ पुरुष परमात्मा की ही उपासना करते हैं। हे इन्द्र (परमात्मा)। सब प्राणी तुमसे ही अपनी बुद्धि जोड़ते हैं। तुम ही सुन्दर रीति से पदार्थों को सुस्वादु करते हो। हे बली इन्द्र! तुम स्थिर बल दो। तुम्हारे द्वारा हम सब शत्रुओं को परास्त कराये देते हैं। हमारे घर में शक्ति की स्थापना करो और उसे विचित्र पदार्थों से पूर्ण करो। हे पुरुष! राजा की स्तुति कर। स्वर्ग-प्राप्ति का इच्छुक, उस इन्द्र की स्तुति करता है, जो वर्षों से संसार को तृप्त करता है।

**सूक्त :** 3 : देवता : अग्नि आदि

हे अग्नि! मैं तेजस्वी हो, युद्ध में विजय पाऊँ। दिशाएं मेरे सामने झुकें। तुम्हें प्रकट करके हम बलवान् बने। तुम हमारी रक्षा करो। इन्द्र, मरुत्, विष्णु, अग्नि मेरे अनुकूल हो। मेरा यश फैले, संकल्प सत्य हों, मैं पाप से बचूं, विश्वेदेवा मेरे रक्षक हों। देवता मुझे नीरोग, धनी, बलवान् करें, पृथिवी, आकाश, जल, दिन रात, ये हमारे अनुकूल हों। विधाता,

अश्विनीकुमार, रुद्र, आदित्यादि पाप से बचाएँ। इन्द्र की स्तुति हम करते हैं। वे हमसे स्नेह करें।

**सूक्त :** 4 : देवता : कूट वनस्पति

हिमालय पर्वतोत्पन्न 'कूट' कठिन रोग नाशक है। तृतीय आकाश में देवों ने अस्वस्थ नामक स्थान पर कूट को उत्पन्न किया। फिर स्वर्णिम नौका से उसे लाया गया। हे कूट! मेरे इस पुरुष को नीरोग कर। हे कूट! तुम सोम के मित्र हो। इस पुरुष के प्राण, व्यान एवं नेत्रों को सुखकर होओ। हिमालय पर 'उत्पन्न कूट को मनुष्यों ने पाया और उसका नामकरण किया। शिसोरोग, नेत्रव्याधि और अन्य रोगों के निमित्त कारण पाप को देव-बल प्राप्त कूट ने नष्ट किया।

**सूक्त :** 5 : देवता : लाक्षा (लाख)

हे लाख! रात्रि तेरी माता, आकाश पिता और सूर्य पितामह हैं। तू 'सिलाची' नामक देवभगिनी है। तू रक्षिका, पोषिका एवं न्यचती है। तू 'वृपणयन्ती कमला' के समान वृक्षारोहण करती है। तेरा नाम स्मरणी है। तू घाव भरने वाली है। कदम्ब पाकर, खैर, पीपल, न्यग्रोधादि से तू उत्पन्न होती है। तू सुवर्ण एवं सूर्य सदृश कान्ति एवं वर्ण वाली है। 'सिलाची', 'कानीन' तेरे नाम हैं। तू सरकने वाली है अत: पतत्रिणी-सी होकर हमें प्राप्त हो।

**द्वितीय अनुवाक : सूक्त :** 6 : देवता : आदित्य

सृष्टि का कारण परब्रह्म सर्वप्रथमसूर्य रूप में प्रकट हुआ। उसका तेज सर्वत्र व्याप्त है। हे पुरुषों! तुम्हारे शत्रु अपने किये उत्तम कर्मों व शक्ति से तुम्हारी सन्तान का अहित न करें, अत: मैं अभिचार-कर्म करता हूँ। देवता कहते हैं कि युद्ध से डरने वालो को यमदूत यम पाश से बाँधते हैं। अन्न के निमित्त मेघों के पास जाने वाले हे सूर्य, तुम मेघों को ताड़ित कर उन्हें समुद्र रूप में ले जाते हो। तेरहवें महीने में भी तुम वर्षाने को तत्पर हो। हे सोम, रुद्र! तुम तिक्ष्नास्त्र युक्त हो। युद्ध में हमें सुख दो। इस अभिचार-कर्म द्वारा ही प्रतिलोभ रूप से राजा ने सिध्दी प्राप्त की थी, यह हवि स्वाहुत हो। हे सोम, रुद्र! यज्ञ में आकर हमें अमृतत्व प्राप्त कराओ, पाप से बचाओ। हे नेत्र, मन एवं मन्त्र की संहारक शक्ति! तुम श्रेष्ठ आयुधहीन हो। हमारे नाशेच्छुक आयुधहीन हों। हमारी हत्या के इच्छुक को हे अग्नि! आयुधहीन करो। हे अग्नि! तुम इन्द्र के गृह रूप, सर्वगामी, सर्वात्मा, सर्वशरीर, सर्वपुरुष हो, इन्द्र के कवच और मुखरूप हो। मैं साथियों और कुटुम्बसहित आपकी शरण हूँ।

**सूक्त :** 7 : देवता : अराति, सरस्वती

हे अराति! हमें धन-युक्त कर। हमारी दक्षिणा अप्रभावि हो। जो वाचक तेरे समक्ष रहता है उसे हमारा नमन। हमारी देवभक्ति दिन-रात बढ़े। हम अराति की शरण हैं, हमारा हव्य उसे प्राप्त हो। देवाह्वानक यज्ञों में मैं उसकी प्रसन्नकर्त्री वाणी उच्चारता हूँ। जिसकी प्रार्थना करता हूँ उसे प्रदत्त सोम प्राप्त हो। हे अराति! तू मेरी शक्ति व वाणी को अवरुद्ध न कर। इन्द्रादि हमें सब धन दें। शत्रुओं को वे अनुकूल न हों। मनुष्यों को असफल करती हुई तू उनके प्रमाद में ही उन्हें प्राप्त होती है। असमृद्धि हमें निराश कर रही है। इस हिरण्यकेशी अराति को मेरा नमन जिसके कारण यह हिरण्यवर्णा पृथिवी हिरण्यकशिपु की वशीभूता हो असमृद्ध हो गयी थी। उस रमणीयता की नाशक असमृद्धि को मेरा नमन।

**सूक्त :** 8 : देवता : अग्नि आदि

हे अग्नि! औषधि का हव्य देवगण को प्राप्त कराओ। देवता प्रसन्न हो यज्ञ में आएं। हे इन्द्र! स्तुति को सुनो, यज्ञ में आओ। ऋत्विज मेरी इच्छा के अनुकूल हों। हे इन्द्र! ऋत्विजों के प्रयत्न से हम वीर्यवान् हों। हे देवो! अभक्त के यज्ञ में देव न आये न उसके हव्य को अग्नि पहुचाएं! तुम इन्द्र-वचन से बढ़ो। तुम्हारे शत्रुओं का नाश हो। हे इन्द्र! हमारी दुर्गति के लिए यहां में शत्रुओं ने जिसे पुरोहित बनाया है, उसकी दुर्गति हो। उन्होंने 'तनूपान-परिपाण' में मन्त्र-कवच सिद्ध कर लिये हो तो वे असफल हो जाये। हे इन्द्र। शत्रुओं के जो योद्धा सेना में आगे है उन्हें पीछे कर दो जिससे मैं शत्रु-सेना का संहार कर सकूँ। इन्द्र ने जैसे स्तुतिवचनों से शत्रु को रौंद डाला वैसे मैं भी रौंद डालूं। हे वृत्रहन्ता! इस युद्ध में उग्र होकर शत्रु-छेदन करो। मैं तुम्हारा स्नेही हूँ।

**सूक्त :** 9 : देवता : द्यावापृथिवी, अन्तरिक्ष

आकाश, पृथिवी, अन्तरिक्ष के अधिष्ठान-देवताओं के लिए स्वाहा। सूर्य मेरे नेत्र, वायु! प्राण, अन्तरिक्ष आत्मा और पृथिवी मेरी देह है। मैं द्यावापृथिवी की शरण में रक्षा के लिए जाता हूँ। वे दोनों मेरे आयु, बल, बुद्धि, इन्द्रियों और कृत्यों को बढ़ाएं। हे आयुकारक, रक्षक, द्यावापृथिवी। तुम्हारे लिए स्वाहा, मेरी रक्षा करो।

**सूक्त :** 10 : देवता : गृह

हे मेरे घर! पूर्व, पश्चिम, दक्षिण, उतर, ध्रुव, ऊर्ध, दिशा तथा अन्तर्दिशा से जो मेरा नाश करना चाहता है, वह नष्ट हो जताए। मैं वायु से प्राणापान, सूर्य से चक्षु, अन्तरिक्ष से क्षेत्र, पृथिवी से देह, सरस्वती से वाणी चाहता हूँ।

**तृतीय अनुवाक : सूक्त :** 11 : देवता : वरुण

देवगण! मैं सूर्य से प्रार्थना करके धनवान बनना चाहता हूँ। हे रुत्विज! तुम कैसे ज्ञानी बने, मैं तो अनर्थ से प्राप्त चातुर्य से ज्ञानी बना हूँ और अग्नि-सदृश सबका मार्गदर्शक बना हूँ। मेरे द्वारा धारित व्रत को कोई तोड़ नहीं सकता। हे वरुण! तुम्हारे समान धैर्यवान् कोई नहीं है। तुम सर्वज्ञ हो, इसलिए प्रपंची तुमसे घबराते हैं। तुम प्राणियों के सब जन्मों के ज्ञाता हो, मोह में न पड़ने वाले हो। इस रजोगुणयुक्त से सतोगुणी और उससे ब्रह्म श्रेष्ठ है। हे वरुण! मेरे सामने दुष्ट निकृष्ट वाणी न बोले, दास झुककर चले। हे वरुण! धन-याचकों की याचना की उपेक्षा न करो, कही ये तुम्हे धनहीन या कंगाल न समझ लें। मैं तुम्हें स्वल्प भेंट देता हूँ। मैं चाहता हूँ-तुम्हारा स्तोत्र जगत-भर में फैले। जो तुमने मुझे नहीं दिया, वह दो; तुम मेरे साप्तपदीन मित्र हो। जो तुम्हें नहीं दिया गया, वह मैं अब देता हूँ। मैं तुम्हारा साप्तदीन मित्र हूँ। हे वरुण! तुमने देवबन्धु एवं हमारे पिता के समान अथर्व के ज्ञाता को उत्पन्न किया है। तुम हमको श्रेष्ठ धन दो। तुम हमारे बन्धु और मित्र हो।

**सूक्त :** 12 : देवता : अग्नि

हे अग्नि! तुम यज्ञ में प्रदीप्त होकर देवों से मिले हो। मित्रों के पूरक व ज्ञाता हो। देवों का आह्वान करो। तुम देवदूत, क्रान्तदर्शी, महाज्ञानी हो। सत्यलोक के प्रापक मार्गों को मधुमय करो। यज्ञ में वसुओं-सहित आओ। अग्नि, ज्योतियों में श्रेष्ठ एवं सुखदाता है। लपटों! तुम देवों को सुखदायी बनो। उषा एवं आहुति अग्नि को दीप्त करती हैं यह दीप्ति लक्ष्मी की स्थापना करे। अग्नि होताओं में मुख्य हैं, यज्ञप्रेरक एवं यज्ञनिर्माता है। यज्ञोपकारक यह मेरा भी उपकार करे। पृथ्वी, सरस्वती भी आवाहन करने पर यज्ञ में आयें। त्वष्टा द्यावापृथ्वी व जीवों को नवीन रूप देता है। है अग्नि! त्वष्टा का पूजन करो। देवताओं का भाग व हवि उन्हें हर ऋतु में दो। वनस्पति हव्य को स्वादिष्ट बनाएं। अग्नि, जो प्रकट होते ही यज्ञारम्भ करते हैं देवाग्रणी हैं। स्वाहाकार हवि को देवागण ग्रहण करें। वरुण ने मुझे उपदेश दिया। उसके वचनों से हे सर्प! मैं तेरे विष को पीता हूँ। जो विष, मांस या उसके ऊपर हैं, उन्हें मैं ग्रहण करता हूँ। तेरा विष बालू में पड़े जल के समान नष्ट हो गया। तेरे उत्तम व मध्यम विष को मैं ग्रहण करता हूँ। वह मेरे डर से नष्ट हो गया। मेरा वचन मेघसम गर्जनशील हैं। मैं उस वचन से तुझ सर्प को बाँधता हूँ। यह पुरुष विषमुक्त हो जीवित हो जाय। हे सर्प! अपनी नेत्र-शक्ति से तेरी नेत्र-शक्ति नष्ट करता हूँ। कृष्णवर्ण, व्रभुवर्ण आदि सर्पों के क्रोध को उतारे देता हूँ। हे सर्पों! तुम निर्वीर्य होकर कुछ नहीं कर सकते। दाँत से क्रोध प्रकट करने वाली सर्पिणी का विष प्रभावहीन हो।

**सूक्त :** 13 : देवता : सर्पविषनाशन

स्वर्ग के देवता वरुण के उपदेशानुसार मैं तेरे विष को पीता हूँ। जो विष मांस या मांस के ऊपर है उसे ग्रहण करता हूँ। तेरे उत्तम-मध्यम विष को मैं ग्रहण करता हूँ। मैं अपने उग्रवचनों

से तुझ सर्प को बाँधता हूँ, अपनी नेत्रशक्ति से तेरी शक्ति का नाश करता हूँ। हे काले सर्पों! तुम अपने विष से स्वयं ही व्याप्त हो जाओ। हे सर्पों! तुम हमारा कुछ नहीं कर सकते। गूलर वृक्ष से प्रकट सर्पिणी का विष प्रभावहीन हो।

**सूक्त :** 14 : देवता : वनस्पति

हे औषधि! तुझे वरुण ने पाया, वराह ने खोदा। हमारे वधेच्छुक को तू नष्ट कर। राक्षसों को मार। कृत्या-प्रयोगकर्ता को मार। हे देवी! हिंसक के अस्त्र को काट डाल। हे औषधि! तू कृत्या को प्रयोगकर्ता के पास ही ले जा, ताकि वह उसी को नष्ट कर दे। शापक को शाप लगे। हे कृत्ये! तुझे देवताओं या पुरुषों ने किया है, तो भी इन्द्र के सखा तुझे लौटाते हैं। हे इन्द्र! इन कृत्याओं का सामना करो। कृत्ये! तुझे जिसने किया है, उसे मार डाल। तू उत्पत्ति-कर्ता के पास जा और दबने पर डसने वाले साँप के समान उसे ही डस। हे द्यावापृथिवी! कृत्याकारी को कृत्या वाण के समान बिंधे, मृग समान पकड़ ले। कृत्याकारी के प्रतिकूल आचरण कृत्या करे।

**सूक्त :** 15 : देवता : औषधि

यज्ञ-निमित्त उत्पन्न हे औषधि! मेरे निन्दक 1 या 10 या 11 हों, मधुर तूं मेरे वचन को मधुर कर। मेरी निन्दा वाले 2 हों या 20; 3 हों या 30; 4 हों या 40; 5 हों या 50; 6 हों या 60; 7 हों या 70; 8 हों या 80; 9 हों या 90; 10 हों या 100 हों या 1000; तू मधुर है; मुझे मिष्टभाषी बना।

**द्वितीय अनुवाक : सूक्त :** 16 : देवता :मन्त्रोक्त

हे लवण! तू वृषभ-समान शक्तिशाली है, तो इस गौ के सन्तान उत्पन्न करा, नहीं हो प्रभावहीन समझा जायगा। यदि तुझमें दो बैंलों के समान 4 के समान; 5,6,7,8,9 या 10,11 बैंलों के समान शक्ति है, तो गौ को सन्तानोपत्ति करा, नहीं तो प्रभावहीन समझा जायगा।

**सूक्त :** 17 : देवता : ब्रह्मजाया

सूर्य, वरुण, वायु, चन्द्र, आप ब्रह्मा से पूर्व उत्पन्न इन देवताओं ने ब्राह्मण का अपराध करने के विषय में कहा है- प्रथम सोम ने ब्रह्म को उत्पन्न किया। वरुण व सूर्य उसके सहगामी थे। ग्रामी उल्का जहाँ गिरती है, उस राज्य का नाश हो जाता है। इसी प्रकार ब्रह्मजाया राज्य का नाश कर देती है। ब्रह्मचारी देवताओं का अंशरूप है। वह ब्रह्मचर्य में रमता हुआ विचरता है। ब्रह्मचारी से बृहस्पति ने जाया को प्राप्त किया। सप्तर्षि व देवताओं ने ब्रह्मजाया की चर्चा यों की है- ब्राह्मण की अपहृत स्त्री में भयंकर बन दुर्गति में डालती है। संसार की उथल-पुथल, वीरों की कटाकटी सब कार्य ब्रह्मजाया कराती है। उसके ब्राह्मण पालक चाहे दश हो; किन्तु

जो उसका पाणिग्रहण करता है, वही उसका पति होता है। देवताओं के द्वारा स्वच्छ किये गये बलकारक अन्न का विभाग कर ब्रह्मजाया को देते हुए परमात्मा की उपासना करते हैं। जिस राज्य में ब्राह्मण, गौ और स्त्री रोकी जाती हैं, उसका कल्याण नहीं होता। वह राज्य पुरुषहीन हो जाता है। जहाँ ब्राह्मण स्त्री अचेत कर रोकी जाती है, उस राज्य में पुष्करिणी नहीं रहती, वही कमल तथा पुष्पकंद नहीं होता। मोह के कारण यदि गौ रोक जाती है, तो वही गौ को दुहने वाले दुह नहीं पाते। जहाँ के पुरुष स्त्री-रक्षा में तत्पर होते हैं, उस देशजाति की उन्नति होती है, और जहाँ विपरीत आचरण होता है, वहाँ पतन होता है।

**सूक्त :** 18 : देवता : मन्त्रोक्त

यह गौ तुझे हे राजा! भक्षणार्थ नहीं दी है। तू इस अखाद्य को खाने की इच्छा मत कर। ब्राह्मण के पदार्थ को भक्ष्य समझने वाला विष को पीता है व अपना तेज गँवाता है और अपने सर्वस्व को नष्ट कर डालता है। ब्राह्मण को मृदु समझकर जो अज्ञानी ब्राह्मण को नष्ट करना चाहता है, वह देवहिंसक है। उसके प्रति इन्द्र और द्यावापृथिवी वैर रखते हैं। अग्नि रूप ब्राह्मण का नाश नहीं करना चाहिए। ब्राह्मण का दायाद सोम है और इन्द्र रक्षक है। ब्राह्मण के अन्न का भक्षक पापी अनेक विपत्तियों को खाता है। ब्राह्मण की जीभ प्रत्यंचा, वाणी, कुड्मल, दाँत तीर-सदृश हैं। तप व क्रोध के बाण; शत्रु को दूर से ही बींध देते हैं। पृथ्वी को कंपित कर देने वाले सैकड़ों राजा ब्राह्मण की सन्तान को मारने के कारण हार गये। जो ब्राह्मण को मारता है, वह पितृयान-प्रदत्त लोक को नहीं जाता है। हे राजा! ब्राह्मण का वाणीरूप वाण विष-वाण सदृश होता है।

**सूक्त :** 19 : देवता : मन्त्रोक्त

संजय वृद्धि को प्राप्त हुए किन्तु उन्होंने ब्राह्मण भृगुओं को मार डाला, अतः हार गये। बृहत्साम वाले अंगिराओं को जिन्होंने आपत्ति में डाला, धृत ने उन्हें नाशकारी पुत्र दिया। ब्राह्मणों से कर चाहने वाले, उन पर थूकने वाले, अब तक रक्त की नदी में पंडे हैं। जहाँ ब्राह्मण व गौ तड़पते हैं, वे उसके तेज का नाश कर देते हैं। वहां वीर्य सींचने वाले पुत्र पैदा नहीं होते। जिस राजा के राज्य में ब्राह्मण को दुःखी व नष्ट किया जाता है, वह राज्य एवं राजा नष्ट हो जाते हैं। ब्राह्मण पर डाली विपत्ति पापी राजा को 4 नेत्र, 4 कान, 4 ठोढ़ी, 8 पैर, 2 मुख, 2 जीभ वाली होकर नष्ट कर देती है। छेद वाली नौका को जल में छेद डुबाता है और व्यक्ति को पाप। जहाँ ब्राह्मण की हिंसा होती है, उस व्यक्ति को वह ब्राह्मण-हिंसा, मिटा डालती है। हे नारद! जो ब्राह्मण के धन को अपना समझता है, उसे वृक्ष भी छाया नहीं देते। वरुण कहते है कि ब्राह्मण की सम्पत्ति लेकर कोई जीवित नहीं रहता।

जिन 810 पुरुषों से भूमि काँपती थी, वे ब्राह्मण की सन्तान को नष्ट करने से हार गये। ब्राह्मण-दुःखदायी के राज्य में वर्षा नहीं होती, उसकी सेना मित्रों को भी वश में नहीं रख पाती।

**सूक्त :** 20 : देवता : वनस्पति

हे दुंदुभि! उच्चघोष से गर्जन एवं शत्रु-मर्दन कर। जयेच्छा से शब्द कर। शत्रु हृदय को सन्ताप दे। पराजित वे गांव छोड़ जाये। तू उच्च-शब्द करती हुई सेनाओं के साथ युद्ध जीत लेती है। तू दिव्य वाणी बोल और शत्रु-धन मुझे प्राप्त करा। तेरी गर्जना सुन, हत्यायें देख, शत्रुस्त्री स्वपुत्र का हाथ पकड़ याचना करती भाग जाये। तेरी ध्वनियाँ द्यावापृथिवी पर अनेक रूपों में प्रसारित हों। तू ध्वनि-समृद्ध हो, मित्रो में वेग भरने के लिए उच्च स्वर कर। तू ध्वनि से बलवानों को हर्षित करके, उनके हाथ ऊपर उठवा। तू वीरों का आह्वान करती हुई हमारे मित्रों द्वारा शत्रु नाश करा। तू इन्द्र की स्नेहपात्री है, गर्जनशील है। ग्रामों को गुंजाने वाली, धनदात्री, जीतने वाली, अभिमन्त्रित एवं बलवती है। तू शत्रुधन पर अधिकार करती नृत्य कर। तू शत्रु की टक्कर सहने वाली वाणी को ऊपर निकालने वाली है। तू वाग्मी पुरुष की भाँति शब्द कर। तू योद्धाओं को चलाने वाली और युद्ध जीतने वाली है, अतः बज और शत्रु हृदय को जला।

**सूक्त :** 21 : देवता : वनस्पति

हे दुंदुभि! तू शत्रुओं में विद्वेष पैदा कर। हम उनमें वेर-भाव फैलाना चाहते हैं। तू शत्रु-तिरस्कार कर और उन्हें नष्ट कर। वे मन-नेत्र हृदय से भयभीत हों पलायन करें। मेष समान गरजती हुई तू शत्रु नाश कर। तू गड़गड़ाहट करती हुई शत्रुओं को त्रस्त कर। शत्रुसेना जिस ओर भाग रही हो, उस ओर हमारी दुंदुभि और प्रत्यंचाओं के घोर-शब्द हों। हे सूर्य! शत्रुओं की नेत्र-शक्ति ले लो। हे किरणों! तुम शत्रुओं के पृष्ठ भाग पर दौड़ो। भुजबलक्षीण शत्रु जूतों को छोड़कर भागें। हे मरुद्गण, सोम, वरुण, मित्र, रुद्र, मृत्यु! तुम शत्रु मर्दन करो। यह आहुति तुम्हारे ग्रहण करने योग्य हो।

**सूक्त :** 22 : देवता : तक्मानाशन

हे अग्नि, सोम, इन्द्र, वरुण वेदीबर्हि! समिधाएँ प्रज्ज्वलित होकर ज्वर को रोकें। हमारा शत्रु भाग जाएँ। हे ज्वर! तू देहक्षीणकर्त्ता त अग्निसम सन्तापी है; देह को पीली-सी कर देता है। तू तिरस्कृत, निर्बल, अधम स्थान को प्राप्त हो। ज्वर को मेरा नमन। मैं उसे निम्न स्थान में जाने को प्रेरित करता हूँ। हे जीवननाशक ज्वर! तू चोरदासी से मिल, हमसे दूर हो। तू जीवन को दुःखदायी है। तू मूँज वाले प्रदेश या उससे भी दूर चला जा। हे तकमन! तू युवाशूद्रा से

मिल और उसे कंपा। तू अन्यत्र रमकर हमें सुख दे। तू शीत ज्वर है, काम ज्वर है। हे शीत ज्वर! तेरा बल क्षीण कर्त्तारूप तेरा ही भाई है, खाँसी तेरी बहन पाप तेरा भतीजा है। इनके साथ तू दुष्ट पुरुष के पास जा। हे देव! तिजारी चौथे या, ज्वर को नष्ट कीजिए। मूँज युक्त प्रदेश अंग तथा मगध, गांधार देशों में इस कष्टदायी रोग को भगाते हुए हम मनुष्यों को सुखी करते हैं।

**सूक्त :** 23 : देवता : इन्द्रादि

द्यावापृथिवी, सरस्वती, इन्द्र, अग्नि कृमियों को नष्ट करे। हे इन्द्र! इन शत्रु रूप कृमियों को तुम मेरे वचन से दूर करो। नेत्रों, नथुनों, दांतों के कृमियों को हम दूर करते हैं। एक रूप वाले, विकट रूप, रक्त वर्णी, खाकी रंग वाले; ये सभी कृमि मन्त्रबल से नष्ट हुए। द्रुतगामी, कंपित करने वाले, संतापप्रद, तीक्षण दृश्य-अदृश्य कृमि मन्त्रबल से सबको नष्ट करो। 3 सिर, 3 ककुद वाले श्वेत कीट को मैं नष्ट करता हूँ। मैं अगसत्य की मंत्रशक्ति से तुम्हें मारता हूं। कृमियों के राजा, मंत्री, भाई, बहन, माता-सहित पूरा परिवार नष्ट हो गया। बैठने के स्थान के लघु कीट, नर, मादा सहित नष्ट हुए।

**सूक्त :** 24 : देवता : सवितादि

सभी पदार्थों के अधिपति परमेश्वर हैं। वे वेदोक्त कर्म, प्रतिष्ठा, संकल्प, देवाह्वान, आशीर्वाद सभी में रक्षक हैं। वनस्पति-स्वामी अग्नि, उक्त कर्मों में मेरी रक्षा करें। द्यावापृथिवी, वरुण, मरुदगण, मित्र, सोम, वायु, सूर्य, चन्द्र, इन्द्र, मृत्यु, यम, सभी पितर, प्रतिष्ठा-संकल्प, देवाह्वान, आशीर्वादात्मक कर्म में मेरी रक्षा करें।

**सूक्त :** 25 : देवता : योनि, गर्भ, पृथिवी आदि

अंग-शक्ति से पुष्ट, वीर्यधारक गर्भाधान करता है। सर्वभूतों को गर्भ से जैसे पृथिवी धारण करती है, मैं (योनि) गर्भ को धारण करती हूँ। हे सिनीवालि, सरस्वती, कल्याणी! गर्भ पुष्ट करो। अश्विदय, मित्रावरुण, बृहस्पति, इन्द्र, अग्नि, धाता गर्भ पुष्ट करे। त्वष्टा रूप रच, प्रजापति सिंचन करें। हे अग्नि! तुम वनस्पतियों, औषधियों के गर्भ हो, अत: गर्भ पुष्ट करो। हे साध्वी। तू विशेष स्थिति में हो, मैं गर्भाधान करता हूँ। हे धाता! पुरुष पुत्र को पुष्ट करो, ताकि यह दसम मास में उत्पन्न हो। हे त्वष्टा, सविता, प्रजापति तुम भी ऐसा ही करो।

**सूक्त :** 26 : देवता : अग्नि

हे यजुर्मन्त्रो, समिधाओ! सर्वज्ञाता अग्नि और सूर्य तुमसे यज्ञ में मिले। हे उक्थो! यज्ञ में इन्द्र तुमसे मिलें। हे मनुष्यों! पत्नीसहित यज्ञ में आदेश धारण करो। मरुद्गण संयुक्त हो छन्दों

का पालन करे। तप-फल को विष्णु मिलायें। त्वष्टा यज्ञ में पधारें। भग देवता आशीर्वाद दें। संयुक्त होने वाले जलों को सोम मिलायें। इन्द्र यज्ञानुरूप वीर्य संयुक्त करे। हे अश्विद्वय! तुम यज्ञ वृद्धिहेतु सामने आओ। हमारी आहुति स्वाहुत हो, यज्ञ कल्याण करे।

**षष्ठ अनुवाक : सूक्त :** 27 : देवता : अग्नि

प्रदीप्त अग्नि सूर्य-सम है। प्राणदाता अग्नि का यज्ञ में बड़ा हाथ है। सविता और अग्नि यज्ञ को मधुयुक्त करते हैं। घृत हव्यान्न-स्तुति प्राप्त करने के लिए अग्नि सम्मुख आते हैं। यज्ञों में अन्न-पोषक वसु वास करते हैं। वे इस यज्ञ के रक्षक हो। हे होता! यज्ञ की प्रशंसा करो, जिसे हमारा कल्याण हो। पृथिवी, अग्निकांति, सरस्वती प्रशंसा करती कुशा पर विराजें। त्वष्टा! हमें अन्न-धन की पुष्टि दो। अग्नि हवि को देवतार्थ सुस्वादु बनायें। हे अग्नि! इन्द्र के लिए यज्ञ सम्पन्न करो। सब देवता हवि ग्रहण करे।

**सूक्त :** 28 : देवता : त्रिवृत अग्नि आदि

शतायु होने के लिए नौ प्राणों को नौ से संयुक्त करते हैं। इनमें सुवर्ण, चाँदी, लोहे के तीन-तीन धागे हैं। इस त्रिवृत कर्म मैं-अग्नि, सूर्य, चन्द्र, पृथिवी, जल, आकाश, अन्तरिक्ष, दिशा, उपदिशाएँ, ऋतुअंश प्राप्त हो और मुझे पार लगाएँ। तीन पुष्टियां त्रिवृत के आश्रित हों। पूषादेव धृत दुग्ध से इसकी शुद्धि करें। तीन प्रकार से वह सुवर्ण उत्पन्न हुआ है। अग्नि को इसका एक जन्म प्रिय हुआ है। यह सोम के पीड़ित करने पर गिरा। हे ब्रह्मचारी! यह सुवर्ण तेरी आयु हेतु त्रिवृत हो जाय। जम्नदग्नि, कश्यप की आयु मैं तुझे देता हूँ। सुवर्ण तेरी रक्षा करें, मध्य लोक से रजत, पृथिवी से लौह रक्षा करे। इन्हें धारणकर्त्ता तू शत्रुओं से सबल हो। देवों के समक्ष जिन देवताओं ने सुवर्ण रूपी अमृत बांधा था, उन्हें मेरा नमन। वे त्रिवृत को बाँधने की आज्ञा दें। अर्यमा, पूषा, बृहस्पति भली प्रकार बाँधे। हे ब्रह्मचारी! आयु-तेज प्राप्ति-हेतु में तुझे ऋतु, महीना, सवंत्सर के तेज रूप सूर्य से संयुक्त करता हूँ।

**सूक्त :** 29 : देवता : अग्नि

हे अग्नि! इस कार्यभार को उठाओ। तुम औषधिकर्ता वैद्य हो-तुमसे गौ, अश्व, मनुष्य नीरोगता प्राप्त करें। इसको खाने को इच्छुक पिशाचों की ऑखें फोड़ दो, जीभ काट दो, दाँत तोड़ दो। हम मंत्रशक्ति से प्राण-संचार करते हैं। जो पिशाच इसके नाश का विचार किये हुए हैं, वे यातना भोगें। वह आरोग्य-लाभ करे। जो पिशाच हमारी नाशेच्छा कर चुका है, वह अपनी प्रजा-सहित कष्ट भोगे। जिस पिशाच ने इसे जलपान, यात्रा, शयन के समय पीडित

किया है, वह पीडित हो। दिन अथवा रात में जिसने पीडित किया है, वह पीडित हो। हे अग्नि! तुम पिशाच को नष्ट करो। अश्वयुक्त इन्द्र उसे वज्र से मारें व सोम उसका शीश काटें।

हे अग्नि! तुम सदैव राक्षस-मर्दन करते हो। इन राक्षस-मांस-भक्षियों का मर्दन कर डालो। यह पुरुष सोम के अंकुर के समान पुष्ट होता हुआ अंग-प्रत्यंग से पूर्ण हो। इस गुणी पुरुष को जीवित रहने के लिए रोग-सहित कीजिए। तुम्हारी प्यास शान्त करने वाली समिधाओं को तुम स्वज्वलाओं से ग्रहण करो।

**सूक्त :** 30 : देवता : आयु, मन्त्रोक्त

मैं समीप और दूर देश से तेरे प्राणों को दृढ़ता से बाँधता हूँ। तू पूर्व-पितरों का अनुकरण न कर; अभी यहीं रह। तूने जिसके निमित्त पाप या द्रोह किया है, उससे मुक्त होने का उपाय मैं तुझे बताता हूँ। माता या पिता के प्रति अपराध-पाप से यदि तू रोगी हुआ है, तो रोग-उन्मोचन-प्रमोचन की बात मन्त्ररूप वाणी से मैं तुझे बताता हूँ। तेरे माता-पिता ने जिस मन्त्र या औषधि का सेवन किया है, उसे तू भी सेवन कर। मैं तुझे वृद्धावस्था तक आयु वाला बनाता हूँ। हे पुरुष! तू यमदूतों का अनुगमन मत कर, अपने लोगों के सहित यज्ञ जीवित रह। हे रोगी! भय त्याग, तेरे अंगों से यक्ष्मा व स्थिर-ज्वर दूर हो गया। ज्वर, हृदय रोग, यक्ष्मा-ये सब मन्त्ररूप वाणी से तिरस्कृत होकर छिटके बीज के समान दूर जा गिरें।

यह अग्नि समीप-रहने के योग्य है। सूर्य तेरे लिए इसी लोक में उदित हो। अन्धकारयुक्त मृत्यु से निकलकर तू जीवन को प्राप्त हो। पितरों, मृत्यु एवं यम को मेरा नमन। देह को मैंने मंत्र से प्राणवान् किया है, इसे प्राण, मन व नेत्र प्राप्त हों। हे अग्नि! तुम अमृत के ज्ञाता हो। इसके शरीर को बल दो, यह इस लोक से प्रस्थान न करे। हे रोगी! तेरे प्राणों का क्षय न हो। सूर्य स्वरश्मियों से तुझे मृत्यु-शय्या से उठा दें।

**सूक्त :** 31 : देवता : कृत्याप्रतिहरण

अभिचारकर्ताओं ने मिट्टी के पात्र में तिल, काँगनी मिश्रित धान्यों से हे कृत्या! तुझे किया है। मैं तुझे अभिचारकर्ता पर ही लौटाता हूँ। अभिचारकों ने तुझे बकरे या भेड़ पर या खेत में गार्हपत्याग्नि या यज्ञशाला या एक खुर वाले या दोनों ओर दाँत वाले गधे पर किया हैं, तो तुझे लौटाता हूँ। सभा या जुए के पाशों में किया है, तो तुझे लौटाता हूँ। सेना में, वाण या दुन्दुभि पर, कुएँ में डालकर, श्मशान में गाड़कर या घर में किया है, तो पुन: लौटाता हूँ। जिस अज्ञानी, कुमार्गी ने हम मर्यादा वालो पर भेजा है, वह सफल न हो। हम भाग्यशालियों का वह अमंगल न कर सके। छिपकर कृत्या करने वाले को इन्द्र नष्ट करें, अग्नि ज्वालाओं से जला दे।

# षष्ठ काण्ड

**प्रथम अनुवाक : सूक्त :** 1 : देवता : सविता

हे अथर्वापुत्र सतत बृहत्सोम गाओ, उससे परब्रह्म के प्रथम पुत्र, अन्धकारनाशक सविता को स्तुति से प्रसन्न करो। हमारे हविदान से सविता प्रसन्न हों।

**सूक्त :** 2 : देवता : सोम वनस्पति

हे अध्वर्यु! मेरी स्तुति को सादर सुनने वाले व्रजधारी, सोमपायी इन्द्र के लिए सोभाभिषव करो। स्वयं पहुंचे हुए सोम के पान से प्रसन्न हे इन्द्र! शत्रुनाश करो। इन्द्र विश्व के स्वामी हैं।

**सूक्त :** 3 : देवता : इन्द्र, पूषा आदि

इन्द्र पूषा, अदिति, अपानपात जल, सप्त समुद्र, विष्णु द्यावा-पृथिवी, सोम निचोड़ने वाला पत्थर और निष्णन्न सोम, सरस्वती, अग्नि, आश्विनीकुमार अपानपात अग्नि और त्वष्टा हमारी रक्षा करें।

**सूक्त :** 4 : देवता : त्वष्टा आदि

त्वष्टा पर्जन्य ब्रह्मणस्पति, अदिति, भग, मित्र, वरुण और वायु हमारी स्तुतियों को सुने और हमारी रक्षा करें। हमारे अनिष्टकारी हिंसक शत्रु और उनके कर्म हमसे दूर रहें।

**सूक्त :** 5 : देवता : अग्नि

धृताहुत हे अग्नि! यजमान को उत्तम पद, देह कान्ति और सन्तान से युक्त करो। वह सोम और ब्रह्मणस्पति का निज जन हों। हे इन्द्र! तुम्हारी कृपा से यजमान स्वतन्त्र, सबका वशकर्ता, धनवान् और दीर्घजीवी हो।

**सूक्त :** 6 : देवता : ब्रह्मणस्पति

हे ब्रह्मणस्पते! देवों के भक्त शत्रु को भी यजमान के वशवर्ती कर दो। हे सोम! कुविचारी शत्रु पर वज्र प्रहार करके उसे छिन्न-भिन्न करके भगा दो। हे सोम! हमारे नाश के इच्छुक सन्तापकारी शत्रु का संहार करो।

**सूक्त :** 7 : देवता : सोम, विश्वेदेवा

हे सोम! जिस अदिति-पथ में कृपालु, मित्र बारह सूर्य अदिति के साथ विचरते हैं, उसमें कल्याणसहित आओ। अपना राक्षस वशकर्ता बल हमें दो। देवताओं हमें बल दो, सुखी करो।

**सूक्त :** 8 : देवता : कामात्मा

हे पत्नी! तेरे सुन्दर अंग मेरे मन को विकारयुक्त करते हैं। मेरे अनुकूल तू मेरे मन को प्रसन्न करने वाली हो। तू सेचन-समर्थ पुरुष की कामना वाली हो।

**सूक्त :** 9 : देवता : कामात्मा

हे पत्नी! मैं तेरे मन को अपने वश में करता हूँ। तू मेरी कामना करने वाली हो, मेरे पास रह।

**सूक्त :** 10 : देवता : अग्नि

पृथिवी, श्रवण शक्ति, वृक्षों के देवता, भूस्वामी अग्नि, वायु और अन्तरिक्ष आदि के लिए यह हव्य आहुत हो।

**द्वितीय अनुवाक : सूक्त :** 11 : देवता : मन्त्रोंक्त

शमी वृक्ष में उत्पन्न पीपल की लकडियों से उत्पन्न अग्नि से हम पुत्रोत्पति के लिए किये जाने वाले कार्य करते हैं। गर्भाशय में पहुंचे पुरुष-वीर्य से पुत्रोत्पति होती है। अमा, पूर्णिमा, सिनीवाली देवता तथा प्रजापति गर्भस्थ सन्तान के अंग बनाते हैं।

**सूक्त :** 12 : देवता : विषनिवारण

सर्पों की सब जातियों को मैंने जान लिया है। उनके विष को इस औषधि से मैं दूर करता हूँ। इन्द्र, वशिष्ठादि से विहित औषधियों से मैं तेरे शरीर के विषों को नष्ट करता हूँ। गंगा तथा परुष्णी नदी तेरे शरीर में विषनाशक मधु सींचे।

**सूक्त :** 13 : देवता : मृत्यु

इन्द्रादि देवों के मारक मन्त्रों को नमन! हे मृत्यु! राजा, वैश्यों और देवताओं के अस्त्रों से रक्षा के लिए तुझे नमन। तेरे दूतों, तेरी कृपा एवं निग्रह बुद्धि, तेरी रक्षक औषधियों, पीड़क यातुधानों को मेरा नमन।

**सूक्त :** 14 : देवता : श्लेष्मा रोग

शरीर के अंगों में व्याप्त पीड़ादायक श्लेष्मा रोग का मन्त्रशक्ति नाश करे। मैं इस रोग को समूल उखाड़ता हूँ। हे श्लेष्मा रोग! नष्ट न करता हुआ तू जा, तू देह से दूर भाग।

**सूक्त :** 15 : देवता : वनस्पति

हे ओषधिश्रेष्ठ सोमपर्ण! तेरी कृपा से शत्रु क्षीण हो। सगोत्र, असमगोत्र शत्रु से मैं औषधि सोम के समान श्रेष्ठ होऊँ।

**सूक्त :** 16 : देवता : मन्त्रोक्त

हे सरसों! तू रोगनाशक है, तेरा तेल बलदायक है। तेरे तेल में भुने पत्तों के शाक को अभिमन्त्रित करके खाते हैं। तेरा पिता विहल्ड और माता मदावती है। हे तोविलिक पिशाची!

'एलव' नेत्र रोग, निराला वभ्रू, वभ्रुकर्ण रोग दूर कर। हे सत्यमंजरी! तू पूर्वा है, शलंजाला उत्तर है; नीला गलासला औषधि मध्या है।

**सूक्त :** 17 : देवता : गर्भस्थिरीकरण

हे स्त्री! प्राणिधारिका, वनस्पति-पर्वतधारिका; चराचरधारिका पृथ्वी के समान तेरा धारण किया गर्भ प्रसवकाल में उत्पन्न होने को स्थिर रहे।

**सूक्त :** 18 : देवता : ईर्ष्या-विनाश

हे ईर्ष्यालु! तेरी ईर्ष्या नष्ट करने को तुझसे क्रोध-शोक दूर करते हैं। ईर्ष्या-रहित पृथिवी के समान तेरा मन स्त्रीविषयक ईर्ष्या से पृथक् रहे।

**सूक्त :** 19 : देवता : मन्त्रोक्त

देवजन, मनुष्यजन, सब प्राणी, अन्तरिक्षस्थ वायु, दशापवित्र में शुद्ध सोम, सब मुझे पवित्र करें। कर्म, बल-प्राप्ति, अहिंसा के निमित्त शुद्ध सोम मुझे पवित्र करें। सविता पवित्र करें।

**सूक्त :** 20 : देवता : यक्ष्मा-पित्तज्वर

अग्नि-सदृश अंगों को जलाने सुखाने और व्याप्त होने वाले, प्रलाप कराने वाले यक्ष्मा-ज्वर को नमन। हमारे पास से हट जा। ज्वर-ताप से रुलाने वाले रुद्र, ज्वर, वरुण, पृथिवी, ज्वरनाशक औषधि और पित्तज्वर को हमारा नमन।

**सूक्त :** 21 : देवता : चन्द्रमा

ऐहिक स्वर्गिक-फल-साधन पृथिवी श्रेष्ठ है। इसकी त्वचा-सदृश जो रोगनाशक औषधियां है, उन्हें मैं लेता हूँ। हे हल्दी! तू श्रेष्ठ है, वैसे ही जैसे चन्द्र, सूर्य और वरुण। अहिंस्य तथा रोगनाशिनी औषधियां! मेरे केशों को बढ़ाओ।

**सूक्त :** 22 : देवता : आदित्य, रश्मि, मरुत्

अंतरिक्षस्थ सूर्य-रश्मियाँ पृथिवी से रस लेकर, सूर्य-मण्डल में पहुँच फिर वर्षा करती हैं। हे मरुद्गण! तुम वर्षा से औषधि, धान्य, प्रजाजन को पुष्ट करते हो। तुम गर्जना करके वर्षा करने वाले मेघों को नदियों को तृप्त करने के लिए प्रेरित करो।

**सूक्त :** 23 : देवता : जल

संसार के रक्षक प्रवाहित जलों को मैं पुकारता हूँ। जल हमें पाप से छुड़ायें। सूर्य की प्रेरणा से मनुष्य यज्ञ कर्म करें।

**सूक्त :** 24 : देवता : जल

हिमालय से प्रवाहित, समुद्र में गये हुए जल मेरे हृदय, नेत्रों पार्ष्णि, और प्रपद सन्तापी रोगों को मिटा दें। हे चिकित्सक जल! तुम रोग शमन करो। जिससे मैं बलदायक अन्नादि पदार्थों का सेवन कर सकूं।

**सूक्त :** 25 : देवता : कण्ठमाला-नाश

गले की पचपन प्रकार की, ग्रीवा की सत्तर प्रकार की, और कन्ध की निन्यानवें प्रकार की कण्ठमालाएँ, इस प्रयोग से नष्ट हो जायें।

**सूक्त :** 26 : देवता : पाप-नाश

हे पाप देवता! तू मुझे छोड़। मेरे पुण्य से मुझे स्वर्ग प्राप्त करा। हम तुझे बलपूर्वक छोड़ते हैं। तू हमारे शत्रु के देह में जा, और उसे नष्ट कर।

**सूक्त :** 27 : देवता : यम, निर्ऋति

हे देवो! पीड़क पाप देवता के निवारणार्थ हम तुम्हें हवि देते हैं। हमारे दुपायों, चौपायों के रोगों का शमन होकर उनका कल्याण हो। हवि से प्रसन्न अग्नि कल्याण करें। उनकी कृपा से यह कपोत हमारी गौओं, पुरुषों को सुख दे और सन्तापकारक न हो।

**सूक्त :** 28 : देवता : यम, निर्ऋति

हे देवो! इस कपोत को हमसे दूर कीजिए। मन से तृप्त हम गौओं को घुमाते हैं। कपोत हमारे घर को छोड़ उड़ जाएँ। इसके लिए ऋत्विज अग्नि को घर में ले आये। देवों को हवि अर्पित करते है। यह आज और यह कल मारने योग्य है; यह सोचते यमराज फल देने को प्रस्तुत हैं। उन यम को हमारा नमन।

**सूक्त :** 29 : देवता : यम, निर्ऋति

यह सपक्ष आयुध शत्रु के पास जाय। अशोभन वाणी वाला उल्लू और अशुभ कबूतर निःशक्त हों। हे पापदेवता! तेरे अशुभकारी दूत कपोत और उल्लू यहाँ न आये। हमारे वीर पराजय-भाव को प्राप्त न हो। यम-दूत कपोत निर्वीर्य हो।

**सूक्त :** 30 : देवता : शमी

जो अन्न को देवों ने सरस्वती नदी-तट पर मनुष्यों को दिया। भूमि-कर्षण को इन्द्र ने हल पकड़ा, मरुद्गण कृषक बने। हे शमी! तेरा मद केशवर्धक है। तू सब प्रकार से बढ़। मैं तुझे नहीं काटता। हे सौभाग्यदायक! तू हमारे केशों को सुखदायक हो।

**सूक्त :** 31 : देवता : गौरूपी सूर्य

सूर्य ने उदित होकर प्रकाश से तीनों लोकों को ढक लिया। वर्षा का जल देने के कारण सूर्य गौ कहे जाते हैं। प्राणअपानधारी देह में सूर्य-प्रभा ही विचरती है। तीस घडियों वाले दिन रात तथा वेदत्रयी की वाणी भी सूर्याश्रित ही हैं।

**सूक्त :** 32 : देवता : अग्नि, रुद्र, मित्रावरुण

ऋत्विजों! अग्नि में यातुधान-नाशिका हवि की आहुति दो। हे अग्नि! यातुधानों को भस्म करो। हे यातुधानों! जल औषधि, रुद्र एवं मित्रावरुण तुम्हें नष्ट करें। तुम परस्पर लड़कर नष्ट हो।

**सूक्त :** 33 : देवता : इन्द्र

हे मनुष्यों! वृत्र-वध में तथा अब भी अहष्य इन्द्र की रक्षक-ज्योति के तेज को ग्रहण करो। इन्द्र तुम्हारे शत्रु को दबाने वाले हैं। वे सर्वश्रेष्ठ हैं। उन्हें हम पीतवर्णी सुवर्ण प्रदान करें।

**सूक्त :** 34 : देवता : अग्नि

हे मनुष्यों! कामनापूरक, यातुधान-संहारक अग्नि की स्तुति करो। यातुधान-नाशक अग्नि हमें शत्रु-मुक्त करें। मरुभूमि के रेत में अधिक तीक्ष्ण तथा अनेक रूपधारी, सूर्यरूप में विद्यमान वे अग्नि हमें शत्रुमुक्त करें।

**सूक्त :** 35 : देवता : अग्नि

सर्वजन-हितकारी अग्नि रक्षार्थ यहां आकर हमारी उक्य रूप स्तुतियों से प्रसन्न हों। अंगिराओं की उक्य-स्तोत्र स्तुतियों को अग्नि ने समर्थ बनाकर उनसे उज्ज्वल यश, अन्न और स्वर्ग प्राप्त कराया है।

**सूक्त :** 36 : देवता : अग्नि

यज्ञवान् तथा यज्ञात्मक ज्योति के अधिपति सदा प्रकाशित अग्नि की पूजा करके हम उत्तम फल माँगते हैं। वे देवताओं को हवि पहुँचाते हैं, सूर्य रूप में ऋतु-रचना करते हैं, उत्तम स्थानों के स्वामी हैं और कामनापूरक हैं।

**सूक्त :** 37 : देवता : चन्द्रमा

शाप-क्रिया के कर्ता इन्द्र यहां आयें और शापदाता शत्रु का नाश करें। हे शपथ! हमको शाप देने वाले शत्रुओं को तू भस्म कर। हम शापक, कटुभाषी शत्रु को मृत्यु के आगे फेंकते हैं।

**सूक्त :** 38 : देवता : इन्द्र-तेज

हिंसक जीवों के आक्रमणात्मक, अग्नि के दाहात्मक और सूर्य के तापात्मक तेज से इन्द्र युक्त है। वह तेज हमें प्राप्त हो। हाथी में बल, गैंडे में हिंसा, सुवर्ण में आह्लाद रूप जो तेज है, वह सबमें व्याप्त तेज इन्द्र का ही है; वह हमें प्राप्त हो। वर्षाकारक मंत्र, रथ, बैल, वायु, वरुण में व्याप्त इन्द्र तेज हमें प्राप्त हो। दुन्दुभि-ध्वनि, अश्व पुरुष की उच्च-ध्वनि में व्याप्त इन्द्र-तेज को हम पावें।

**सूक्त :** 39 : देवता : इन्द्र

इन्द्र को दी गयी हमारी हवि वृद्धि को प्राप्त हो। हे इन्द्र! उस हवि से हमारी चिर-वृद्धि कीजिए, इन्द्र को नमन। हम राज्य पाकर यशस्वी बनें। यशस्वी इन्द्र अग्नि, सोम के समान हम यशस्वी हों।

**सूक्त :** 40 : देवता : मन्त्रोक्त

द्यावापृथिवी, चन्द्र, सूर्य, अन्तरिक्ष और सप्तर्षियों को दी गयी हवि हमें अभय करे। हे सूर्य! हमारे ग्राम में प्रचुर अन्नोत्पत्ति से कुशल हो। राजा का भय, शत्रु का भय इन्द्र दूर करें। हे इन्द्र! सब दिशाओं में हम शत्रु-रहित हो, हमारा द्वेषी कहीं न हो।

**सूक्त :** 41 : देवता : मन, दिव्य ऋषि

मन, चेतना, ध्यान-बुद्धि, श्रुति और दर्शन-शक्ति के लिए हम इन्द्र-पूजन करते हैं। प्राण, अपान, व्यान की और इनको धारण करने वाले प्राणी की तथा सरस्वती की हम हवि द्वारा पूजा करते हैं। हमारी इन्द्रियों के रूप में उत्पन्न सप्तर्षि हमारी रक्षा करें। देवता दीर्घायु करें।

**पंचम अनुवाक : सूक्त :** 42 : देवता : मन्त्र

धनुष की उतारी प्रत्यंचा के समान मैं तेरे क्रोध को उतारता हूँ। हम समान मन वाले हों। मैं तेरा क्रोध पत्थर के नीचे दबाता हूँ। मैं तेरे क्रोध पर खड़ा होकर उसे अपने अधीन करता हूँ, तुझे अपने स्वानुकूल बनाता हूँ।

**सूक्त :** 43 : देवता : क्रोध-नाश

यह दर्भ स्वजाति के अथवा शत्रु के क्रोध को मिटाने में समक्ष है। बहुत जड़ों वाला, पृथ्वी से अन्तरिक्ष में उठा यह दर्भ क्रोध-शान्ति का उपाय है। हे क्रोधी! क्रोध-दशा में मुख पर दीखने वाली तेरी नस को मैं शान्त करता और तेरे क्रोध को दबा तुझे अपने अनुकूल करता हूँ।

**सूक्त :** 44 : देवता : मन्त्रोक्त

आकाश, पृथिवी, वृक्ष जैसे स्वस्थान पर टिके हैं, जैसे प्राणी पृथिवी पर टिके है: वैसे ही रुधिर टिके, बहे नहीं। यह रक्तस्रावरोधी सर्वश्रेष्ठ उपाय है। हे शिवमन्त्र श्रृंगोदक! तू रोग-नाश कर। हे गोश्रृंग! तेरा 'विषाण' नाम ही स्राव तथा रोग को शमन करने का सूचक है।

**सूक्त :** 45 : देवता : दुःस्वप्ननाश

हे पापासक्त मन! मैं तुझे नहीं चाहता। तू स्त्री, पुत्र, पशुओं में उचित भाव से रह। दुःस्वप्नों के कारणरूप पाप हमें अग्नि से दूर रखे। हे मन्त्रस्वामी! हे ब्रह्मणस्पति! इन्द्र! जिस पाप के कारण हम दुःस्वप्न पीड़ा को पाते हैं, वरुण उस पाप का नाश करें।

**सूक्त :** 46 : देवता : दुःस्वप्ननाश

हे स्वप्न! न तू जीवित और न मृत है, तू जाग्रतावस्था के अनुभव से सम्पन्न है। वरुण-दम्पति तेरे माता-पिता हैं, तेरा नाम 'अररू' है। हे स्वप्नदेवता! दुःस्वप्न से रक्षा कर। हम दुःस्वप्न के भय को शत्रुसमीप भेजते हैं।

**सूक्त :** 47 : देवता : अग्नि, विश्वेदेवा, सुधन्या

हे अग्नि! प्रातःसवन कर्म में रक्षा करो। विश्वकर्ता, प्राणि हितैषी, दुःखनाशक अग्नि हमें धन, सन्तान, दीर्घायु प्रदान करें। दूसरे सवन में स्तुति से प्रसन्न मरुद्गण और इन्द्र शतायु करें। तृतीय सवन में ऋभु हमें सिद्धि दें।

**सूक्त :** 48 : देवता : मन्त्रोक्त

बाज पक्षी इव शीघ्रगामी, गायत्र्यछन्दा हे प्रातःकाल सवन यज्ञ! मैं तुझे दण्ड-समान धारण करता हूँ। मेरी आहुति तेरे लिए हो। जगच्छन्दा, ऋभु! प्रसन्नकर्ता हे तृतीय सवन वाले यज्ञ! मैं तुझे दण्ड समान धारण करता हूँ। मेरी आहुति तेरे लिए हो। हे त्रिष्टुपछन्द इन्द्र प्रसन्नकर्ता, माध्यन्दिन सवन मैं तुझे नमन करता हूँ।

**सूक्त :** 49 : देवता : अग्नि

चंचल तथा देहगतजल को पीने वाली तुम्हारी लपटें हे अग्नि! देह को उसी प्रकार खा जाती हैं, जैसे गाय जरायु को, मेढा तिनकों को। तुम अस्पर्श्य हो। दावाग्नि वन को, शवाग्नि शव को जलाते हुए सोमलता और शरीर को जला देते है। हे अग्नि! तुम्हारी नाचती, ध्वनि करती ज्वालाएँ धूम्र उत्पन्न करके बादल बनाती हैं और दीप्तियां सूर्य-मण्डल को प्राप्त, कर संसार के लिए वर्षा करती हैं।

**सूक्त :** 50 : देवता : अश्विनीकुमार

हे अश्वि देवो! धान्य-नष्ट-कर्ता चूहों को नष्ट करो। हे हिंसक मूषक! तू हिंस्य है। अश्विद्वय को दी गयी हवि से नष्ट होने से पहले ही तू हमारे जौ के खेतों को छोड़ भाग जा। जंगल या ग्राम के चूहों! हम तुम्हें अपने यज्ञ-कर्म से नष्ट करते हैं।

**सूक्त :** 51 : देवता : सोम, जल, वरुण

इन्द्र-मित्र, रसयुक्त सोम मुख से नाभि तक पहुँचता है। क्षरणशील रसवाले, दिव्य, संसार के मातृरूप जल, स्नान, आचमन, प्रोक्षण के द्वारा पाप-नाश करते हैं। हे वरुण! अज्ञानवश किये गये पाप से हमें बचाओ।

**षष्ठ अनुवाक : सूक्त :** 52 : देवता : सूर्य, गौ, भेषज

उपद्रवी सभी चरों के नाशक, उदयाचल से उदित सूर्य कीटाणुनाशक् हैं, सूर्योदय से अन्धकार नष्ट हुआ, नदियां दीखने लगीं, गौएँ गोष्ठों में बैठ गयी; वन्यजीव अपने स्थानों को गये। रोगनाशिनी शतायुष्यदात्री शमी औषधि रोगनिवारक और कीटाणुनाशिनी है।

**सूक्त :** 53 : देवता : पृथिवी आदि

दक्षिण दिशा से सूर्य हमारी रक्षा करे; द्यावापृथिवी कामना पूरे, पितर अन्नादि दें, सोम, अग्नि, सविता, भगदेवता, अनुकूल हों, जीवनदाता प्राणवायु हमें प्राप्त हो, हमारा अन्त:करण शुद्ध हो, शरीरांग स्वस्थ हों, त्वष्टा रोग-पीड़ित अंग को रोग-रहित करें और शरीर पुष्ट करें।

**सूक्त :** 54 : देवता : अग्नि, सोम

मैं अभिचार-दोष शमनकारी कर्म करता हुआ इन्द्र को प्रसन्न करता हूँ, वे धन, बल, सन्तान की वृद्धि करें। हे अग्नि! हे सोम! यजमान के फल प्राप्त्यार्थ यज्ञ करता हूँ इसे धन-बल दीजिए। सगोत्र तथा अरागोत्र शत्रु को यजमान के वश में करो।

**सूक्त :** 55 : देवता : रुद्र

ददयानों में जो बुद्धिप्रद मार्ग है, उसे मुझे प्राप्त कराओ। ऋतुओं! हम तुम्हारे आश्रित है, हमें पशु-संन्तानयुक्त करो। मनुष्यों! इदावत्सर, परिवत्सर और संवत्सर को नमन से प्रसन्न करो और श्रेष्ठ फल पाओ।

**सूक्त :** 56 : देवता : विश्वेदेवा, इन्द्र

हे विषशमनकर्त्ता देवो! नमन! सर्प हमारी सन्तानों, मृत्यों की हिंसा न करें। दंश के निमित्त सर्प का खुला-अनखुला मुखमन्त्र से यथावत् रहे। तिरश्चराज काले अभक्ति, बभ्रुवर्ण के स्वज सर्पों और वशकर्त्ताओं को नमन! हे सर्प! मैं तेरे मुख को, जीभ को और फन को मन्त्र से (सीता) कीलता हूँ।

**सूक्त :** 57 : देवता : रुद्र, भेषज

रुद्र की इस रोगापहारी औषध का मैं प्रयोग करता हूं। परिचारको! रोगापहारक गोमूत्र-फेन से घास को धोओ। हे रुद्रदेव! हमें सुख दो, पशु-मनुष्य रोगी न हो, पाप का नाश हो, श्रेष्ठ कर्म हमको औषध रूप हो।

**सूक्त :** 58 : देवता : इन्द्र आदि मन्त्रोक्त

द्यावापृथिवी, इन्द्र, सविता मुझे यशस्वी करें। मैं ऋत्विजों का प्रिय बनूं। जैसे द्यावापृथिवी में इन्द्र और औषधियों में जल श्रेष्ठ है, वैसे देवों-मनुष्यों में मैं श्रेष्ठ होऊँ। जैसे इन्द्र, अग्नि सोम यशस्वी है, वैसे मैं भी होऊँ।

**सूक्त :** 56 : देवता : सहदेवी औषधि

हे सहदेवी! तू गौओं और अनेक शिशुओं को सुखी कर, गोष्ठ को दूध से भर सेवकों-सन्तानों को नीरोग-सुखी कर। तू इच्छित फल एवं सौभाग्यदायिनी हो, रुद्रास्त्र को भी पशुओं से पृथक रख।

**सूक्त :** 60 : देवता : अर्यमा

पूर्व में उदित सूर्य-रश्मियाँ इस कन्या को पति और पुरुष को पत्नी दें। सुपति-प्राप्ति की इच्छा से करणीय कर्म इसने किये हैं। द्यावापृथिवी और सूर्य के विधाता, संसार-नियन्ता इस कन्या को इच्छित पति दें।

**सूक्त :** 61 : देवता : रुद्र

सर्वप्रेरक सूर्य ने मेरे लिए सुखद किरणों को प्रकट किया है। जल के देवता मेरे लिए मधुर जल लाये। ब्रह्मा के तप प्रकट देवता मुझे इच्छित फल दें। सविता देवता मुझे इच्छित फल दें। मैंने पृथिवी और स्वर्ग को पृथक् किया। मैंने छह ऋतुओं में अधिमासरूप सातवीं ऋतु को जोड़ा। सत्यासत्य वाणी, और दैवी वाणी का मैं ही उच्चारण करता हूँ। पृथिवी, स्वर्ग, समुद्र तथा गंगादि नदियों को मैंने ही उत्पन्न किया है। इस प्रकार भोक्ता ओर भोगरूप अग्निष्टोमों को मैं संसार के रचनाकार्य के सहायक रूप में प्राप्त कर चुका हूँ।

**सूक्त :** 62 : देवता : अग्नि आदि

वैश्वानर अग्नि, सूर्य, प्राणादि तथा अन्तरिक्ष, वायु, द्यावापृथिवी हमें पवित्र करे। मनुष्यों! धरा-स्वामी वैश्वानर की वाणी से स्तुति करो। ब्रह्मवर्चस आदि तेज -प्राप्ति के लिए वाणी से स्तुति करो। तेजस्वी बनकर अन्यों को पवित्र करो। हम चिरकाल तक सूर्योदय के दर्शन करें।

**सूक्त :** 63 : देवता : निऋति आदि

हे पुरुष! तेरे गले और कंठ में पाप का फन्दा यम ने डाला है मैं उसे काटता हूँ। तू उससे छूट और इस अन्न का सेवन कर। तुम्हारे नमन से प्रसन्न यम लौह-पाश खोले। हे निऋति! तू जिसे लौह-पाश में जकड़ती है, ज्वरादि व्याधियाँ उसे पकड़ती हैं। इसे पितरों की सहायता से दुःखमुक्त कर। अन्नदाता हे अग्नि हमें धन दो।

**सूक्त :** 64 : देवता : सौमनस्य

हे समान मनवालो! तुम्हारे ज्ञान समान हों। कार्य समान हों। जैसे इन्द्रादि देव एकसमान हवि को ग्रहण करते हैं, वैसे ही तुम भी परस्पर विद्वेष-त्याग करो। तुम्हारे मन्त्र, समिति, व्रत, चित्त समान हों। मैं समान बनाने वाले हव्य देता हूँ। इससे तुम एकचित्तता प्राप्त करो। हे समानता चाहने वालो! तुम्हारा अन्तःकरण, मन, संकल्प समान हों।

**सूक्त :** 65 : देवता : इन्द्र

शत्रु का क्रोध शान्त हो, आयुध असफल हों, भुजाएँ शक्तिहीन हों। इन्द्र! शत्रु को हराओ, धन हमें दो। हे देवो! वाणरूप देव के लिए हवि देकर शत्रु की भुजा मैं काटता हूँ। राक्षसों को भुजबल-रहित करने वाले इन्द्र के अनुग्रह से मेरे योद्धा शत्रुओं पर विजय पायें।

**सूक्त :** 66 : देवता : इन्द्र

संतापदायक शत्रु की भुजा शक्तिहीन हो। हिंसक, दुःखदायी शत्रु दुर्गति को प्राप्त हो। हे इन्द्र! आक्रामक शत्रु को वज्र से मारो। प्रत्यंचा चढ़ा बाण छोड़ने वाले हे शत्रु! तुझे इन्द्र नष्ट करें। शत्रु का भुजबल नष्ट हो उसके अंग शिथिल हों। इन्द्र कृपा से हम उसकी सम्पत्ति आपस में बाँट लें।

**सूक्त :** 67 : देवता : इन्द्र

इन्द्र पूषा शत्रु मार्ग को रोकें। शत्रु-सेना मोहित हो जाय। शत्रुओं! तुम रणक्षेत्र में कटे फण वाले सर्प की तरह व्याकुल घूमो। हमारी आहुतियों सेन प्रसन्न इन्द्र, तुम्हारे वीरों को मार दें। हे इन्द्र! शत्रुओं को भयभीत करो, वे डर कर भागें और हम उनका धन ले लें।

**सूक्त :** 68 : देवता : सविता आदि

सविता उस्तरे में आ गये, वायु तुम भी उष्ण जल में जाओ, 12 आदित्य, 11 रुद्र, 8 वसु से इस पुरुष का सिर भिगोयें। मनुष्यों! वरुण और सोम से सम्बन्धित उस्तरे से इसके बाल उतारो, जल भिगोयें, और अदिति इसकी दाढ़ी-मूछों को मूंड़ दें, प्रजापति चिकित्सा करें। यह चक्षु-शक्ति और दीर्घायु वाला हो। मुण्डल संस्कार से यह पशु और संतान से युक्त हो जाय।

**सूक्त :** 69 : देवता : बृहस्पति, अश्विनीकुमार

रथी को जयघोषों से, हिमालय को उच्चता से, सुवर्णागौओं के दान से जो यश मिलता है, वह मुझे मिले। पर्जन्य- धारा, अन्न यश में रस है, मुझे वह रस मिले। अश्विनीकुमारों! मुझे मधु-सम्पन्न करो, जिससे मेरी वाणी मधुर हो। प्रजापति मेरे यश को दृढ़ करें।

**सूक्त :** 70 : देवता : गौ

यथा मद्यप को सुरा, मांस-भक्षक को मांस, जुआरी को पैसे, वीर्य-सेचनाभिलाषी को स्त्री प्रिय होती है, वैसे अवध्य गौ तुझे बछड़ा प्रिय हो। हथिनी के पाँव से पाँव मिलाने पर हाथी, स्त्री से वीर्यवान् पुरुष जैसे प्रसन्न होता है, वैसे अवध्य गौ तू बछड़े से प्रसन्न हो। जैसे रथ-चक्र से धुरी और कामिनी से कामी का मन बँधा रहता है, वैसे हे गौ! तेरा मन बछड़े से बँधे।

**सूक्त :** 71 : देवता : अग्नि

मैंने बहुत प्रकार का अन्न खाया है, सोने का दान लिया है, यज्ञ से असंस्कृत द्रव्य ग्रहण किया है, पितर, देवों से दत्त को ग्रहण किया है। मिथ्या भाषण से दूसरे का माल खाया है, ऋण लेकर नहीं उतार सका हूँ, इन सबसे उत्पन्न दोषों और प्रतिग्रह दोष से अग्नि मुझे बचाएँ।

**सूक्त :** 72 : देवता : अर्क

जैसे आसुरी माया वाले पुरुष का रूप फैलता है, वैसे अर्क मणि से तेरा जननांग फैले और युवा पुरुष के अंग के समान सन्तानोत्पत्ति योग्य हो।

**अष्टम अनुवाक सूक्त :** 73 : देवता : वरुण आदि

वरुण, सोम, अग्नि, वृहस्पति, अष्टावसु, यहाँ सौमनस्य के लिए आएं। हे समानजन्माओ! एक मन वाले होकर यजमान के उपजीवी हो। तुम सबके बल-संकल्प को मैं 'हव्य' द्वारा मिलाता हूँ। मेरे प्रतिकूल चलने से पूषा तुम्हें रोकें।

**सूक्त :** 74 : देवता : ब्रह्मणस्पति

तुम्हारे शरीर, मन, कर्म परस्पर अनुराग-युक्त हो; ब्रह्मणस्पति, भगदेव तुम्हें सावधान रखें। मैं तुम्हारे मन को समान ज्ञान वाला बनाता हूँ। अष्टावसु और मित्रावरुण, तुम्हारे रुद्र और मरुद्गण जैसे समान ज्ञान वाले हुए, वैसे ही तुम सबको अग्निदेव सम-ज्ञानवान् करें।

**सूक्त :** 75 : देवता : मन्त्रोक्त

पीड़क शत्रु को हम मन्त्र से गिराते हैं। हविदान से प्रसन्न वृत्रहन्ता इन्द्र शत्रु को त्रिलोकी के पार कभी न लौटने के लिए भेज दे।

**सूक्त :** 76 : देवता : अग्नि

अग्नि ज्वालामय जिव्हाओं से हिंसेच्छु शत्रु को भस्म करे। जिस अग्नि के-धूम को अद्धाति ऋषि ने देखा है, उसे मैं आहूत करता हूँ। चिरजीवनेच्छुक जो क्षत्रिय अग्नि-स्तोत्र का पाठ करता है, उसे शत्रु नहीं मार सकते।

**सूक्त :** 77 : देवता : अग्नि

ईश्वराज्ञा से जैसे द्यावापृथिवी, अन्तरिक्ष स्व-स्वस्थान पर स्थिर हैं, वैसे ही इस घर के स्थिर खम्भे से हे स्त्री! मैं तुझे बाँधता हूँ तू कर्म-बन्धन में स्थिर रह। छिपकर भागने की गति को रोकने वाले देवता को मैं बुलाता हूँ। हे अग्नि! इस स्त्री के भागने के स्वभाव को बदल।

**सूक्त :** 78 : देवता : चन्द्र

जो स्त्री इस पुरुष के साथ विवाह का लायी गयी है, अग्निदेव उसे दधि, मधु, घृत से बढ़ाये। यह पति हविदान के द्वारा सन्तानादि से सम्पन्न हो। पति-पत्नी का घर धन-दुग्धादि से भरा रहे। पति-पत्नी रूप में इनको उत्पन्न करने वाले त्वष्टा इन्हें सहस्त्रायु करें।

**सूक्त :** 79 : देवता : अग्नि, वायु, आदित्य

आकाश में हवि पहुँचाने के कारण आकाशपालक अग्नि हमें विपुल धन-धान्य दें। हे वायु! हमें बलदायक मन, धन, सन्तान, पशु दो। हे आदित्य! हमें धन मिले।

**सूक्त :** 80 : देवता : चन्द्र

मनुष्य-शिर पर कौआ बैठने के पाप को हम दिव्य श्वान (अग्नि? को पूजकर दूर करते हैं। उत्तम कर्मों से देव-समान स्वर्ग में विराजित कालकंज असुर को काक-दोष निवारणार्थ मैं आहूत करता हूँ। विद्युदग्नि, अग्नि, आदित्याग्नि रूप में द्यावापृथिवी अन्तरिक्ष में स्थित हे अग्नि! दिव्य-श्वान-रूप में हम तुम्हें पूजते हैं।

**सूक्त :** 81 : देवता : आदित्य

हे अग्नि! तुम गर्भनाशक व्याधि एवं गर्भनाशक राक्षसों का संहार करते हो। हे कंकण! तुम गर्भस्थापनार्थ गर्भाशय फैलाओ। हे स्त्री! तू गर्भाशय में पुत्र धारण कर। यह स्त्री पुत्र उत्पन्न करने में समर्थ हो।

**सूक्त :** 82 : देवता : इन्द्र

इन्द्र की प्रसन्नता के लिए उसके वृत्रहन्ता, शतकर्मादि नाम बोलता हुआ उससे इच्छित-फल मांगता हूँ। अश्विनीकुमारों ने सूर्य, सावित्री के साथ जैसे विवाह किया, वैसे पुरुष! तू इस स्त्री को प्राप्त कर। हे इन्द्र! मुझे पत्नी दो।

**नवम अनुवाक : सूक्त** : 83 : देवता : सूर्योदय

हे गण्डमालाओं! आदित्य, चन्द्रमा तुम्हें इस शरीर से दूर भगायें। रक्त, श्वेत, शुभ्र, कृष्णादि वर्ण वाली तथा जितनी भी गण्डमालायें हैं। वे अपने नामोच्चारण से प्रसन्न हो, इस शरीर से चली जायें।

**सूक्त :** 84 : देवता : निऋति

हे व्रण के देवता! आहुति ग्रहण करो। यह व्रण-प्रक्षालन-जल रोग शान्ति करे। हे व्रणदेव! पाप के देवता तुम हवि ग्रहण करके गौ आदि को रोग मुक्त करो। यम तुझे हे रोगी मुझको सौंप रहे हैं। यम को मेरा नमन! हे निऋति! जब तू पुरुष को पाशबद्ध करती है, तभी वह रोगी होती है। तू इस रोगी को स्वर्ग में स्थान दिला।

**सूक्त :** 85 : देवता : वनस्पति

वरुण-वृक्ष की मणि और इन्द्रादि देव यक्ष्मा को दूर करें। मणि-धारक रोगी के क्षय रोग को मित्रावरुण, इन्द्र की आज्ञा से हम दूर करते हैं। वृत्र ने जैसे मेघ-जलों को रोका था, वैसे मैं अग्नि के द्वारा तेरे यक्ष्मा रोग को रोकता हूँ।

**सूक्त :** 86 : देवता : एकवृष

श्रेष्ठताकामी यह पुरुष इन्द्र के अनुग्रह से श्रेष्ठ बने। हे पुरुष! जैसे जलों में समुद्र, पृथिवी पर स्वामी अग्नि, नक्षत्रों में चन्द्रमा श्रेष्ठ है, वैसे तू भी मनुष्यों में श्रेष्ठ हो।

**सूक्त :** 87 : देवता : ध्रुव

हे राजा! सिंहासनारूढ़ हो राजा सँभालो, हमारे स्वामी बनो, पर्वत-समान स्थिर हो। इन्द्र तुम्हें स्थिर करे और सोम, ब्रह्मणस्पति भी तुम्हें अपना माने।

**सूक्त :** 88 : देवता : ध्रुव

जैसे द्यावापृथिवी, अन्तरिक्ष स्थिर हैं, वैसे यह राजा भी स्थिर हो। हे राजा! वरुण, बृहस्पति, इन्द्र और अग्नि तुम्हें स्थिर करें। तुम शत्रुमर्दन करते रहो। सब दिशायें तुम्हारे अनुकूल हो। तुम युद्ध में कभी पीठ न दिखाओ।

**सूक्त :** 89 : देवता : मन्त्रोक्त

प्रेम-प्रापक मस्तक-बल सोम ने दिया है, उसी प्रेम से मैं तेरे अन्तःकरण को पीड़ित करता हूँ। हे दम्पत्ति! तुम्हारा हृदय परस्पर अनुरक्त रहे। तुममें से एक के हृदय में हम सन्ताप उत्पन्न करते हैं, जिससे दूसरे का मन जीवन-साथी के प्रति अनुकूल हो। हे पत्नी! मित्रावरुण सरस्वती, सब प्राणी तुझे मुझमें अनुरक्त करें।

**सूक्त :** 90 : देवता : रुद्र

रुद्र-द्वारा क्षिप्त शूलरोग रूपी वाणी हम निकालते हैं। तेरे हाथ-पैर की नाड़ियों के शूल-नाश को औषधि देते हैं। हे इन्द्र! धनुष पर रखे, छोड़े गये, लक्ष्य पर गिरे बाण और तुम्हें नमन।

**सूक्त :** 91 : देवता : यक्ष्मानाशन, जल

औषधि में डालने के लिए जो जौ छह बैल या आठ बैल के हल से जोतकर उत्पन्न किये हैं, उनसे तेरे रोग-करण पाप को दूर करता हूँ। सूर्य अधोमुखी हो तपते हैं, वायु अधोमुखी हो चलती है, गौ अधोमुखी हो दूध देती है, वैसे तेरा रोग अधोमुखी हो निकल जाय। सर्वश्रेष्ठ औषधि जल तेरा रोग हरे।

**सूक्त :** 92 : देवता : अश्व

हे अश्व! रथ में जुड़। मरुद्गण तुझे मन की सी गति दें। तू वायु के द्वारा प्रदत्त बल से युद्ध में जिताये। तू ग्राम, नगर तक पहुँचने को सरल गति से चल।

**दशम अनुवाक : सूक्त :** 93 : देवता : यम आदि

यम, मृत्यु, अघमार, शर्वक्षिप्ता, शिखण्ड देवता पापियों के नाशक हैं, ये हमारी संतानों को पीड़ित न करें। शर्वास्त्र और रुद्र तथा पूर्वोक्त देवताओं को नमन। प्रसन्न होकर वे पाप-युक्त कृत्याओं को दूर पहुँचायें। विश्वेदेवा, मरुद्गण, वरुण, मित्र, अग्नि, सोम, वायु, पर्जन्य मारक कृत्याओं से हमें बचायें।

**सूक्त :** 94 : देवता : सरस्वती

परस्पर विरोधी विचार वाले मनुष्यों! मैं तुम्हारे विरोधभाव को हटाकर परस्पर अनुकूल करता हूँ। तुम्हारे मनों को मैं स्वानुकूल करता हूँ। अनुकूल-चित्त से तुम मेरे मार्ग पर चलो। हम द्यावापृथिवी सरस्वती, इन्द्र, अग्नि की कृपा से समृद्ध हों।

**सूक्त :** 95 : देवता : वनस्पति

द्युलोक देवताओं के बैठने का अश्वत्थ है। वही उन्होंने अमृत के पुष्प 'कूट' का ज्ञान प्राप्त किया है। हे अग्नि! तुम सब औषधियों, हिमवान् पर्वतों को शीतल औषधियों के गर्भ में रहते हो; इस पुरुष को रोगमुक्त करो।

**सूक्त :** 96 : देवता : वनस्पति

बृहस्पति के द्वारा अनेक रोगों में प्रयुक्त औषधियां रोग-मूल-पाप से छुड़ायें। जलरूप औषधि मिथ्या-भाषण तथा अन्य पापों से अलग रखे। इन्द्रिय-व्यवहार, मन, वाणी, कर्म से जो पाप हमने किये हैं उनसे पितरों को दी गयी हवि से प्रसन्न सोम देवता हमें पवित्र करें।

**सूक्त :** 97 : देवता : मित्रावरुण

हमारे द्वारा किये गये यज्ञ में दी गयी हवि से तुष्ट, अग्नि, सोम शत्रुओं को दबायें। मैं शत्रुओं पर विजय पाऊँ। हे मित्रावरुण! हवि तुम्हें तृप्त करें। तुम इस राजा को शक्ति दो। पाप के कारणों को दूर करो। हे सैनिकों! पराक्रमी राजा के अनुगत होने के संग्रामार्थ तैयार हो जाओ।

**सूक्त :** 98 : देवता : इन्द्र

इन्द्र-सम पराक्रमी राजा; इस राजा के सहायक हैं, यह संग्राम में जीते। हे इन्द्र! तुम इसके सहायक हो। हे राजा! तुम अन्य राजाओं से अधिक अन्न- सम्पन्न हो प्रजाओं-सहित चिरकाल तक जीवित रही। हे इन्द्र! तुम शत्रुनाशक हो, सब दिशाओं के स्वामी हो, अभीष्टवर्षक हो; इस युद्ध में हमें जिताओ।

**सूक्त :** 99 : देवता : इन्द्र आदि

हे इन्द्र! तुम अति बली और विजय-साधनों के ज्ञाता हो, सर्वधन-पूर्ण एवं पुष्ट शरीर वाले हो। अत : तुम्हें मैं पराजय से पूर्व ही बुलाता हूँ। शत्रु-सेना के शस्त्र हमारे चारों ओर हैं अत: हम इन्द्र को रक्षार्थ बुलाते हैं। इन्द्र, सविता, सोम हमें विजय दिलायें।

**सूक्त :** 100 : देवता : वनस्पति

सूर्य, इन्द्रादि देवता, द्यावापृथिवी, इडा, सरस्वती हमको विषनाशक औषधि दें। हे देवो! बॉबी मिट्टी को बनाने वाली 'उपजोकाओ' ने जो जल सींचा है, वह जल विषनाशक हो। बॉबी की मिट्टी! द्यावापृथिवी से उत्पन्न, असुर-पुत्री, देव-भगिनी तू सब विषों को शक्तिहीन कर।

**सूक्त :** 101 : देवता : ब्रह्मणस्पति

हे पुरुष! तू दृढ-प्राण-युक्त, शक्तिपूर्ण शरीर वाला, पुष्ट-प्रजनन अंग वाला और सेचन समर्थ हो। तुझे उपयुक्त पत्नी मिले। हे ब्राह्मणस्पति! वीर्यदाता, पोषक जीवन-रुस से इस पुराष के अंग को समर्थ एवं पुष्ट करो। हे वीर्यकामी! मैं तुझे मंत्र-शक्ति से पुष्ट करता हूँ। तू बैल-सदृश सेचन-समर्थ हो पत्नी के पास जा।

**सूक्त :** 102 : देवता : अश्विनी

स्वामी के अनुगत रहने वाले अश्व के समान हे अश्विनी! पत्नी का मन मेरे अनुगत रहे। हे स्त्री! तेरा मन मेरे से अनुकूल रहे, जैसे रस्सी में बंधा घोड़ा स्वामी के अनुकूल और तिनका वायु के अनुकूल होता है। मधूक, कूट और खस का उबटन हे नारी! मैं तेरे लगाता हूं।

**एकादश अनुवाक : सूक्त :** 103 : देवता : बृहस्पति आदि

हे शत्रु-सेनाओं! बृहस्पति सविता, अर्यमा, यम और अश्विनी कुमार तुम्हें बन्धनों में डालें। मैं उत्तम, मध्यम, अधम शत्रु-सेनाओं को पाश-बद्ध करता हूँ। हे अग्नि! शत्रुओं को बन्धन में डाल। हे इन्द्र! सेनापतियों को हटाओ। इन शत्रुओं को इन्द्र हटाए। ये ध्वजा उड़ाते आ रहे हैं।

**सूक्त :** 104 : देवता : इन्द्राग्नि, इन्द्र

हम आदान-संदान पाशों से शत्रुओं को बाँधते हैं। अपानवायु को शरीरों से निकालते हैं। मैंने इस पाश को अभिचार-सिद्ध किया है, इन्द्र ने तीक्ष्ण किया है। हे अग्नि! शत्रु को पाशबद्ध करो। हवि से प्रसन्न इन्द्राग्नि सोम, मरुत्, इन्द्र शत्रु को पाशबद्ध करें।

**सूक्त :** 105 : देवता : कास

हे कामश्लेष्मरूप कृत्या! तू मन के समान द्रुतवेग से दूरदेश को चली जा। हे कास! तू बाण के समान द्रुतगति से भूमि के ऊबड़-खाबड़ प्रदेशों में चली जा। उच्चलोक और पर्वतों तक शीघ्र पहुँचने वाली सूर्यरश्मियों की भाँति हे कृत्या! तू भी विविध प्रवाह वाले प्रदेशों को प्रस्थान कर।

**सूक्त :** 106 : देवता : शाला

हे अग्नि! तुम्हारे सामने और पीछे सुन्दर पुष्प वाली दूर्वा उत्पन्न हो और जल के झरने पर तैरती रहें। कमलयुक्त सरोवर हों। हमारा घर और सरोवर जलों से पूर्ण हो। हे अग्नि! अपनी लपटों को पराखमुख करो।

हे शाला! तू शीतदृढ़ा हो। तुझे ठंडे पानी से जरायुरूप में घेर कर शैवाल से लपेटते हैं।

**सूक्त :** 107 : देवता : विश्वजित्

हे संसार को वश में रखने वाले विश्वजित् देवता! जिस त्रायमाण देव के अधिकार में संसारपालन होता है, उसके आश्रय में हमें करो। हे त्रायमाणो! हमारे पशु-पुत्रादि की रक्षा करो, मुझे विश्वजित् को दो। हे विश्वजित! मुझे कल्याणी को दो। है कल्याणी! तुम मुझे सर्वविद् को दो। हे सर्वविद् तुम हमारी रक्षा करो।

**सूक्त :** 108 : देवता : मेधा, अग्नि

हे मेधा! तुम सौ अश्वों-सहित मुझे प्राप्त होओ। सूर्य की सर्वव्यापिनी किरणों के समान सर्वव्यापिनी रूप में मुझे प्राप्त होओ। हमारी यज्ञाहुति से प्रसन्न होकर आओ। बुद्धि की कामना वाला मैं ब्रह्मचारी से श्रेष्ठ बुद्धि का, अध्ययन के लिए ज्ञान का और रक्षा-निमित्त इन्द्रादि देवों

का आह्वान हूँ। जिस बुद्धि को कौशिक, तथा वशिष्ठादि ऋषि जानते हैं, हम उस बुद्धि को साधक में प्रतिष्ठित करते हैं। जिस बुद्धि को कौशिक, कश्यप जानते हैं, उससे हे अग्नि! मुझे बुद्धिमान् करो। मैं प्रात:, सायं, मध्याह्न, मेधा की स्तुति करता हूँ। पूरे दिन हम मेधा की स्तुति करते हैं।

**सूक्त :** 109 : देवता : पिप्पली

पिप्पली वात राग की औषधि है। इसकी कल्पना समुद्रमंथन के समय देवताओं ने की थी। यह पूर्णत: रोगनाशिका श्रेष्ठ औषधि है। प्राणों को स्थिर करने वाली है। हस्ति पिप्पली जिस शरीर में प्रविष्ट होती है, वह प्राणी नाश को प्राप्त नहीं होते। यह वात रोग, आक्षेपक रोग की औषधि है। पहले इसे दानवों ने गाढ़ दिया था, अब देवताओं ने निकाला।

**सूक्त :** 110 : देवता : अग्नि

चिरन्तन, स्तुत्य, यज्ञों में सदा से आहूत यज्ञसंपादक हे अग्नि! होता बन वेदी में विराजते हुए तुम हमें कल्याणकारी धन दो। ज्येष्ठा नक्षत्रोत्पन्न बालक बड़ों का घातक तथा मूल में उत्कन कुटुम्बनाशक होता है। अत: इसको नाश के कार्य से पृथक् करो। देवगण इसे पाप से बचाकर शतायु करें। यह बालक क्रूर नक्षत्र में उत्पन्न है। यह उत्तम वीर्य वाला हो और बड़ा होने पर माता-पिता का हिंसक न बने।

**सूक्त :** 111 : देवता : अग्नि

हे अग्नि! पापपाश-बद्ध यह पुरुष प्रलाप कर रहा है। इसे रोग के कारण, पाप से और उन्माद रोग से मुक्त करो। हे पुरुष! तेरे रोग की औषधि देता हूँ। अग्नि! तेरे रोग को दूर करे। देवकृत-ग्रहकृत, अथर्वा ब्रह्मराक्षसकृंत उन्माद रोग की मैं औषधि करता हूँ। हे पुरुष! अप्सराओं, भग तथा अन्य देवताओं ने तेरा रोग दूर कर दिया।

**सूक्त :** 112 : देवता : अग्नि

हे अग्नि! बड़ों की हत्या के पाप अथवा पिशाचों के बन्धन अथवा माता-पिता-पितर-परिवेदन-दोष से इसे छुड़ा। हे देवो! इसके पाशों को खोलो। इसके दोष को अन्यत्र भेजा।

**सूक्त :** 113 : देवता : पाप

देवताओं ने त्रित और त्रित ने उसके पाप को अन्यत्र भेजा। हे पाप! तू अग्नि या सूर्य के प्रकाश में या धूप में या कुहरे में या नदियों के फेन में समा जा। बारह स्थानों में स्थित रहने

वाला मनुष्यों में प्रविष्ट हुआ करता है। हे पाप! यदि तू पिशाचों द्वारा प्रभावित है, तो तुझे देवता-ब्राह्मण मंत्रशक्ति से दूर करें।

**द्वादश अनुवाक : सूक्त :** 114 : देवता : विश्वेदेवा

हे देवो! हे अग्नि! हम आदेश में पाप कर चुके। हमें उससे बचाओ। हे अदितिपुत्रो! हे विश्वेदेवा! मन्त्र से हमें पाप से बचाओ। यज्ञेच्छुक हम जिस पाप के कारण यज्ञ नहीं कर पाते, उस पाप से बचाओ।

**सूक्त :** 115 : देवता : विश्वेदेवा

विश्वेदेवा! जाने-अनजाने, सोते-जागते हमसे बने पाप से हमें बचाओ। जैसे स्नान से मल, छन्ते में छानने से घृत शुद्ध होता है, वैसे देवगण मुझे शुद्ध करें।

**सूक्त :** 116 : देवता : सूर्य

कृषि-कर्म करने वाले विचार-शून्य कृषकों से जो भूमि खोदने रूपी यमापराध हुआ है, उसके शमनार्थ मैं आहुति देता हूँ। कृषि-उत्पादित अन्न-उपभोग-योग्य हो। यम हवि ग्रहण करे और प्रसन्न वे मधुर पदार्थ दें। हमारा माता-पिता, भाई अथवा अन्य सम्बन्धी अपराधजन्य पाप शान्त हो।

**सूक्त :** 117 : देवता : अग्नि

मैं स्वयं ऐसा ऋनी कि ऋण लौटा नहीं सका हूँ। हे अग्नि! तुम ऋणजन्य बन्धनों से मुझे मुक्त करो। आपकी कृपा से मैं अन्न-ऋण से मुक्त होता हूँ। तुम्हारी कृपा से हम लौकिक, वैदिक ऋणों से छूटे। मृत्यु के पश्चात् हम स्वर्ग अथवा अन्य स्थानों में ऋण-मुक्त ही प्रवेश करें।

**सूक्त :** 118 : देवता : अग्नि

इन्द्रियों से जो पाप बन गया है, भोग-लिप्सा में जो हमने ऋण लिया है, उसे अप्सराएँ चुकायें। हे अप्सराओ! हमारे पापों का शमन करो। यम के पाश हमें त्रास न दें। हे देवो! मैं जहाँ ऋण लेने जाऊँ, सफल मनोरथ लौटूं।

**सूक्त :** 119 : देवता : अग्नि

मैं ऋण लेने में समर्थ न होता हुआ भी लौटाने की बात कहता हूँ। हे अग्नि! मुझे श्रेष्ठ मति दे। लौकिक, वैदिक ऋणों के देने की प्रतिज्ञाओं को मैं अग्नि के अर्पण करता हूँ, वे मुझे ऋणमुक्त करें। मैं यज्ञ करूंगा, दान दूँगा, ऋण चुकाऊँगा, ऐसी प्रतिज्ञाएँ करता रहा हूँ; किन्तु पूरी न कर सका। इससे उत्पन्न पाप अग्नि दूर करें।

**सूक्त :** 120 : देवता : अन्तरिक्ष आदि

द्यावापृथिवी अन्तरिक्षस्थ प्राणि-हिंसा माता-पिता की आज्ञोल्लंघन रूप पापों को प्रसन्न अग्नि शमन करें। मातारूप पृथिवी, अदिति; भ्रातृरूप अन्तरिक्ष और पितारूप आकाश हमें ऋण-दोषमुक्त करें। निषिद्धनारी-रमण पाप से मेरे उत्तम लोक नष्ट न हों। पुण्यकार्यकर्ता रोग दुःखरहित हो उत्तम लोक प्राप्त करें।

**सूक्त :** 121 : देवता : अग्नि आदि

हे निऋति! हे वरुण! तुम उत्तम-मध्यम-अधम पाशों, दुःस्वप्नजनित पापों को पृथक कर मुझे स्वर्ग दो। हे पुरुष! तू काष्ठ के, रस्सी के, गड्ढे के, राजाज्ञा के बन्धन में बँधा है; अग्नि तुझे मुक्त करें। मूल नक्षत्र इसे मृत्यु भय से छुड़ायें। हे बन्धन के देव, इसे बन्धनमुक्त करो।

**सूक्त :** 122 : देवता : विश्वकर्मा

तुम सबसे पूर्व उत्पन्न हुए हो। तुम्हारी महिमा का ज्ञाता मैं, इस लोक में मुझे दिये अन्न के लिए तुम्हें हवि देता हूँ। मैं बुढ़ापे तक अविच्छिन्न बढ़ूँ। जो पुत्र पितरों का ऋण चुका देते हैं या न चुका पाने पर भी चुकाने की इच्छा रखते हैं, वे मुक्ति पाते हैं। हे दम्पति! परलोक का ध्यान रखते हुए सत्कर्म करो। ब्राह्मणों को पक्वान्न और अग्नि को हवि दो।

हे अग्नि! मैं देवगणों के निमित्त किये यज्ञ में प्रवृत्त होता हूँ। तुम्हारी कृपा से जीवन-भर सुख से रहूँ और मर कर स्वर्ग प्राप्त कर सुखी होऊँ। मैं यज्ञ के जलों को ऋत्विजों को देता हूँ। मरुत्, इन्द्र मुझे इच्छित फल दें।

**सूक्त :** 123 : देवता : विश्वेदेवा

हे देवो! यह हवि मैं तुम्हें देता हूँ। अग्नि इसे तुम्हें प्राप्त कराती है। यजमान कुशलता से स्वर्ग में जाये। वही इसका उचित स्थान स्थिर करना। वसु, रुद्र, आदित्य मेरे पिता, पितामह हैं। मैं पाक-यज्ञ, दानादि कर्म करता हूँ। मैं सन्तान से किये गये श्राद्ध-फल से हीन न होऊं। हे सोम! हमारे कर्मों को जानो, उनसे हमें स्वर्ग मिले।

**सूक्त :** 124 : देवता : दिव्य जल

अन्तरिक्ष से शरीर पर गिरी जल-बूंद से हे अग्नि! मैं अमृत-युक्त और मन्त्रानुष्ठान से पुण्यफलयुक्त होवुं। वह बूंद यदि वृक्ष से गिरी है तो वृक्ष का फल रूप और अन्तरिक्ष से गिरी, तो वायु का फल है; वह मुझसे पाप-देवता को दूर करे। यह वर्षा-जल पवित्र करने वाला है। इसके पावन स्पर्श से पाप-शत्रु नष्ट हों।

**त्रयोदश अनुवाक : सूक्त :** 125 : देवता : वनस्पति

हे रथ! तू वृक्ष-काष्ठ से बना है। तू मित्र रूप है और शत्रुओं से पार लगाने वाला है। तू युद्ध-योग्य हो। तुझ पर बढ़ने वाला शत्रु पर विजय पाये। आकाश-पृथिवी से बल प्राप्त, वृष्टि-जल से वर्धमान वृक्षों के काष्ठ से निर्मित है, यह रस दृढ़ और गतिशील है। इसे हव्य देना चाहिए। हे रथ! तू इन्द्र का पराक्रम, मरुतों का बल और मित्रों का गर्भ रूप एवं वरुण का अवयय है, हमारी हवि ग्रहण कर।

**सूक्त :** 126 : देवता : दुन्दुभि

हे दुन्दुभि! द्यावापृथिवी को ध्वनि से भर दे। अनेक प्राणी ध्वनि सुनें। तू इन्द्र, मरुतों के साथ शत्रु को मार। हे दुन्दुभि! तू शत्रु को हरा। तू संग्राम के पापों को दूर कर, शत्रु-सन्तापकारिणी बन। हे इन्द्र! वायु-सेना को जीतो। वीर शत्रु को जीतें।

**सूक्त :** 127 : देवता : वनस्पति, यक्ष्मानाशन

हे पलाश! तू विसर्पक, विद्रधि, बलक्षयकारक श्वास, बलास रोग नाशक तथा दूषित त्वचा और भेदनाशक है। हे बलास रोग! चीपद्रुव वृक्ष तुझे जड़सहित नष्ट करता हूँ। विसर्पक सारे शरीर में हो जाता है। उसे तथा विद्रधि, यक्ष्मा रोगों को मैं वापस लेता हूँ।

**सूक्त :** 128 : देवता : होम

शक्रधूम अग्नि को नक्षत्रों ने अपना राजा बनाया। प्रात:, मध्याह्न, सायं हमारा दिन और रात्रि पवित्र हों। शक्रधूम, नक्षत्र, चन्द्र, सूर्य, रात्रि, दिवस हमारे लिए शुभ हों। हे शक्रधूम! हे चन्द्र! तुमने हमारा पुण्याह किया है, अत: नमन।

**सूक्त :** 129 : देवता : भग

भग और इन्द्र की कृपा से मैं अपने को सौभाग्यशाली बनाता हूँ। मेरे शत्रुओं की दुर्गति हो। हे औषधि! मेरे सौभाग्यदाता भगदेव की कृपा से तू श्रेष्ठ बनी है। मेरे शत्रुओं की दुर्गति हो।

**सूक्त :** 130 : देवता : स्मर

हे देवो! काम को दूर करो। जिस प्रकार यह मेरा स्मरण करें, इस प्रकार मैं भी करूँ। मरुतो, अग्नि, अन्तरिक्ष! इसे उन्मत्त करो। यह मुझ पर प्रभाव न डाले।

**सूक्त :** 131 : देवता : स्मर

सिर से पाँव तक हे काम! तेरी व्यथाओं को हटाता हूँ। हे देवो! काम को दूर करो। हे अनुमति, संकल्प, देवो! काम मुझे प्रभावित न करे। हे परमात्मा तू हमारा पिता है।

**सूक्त :** 132 : देवता : स्मर

विश्वेदेवा तथा देवताओं ने काम को जल से अभिषिक्त किया है। वरुण की कृपा से मैं काम को सत्यापित करता हूँ। इन्द्राग्नि और मित्रा वरुण ने जिस काम को जलाभिषिक्त किया है, मैं उसे सन्तप्त करता हूँ।

**सूक्त :** 133 : देवता : मेखला

देवों ने अपने शत्रु की हिंसा को मेखला बनायी। मेरे निमित्त भी वे मेखला स्थापित करते हैं। देवता हमारे इच्छित पूरे करे, शत्रुनाश करें। हे मेखला! तू क्षीरपायिनी है, विश्वामित्रादि की अस्वरूपा है। हे मन्त्रसिद्ध मेखला! नियमधारी मेरे अभिचार कर्म से शत्रु अवश्य मर जाएगा। मैं शत्रु को तुझसे बाँधता हूँ। मेखला श्रद्धापुत्री है। तू हमें धारणा, दूरदर्शिता, आत्मबल दे। हे मेखला! तुझे ऋषियों ने बाँधा था। मेरे अभिचारदोष को मिटा और मुझे चिरजीवी बना।

**सूक्त :** 134 : देवता : वज्र

इन्द्र के वज्र के सदृश यह 'दण्ड' शत्रुराज्य को नष्ट करे। शत्रु के गले और बाँहों की नसों को काटे। शत्रु पृथिवी पर गिरकर न उठे, शत्रु को खोजकर हे दण्ड! तू इसे सीमान्त पर ही मार डाला।

**सूक्त :** 135 : देवता : वज्र

जैसे इन्द्र ने वृत्रासुर के कन्धों को काटने के लिए वज्र लिया था, वैसे मैं भी बल से अस्त्र धारण करता हूँ। मैं जो जल पीता हूँ। उसकी शक्ति से शत्रु के रस को पीता हूँ उसके प्राणपान, कान, चक्षु के रस को पीता हूँ और अन्त में शत्रु का पान कर जाता हूँ निगल जाता हूँ और अन्त में उसके प्राणपानादि को निगल कर उसे भी निगल जाता हूँ।

**सूक्त :** 136 : देवता : केशदृढ़ करने वाली वनस्पति

हे कोचमाची औषधि! तू पृथिवी-जात तिरछी फैलने वाली है। केशों को दृढ करने को हम तेरा प्रयोग करते हैं। हे औषधि! न उगे केशों को उगा और उगे केशों को दृढ़कर। हे पुरुष! तेरे गिरे अथवा काटे गए केशों पर औषधि लगाता हूँ।

**सूक्त :** 137 : देवता : नितत्नी औषधि

जमदग्नि ऋषि ने पुत्री की केशवृद्धि के लिए जिस औषधि को खोजा, उसे कृष्णावेश ऋषि से बीतहव्य ने प्राप्त किया। हे केशवर्धन अभिलाषी! तेरे केश पहले अंगुलियों से नापने योग्य थे फिर हाथों से और अब नरकट वृक्ष जैसे बड़े हों गये, केशों के मूल को दृढ़ कर तथा मध्य और अगले भाग को बढ़ा, वैसे ही जैसे नरकट बढ़ते हैं।

**सूक्त :** 138 : देवता : वनस्पति

लताओं में श्रेष्ठ, अमृतवीर्या हे औषधि! तू शत्रु को निर्वीर्य, पुंसत्वहीन कर स्त्रीत्व प्रदान करके उसके केश बढ़ा। उस पुंसत्त्वहीन के अंडकोष वज्र से चूरण कर। हे शत्रु! तू पुंस्त्वहीन, वीर्यशून्य हो चुका। तेरे शिर पर स्त्रियों के से केश और शरीर पर स्त्री-आभूषण धारण कराता हूँ। मैं तेरे अडकोषों को कुचलता हूँ।

**सूक्त :** 139 : देवता : वनस्पति

हे सहस्त्रपर्णी! तू दुर्भाग्य को हटा, सौभाग्य दे। सहस्त्रपर्णी से मैं तेरे हृदय को सन्तप्त और काम से शुष्क करता हूँ। हे सौभाग्यदायिनी सहस्त्रपर्णी। तेरे फलों की आहुति देता हूँ। तू उस स्त्री को मुझसे मिला, अभिन्न कर। कामप्रभावित स्त्री-पुरुष वियोगाग्नि से ऐसे सूखते हैं, जैसे प्यास से मुख सूखता है। हे औषधि! तू वियुक्त स्त्री-पुरुषों को फिर मिला।

**सूक्त :** 140 : देवता : बृह्मस्पति, दन्त

हे अहिंसक अग्नि! ऊपर की दन्तपंक्ति में जो प्रथमोत्पन्न दाँत हैं, वे माता-पिता के हिंसक है, उन्हें अहिंसक बना। हे ऊपर के दाँतो! तुम धान, जौ उड़द, तिल खाओ और तृप्त हो इस बालक के माता-पिता का भक्षण मत करो। ये दांत मित्रवत् सुखुद हों।

**सूक्त :** 141 : देवता : अश्विनी

वायु गौएँ प्राप्त करायें, त्वष्टा इनका पोषण करें, इन्द्र उन्हें स्नेह दें, रुद्र इनको दोषमुक्त करके बढ़ाये। हे गौपालक! नर-मादा की पहचान के लिए बछड़ों के कानों को ताँबे के शस्त्र से दागकर चिह्न बना। अश्विनीकुमारों द्वारा समर्थित यह चिह्न उनकी सन्तानवृद्धि करे। अश्विनीकुमार गौओं की पुष्टि करें।

**सूक्त :** 142 : देवता : वायु

हे जौ! तू बड़ा ऊँचा हो। तुझे इन्द्र-वज्र नष्ट न करे। तू अन्तरिक्ष और भूमि पर कभी क्षीण न होने वाले समुद्र के समान बढ़। हे जौ! तेरे धान्य के ढेर अक्षय हो, तेरे पास जाने वाले, घर में लाने वाले, उपभोग करने वाले व्यक्तियों का सौभाग्य अक्षय हो।

# सप्तम काण्ड

**प्रथम अनुवाक : सूक्त :** 1 : देवता : प्रजापति

परा-आदि वाणियों से वर्णित प्रजापति, अग्नि, इन्द्रादि देवता हमारी कामना पूर्ण करें। त्रिलोकी में व्याप्त सब कर्मों के प्रेरक, सर्वज्ञ ब्रह्मा को परमपिता ने सर्वप्रथम बनाया।

**सूक्त :** 2 : देवता : प्रजापति

हे प्रजापति, माता के गर्भरूप, पिता के वीर्यरूप एवं देवो के बन्धुरूप हैं। उनको जो जानता है, ऐसा व्यक्ति बताइए।

**सूक्त :** 3 : देवता : प्रजापति

प्रजापति, कर्मफल के प्रदाता, वरणीय विश्वात्मारूप से सबमें व्याप्त और यज्ञादि कर्मों के प्रेरक हैं।

**सूक्त :** 4 : देवता : ब्रह्मा-वायु

सबके प्रेरक, आह्वान करने योग्य ब्रह्मा और वायु; 11, 12 और 13 घोड़ियों के रथ में बैठे यज्ञ में आएँ।

**सूक्त :** 5 : देवता : आत्मा

देवों ने पहले यज्ञ के द्वारा यज्ञरूप भगवान् का पूजन किया। इससे वे उस स्वर्ग में गए, जहां पहले से अन्य देव रहते थे। यज्ञ उत्पन्न हुआ, बढ़ा और देवों का स्वामी बना। देवता अमर-देवों का भजन करते है और आत्मा में परमात्मा का प्रकाश देखते हैं। ज्ञान-यज्ञ, आत्म यज्ञ है। आत्म-यज्ञ करने वाले ही परमात्मा स्वरूप का उपदेश दे सकते हैं।

**सूक्त :** 6 : देवता : अदिति

आकाश, अन्तरिक्ष, जन्मदाता माता-पिता और पुत्र, देवता, जीव, जगत् पृथिवी से उत्पन्न हुए। हितकारिणी, बलशालिनी, सत्यपालयित्री, अन्नदात्री पृथिवी का हम आवाहन करते हैं। सुरक्षिका, सुखदायिनी कुशलकर्त्री, पृथिवी की हम शरण हैं। अन्नोत्पत्यर्थ हम मरुभूमि की स्तुति करते हैं।

**सूक्त :** 7 : देवता : अदिति

दैत्यों को समुद्र से हटाकर, देवताओं को मैं उनका अधिकार दिलाता हूँ।

**सूक्त :** 8 : देवता : बृहस्पति

हे भौतिकसुखेच्छुक! कल्याणार्थ प्रयत्न करो। बृहस्पति तुम्हारा मार्गदर्शन करेंगे।

**सूक्त :** 9 : देवता : पूषा

पृथिवी, आकाश, अन्तरिक्ष में पूषा प्रकट होते हैं। वे कर्मों के साक्षी हैं। वे सब दिशाओं को जानते हैं। तेजस्वी, कल्याणकारी सूर्य हमारा मार्ग-दर्शन करें। पूषा का व्रत लेने वाले हम ऐश्वर्य-सम्पन्न हों।

**सूक्त :** 10 : देवता : सरस्वती

हे सरस्वती! शान्ति-सुखदायक, पवित्र, पुष्टिकारक एवं प्रार्थनीय अपना स्तन्यपान हमें कराइए।

**सूक्त :** 11 : देवता : सरस्वती

आपके विस्तृत सर्वविश्वव्याप्त, पताका की भांति चलने वाली विद्युत् से हमारे धन्यादि नष्ट न हों, प्रजाओं को कष्ट न पहुँचे, ऐसी कृपा कीजिए।

**सूक्त :** 12 : देवता : सभा-समिति

सभा-समितियों प्रजापति की पोषिका हैं। राजा उनसे सलाह ले। मैं सभा में विवेकसहित बोलूँ। सभासद समता का व्यवहार करें। मैं सभासदों के ज्ञान-तेज को ग्रहण करता हूँ। सभासदों! अपना मन हमारी ओर करो।

**सूक्त :** 13 : देवता : सूर्य

मैं शत्रु का तेज ऐसे ही हरण करता हूँ जैसे सूर्योदय तारों का।

**द्वितीय अनुवाक : सूक्त :** 14 : देवता : सविता

जगत् के उत्पादक-रक्षक सविता की मैं उपासना करता हूँ। सर्वत्र प्रकाशित तेज वाले, उत्तमकर्मा, सोमोत्पादक सविता की मैं स्तुति करता हूँ। वे सर्वप्रथम, श्रेष्ठ दानी यजमान को यश, धन, पुत्र-पौत्र, पदार्थ दें। वे अभिषुत सोम को पियें।

**सूक्त :** 15 : देवता : सविता

जिस बुद्धि को कण्व ने पाया था, उसी सत्यप्रेरिका, ग्राह्य, शोभित बुद्धि को हे सविता! मैं तुमसे माँगता हूँ।

**सूक्त :** 16 : देवता : सविता

हे सविता देव! यजमान का सूर्योदयकाल में सोने का दोष दूर करके उसकी उन्नति कीजिए, उसे व्रतपालक बनाइए।

**सूक्त :** 17 : देवता : धाता आदि

विश्वधारक धाता; धन दे, कामनापूर्ण करे, अक्षय जीवन दें, वरणीय पदार्थ दें। धाता, सविता, अग्नि, त्वष्टा, विष्णु हमारी हवि लें और अपने-अपने फल दें।

**सूक्त :** 18 : देवता : पृथिवी, पर्जन्य

हल से कर्षित पृथिवी भारी वर्षा सहन करे। पर्जन्य उत्तम वर्षा करें। जहाँ सोम उत्पन्न होता है और उसकी पूजा होती है, वहाँ उत्तम वर्षा और कल्याण होते हैं, ग्रीष्म-शीत असह्य नहीं होते।

**सूक्त :** 19 : देवता : धाता, प्रजापति

प्रजापति प्रजाएँ उत्पन्न करें, धाता पालन करें, पूष उनकी पुष्टि करें। संगठित प्रजाएं विवेकशील हों।

**सूक्त :** 20 : देवता : अनुमति

हे अनुमति देवी! चन्द्रमा अनुकूल हों, अग्निदेवों तक हवि पहुँचाए। हमें कल्याणकारिणी सुबुद्धि एवं सुसन्तान दीजिए। अनुमन्यता देव के हम कृपापात्र हों। हे देवि! हमें यश, अक्षय धन, सुसंतान दो, हमारे यज्ञ की रक्षा करो।

**सूक्त :** 21 : देवता : आत्मा

हे बंधुओं! सूर्य देव की स्तुति करो। वे नवजात प्राणी का कल्याण करें।

**सूक्त :** 22 : देवता : मन्त्रोक्त

सर्वमाननीय, सत्कर्म में स्थिर मन रखने वाले सूर्यदेव हमें सहस्र वर्ष का स्वरूप जीवन दें।

**तृतीय अनुवाक : सूक्त :** 23 : देवता : दोष-त्याग

बुरे स्वप्न, कष्ट का जीवन, दरिद्रता, भय, कुनाम उच्चारण, असत् भाषण का हम त्याग करते हैं।

**सूक्त :** 24 : देवता : सविता

इन्द्राग्नि, विश्वेदेवा, मस्तादि देवता, जो फल हमें देते हैं, वही प्रजापति सूर्य हमें दें।

**सूक्त :** 25 : देवता : विष्णु

विष्णु और वरुण दोनों के बल से लोक स्थित हैं, संसार चेष्टायुक्त हैं। जिनकी आज्ञा से विश्व प्रकाशित हैं, प्राण धारण करता है, कर्म कर रहा है, उन दोनों को होता हवि दें।

**सूक्त :** 26 : देवता : विष्णु

विष्णु त्रिलोकी के रचयिता हैं; वे स्तुति से स्तोता के समीप पहुँचते हैं, उनके तीन कदमों में विश्व समा गया। वे इन्द्र के सखा और सबके गुण-धर्म के द्रष्टा हैं, ज्ञानी उनके प्रकाश को जानते हैं। हे भगवान! तीनों लोकों के धन को ग्रहण कीजिए और दोनों हाथों से बांटिए।

**सूक्त :** 27 : देवता : इडा

सोमपुष्टा, धृतपदी, काम्य-फल देने में समर्थ 'इडा' इस यज्ञ को प्रकाशित करे।

**सूक्त :** 28 : देवता : दर्भ-कुशादि

दर्भ ( कुशा ), वृक्ष-घास काटने के औजार, परशु, गंडासा यजमान के सहायक और कल्याणकारी हों।

**सूक्त :** 29 : देवता : अग्नि, विष्णु

घृतपायी, यजमान को गृह, अश्व, धनादि के दाता हे अग्नि! हे विष्णु! आपको हमारी आहुति पहुंचें, आप दोनों, चरु, पुरोडाश गृहण करते एवं स्तुति से बढ़ते हैं, आप दोनों घृताहुति गृहण करें।

**सूक्त :** 30 : देवता : द्यावापृथिवी

द्यावापृथिवी, सूर्य, ब्रह्मणस्पति और सविता हमारी खो की स्वस्थता के लिए उत्तम अंजन दें।

**सूक्त :** 31 : देवता : इन्द्र

हे धनी, शूरवीर इन्द्र! हमें सब प्रकार से रक्षित करो। जो हमसे तथा हम जिससे द्वेष करते हैं, वह नष्ट हो।

**सूक्त :** 32 : देवता : आयु

सर्वप्रिय, स्तुति-योग्य, तरुण अग्नि को नम्रता से हवि देते हैं, वे दीर्घायुष्य दें।

**सूक्त :** 33 : देवता : पूषा, बृहस्पति, मरुत्, अग्नि

मरुत्, पूषा, ब्रह्मणस्पति, अग्नि, देवता हमें सुसंन्तत्ति, धन-धान्य एवं दीर्घायुष्य दें।

**सूक्त :** 34 : देवता : अग्नि

हे अग्निदेव! हमारे प्रकट-अप्रकट तथा युद्धेच्छुक शत्रुओं को नष्ट कीजिए। हमें अदीन कीजिए।

**सूक्त :** 35 : देवता : अग्नि-स्त्री

हे अग्निदेव! हमारे प्रकट-अप्रकट शत्रुओं को नष्ट कीजिए। राष्ट्र को समृद्ध कीजिए। हे स्त्री! तेरी सब नाड़ियों-धमनियों का मुख बन्द करता और जननेन्द्रिय को स्वस्थ करता हूँ। तुझे प्राणवान सन्तान देता हूँ।

**सूक्त :** 36 : देवता : अक्षि, मन

हे पत्नी! तेरे-मेरे नेत्रों, मनों में मधुर भाव हो। तू मुझे हृदय में धारण कर।

**सूक्त :** 37 : देवता : सूत्र

हे स्वामी! तुम मेरे रहो, अन्य स्त्री के न हो, अत : अभिमन्त्रित सूत्र तुम्हारे बाँधती हूँ।

**सूक्त :** 38 : देवता : वनस्पति (शंखपुष्पी)

पति को वश में करने वाली सौवर्चल (शंखपुष्पी) औषधि को मैं खोदती हूँ जिससे हे पति मैं तेरी प्रिय रहूँ। हे पति! तुम दूसरी स्त्री का नाम भी न लो। यदि तुम कभी मुझसे बिछुड़ जाओगे, तो यह औषधि तुम्हें मेरे पास ले आयेगी।

**चतुर्थ अनुवाक : सूक्त :** 39 : देवता : मन्त्रोक्त

सुन्दर गमन वाले, औषधि-प्रवर्धक, विश्व के तृप्तिदाता, जल की कामना वाले (सरस्वान) देवता को इन्द्र हमारे गोष्ठ में प्रतिष्ठित करें।

**सूक्त :** 40 : देवता : सरस्वान

सरस्वान देवता जलदायक, धन-वृष्टि-पुष्टि के आश्रय, हविदाता के समीप जा इच्छित फल देने वाले हैं। हम उन्हें आहूत करते हैं।

**सूक्त :** 41 : देवता : सूर्य

अनेक गुणों वाले सूर्य, इन्द्र के साथ हमारा मंगल करें। नव-गह निर्माण के स्थान में आये। हमें चिरस्थायी करें। हमारी हवि पितरों को स्वधारूप में पहुंचे।

**सूक्त :** 42 : देवता : सोम, रुद्र

हे सोम! हे रुद्रो! अमीबा, विशुचिका रोग, भूत-पिशाचों तथा हमारे पापों को नष्ट करो। रोग-नाशक औषधि को शरीर में रमाओ।

**सूक्त :** 43 : देवता : वाक्

हे पुरुष! स्तुति-निन्दा की वाणी को प्रसन्न-मन से गृहण कर। ऐसी वाणियों के प्रयोक्ता के मन की तीन अवस्थाएं होती हैं, तेरे मन की एक ही स्थिति हो।

**सूक्त :** 44 : देवता : इन्द्र

हे इन्द्र! विष्णु! तुम राक्षसों से युद्ध करते हो, उसमें जीतते ही हो, हारते नहीं।

**सूक्त :** 45 : देवता : ईर्ष्या दूर करना

सर्वहितसाधक, क्रोधापहारी औषधि को मैं जानता हूँ। हे ईर्ष्यानिवारक देव! तुम ईर्ष्यालु को शान्त कर।

**सूक्त :** 46 : देवता : सिनीवाली

अमावस्या की अधिष्ठात्री, देवों की बहन, सुन्दर हाथों वाली, प्रजापालिका, देवपत्नी, हे सिनीवाली! हमारी हवि गृहण कर और इन्द्र को हमारे लिए धन देने की प्रेरणा कर।

**सूक्त :** 47 : देवता : अमावस्या (कुहू)

कुहू (अमावस्या) को मैं यज्ञ में आहूत करता हूँ। वह जलों, भूतों और अमृत कि पोषिका है। हमारे यज्ञ में आये और हमें धन-सन्तान दे।

**सूक्त :** 48 : देवता : राका (पूर्णमासी)

राका को मैं मंत्रों से आहूत करता हूँ। वह हमारी स्तुति सुने और प्रजनन करा कर यशस्वी पुत्र दे। राका हमें सुबुद्धि और धन दे।

**सूक्त :** 46 : देवता : देवपत्निया

इन्द्राणी, वरुणानी, रोदसी, अश्वपत्नी हमारी पुकार सुनें और ऋतुकाल में हवि गृहण करें। पृथिवी और अन्तरिक्ष में रहने वाली देविया हमें धन-सुख प्रदान करें।

**सूक्त :** 50 : देवता : जुआरी के वध की कामना आदि

जैसे विद्युदग्नि वृक्षों को नष्ट करती है, वैसे ही मैं पापों के द्वारा जुआरियों को नष्ट करता हूँ। मैं 'कृत' नामक 'पासा' हूँ। जुआ न छोड़ने वालों का भाग मुझे प्राप्त हो। स्तोताओं के धनदाता स्वावसु नामक अग्नि की मैं स्तुति करता हूँ। हे इन्द्र! मैं जिसका वरण करूँ, उसे तुम्हारी सहायता से जीतूँ। जो हमें जुए में जीतना चाहे, उसका तुम उच्चाटन करो। हमारे पास बहुत-सा धन आने दों। हे पीड़ादायक शत्रु! जैसे भेड़िया, भेड़ों को नष्ट करता है, वैसे मैं तेरे कृत पासे को नष्ट करता हूँ। हे इन्द्र! हम यवादि-द्वारा भूख शान्त करें, शत्रुओं से न हारे उन्हें जीत लें। मेरे दक्षिण हाथ में कृत (पुरुषार्थ) है और वाम हस्त में विजय है। इनसे मैं धनादि का विजेता होऊँ। दुग्धवती गौ के समान फलवती क्रिया को पुरुषार्थ में बाँधो। उसके द्वारा विजयी हो।

**सूक्त :** 51 : देवता : इन्द्र और बृहस्पति

बृहस्पति, नीचे, ऊपर, पश्चिम आदि सब ओर से तथा इन्द्र पूर्व और मध्य में हमारी रक्षा करें। इन्द्र स्तोता को ऐश्वर्य दें।

**पंचम अनुवाक : सूक्त :** 52 : देवता : अश्विनीकुमार

हम एकमत हों। हे अश्विद्वय! अपने-परायों के समान गति वाला बनाओ। हम मनों को जोड़ें, मिलकर कार्य करें। मन का उच्चाटन न करें।

**सूक्त :** 53 : देवता : आयु, बृहस्पति, अश्विनीकुमार

हे अग्नि! तुम्हारे प्रभाव से अश्विद्वय इस बालक की मृत्यु के कारणों को हटायें। हे प्राणपान! तुम इस बालक के शरीर में रहो। इस पुरुष के शरीर को प्राणापान न त्यागें। सप्तर्षि इसे वृद्धावस्था तक सुख से रखें।

**सूक्त :** 54 : देवता : ऋक, साम, इन्द्र

हम ऋत्विज और यजमान ऋगवेद और सामवेद से यज्ञ करते हैं। ये दोनों देवताओं को यज्ञ-भाग पहुँचाते हैं। इस प्रकार हे इन्द्र! पठित वेद मुझको हिंसित न करता हुआ इच्छित फल दे।

**सूक्त :** 55 : देवता : इन्द्र

हे इन्द्र! जिन मार्गों से तुम प्राणियों को कर्मों में लगाते हो, उनके द्वारा हमें सुखी करो।

**सूक्त :** 56 : देवता : वृश्चिक आदि, वनस्पति, ब्रह्मणस्पति

'मधूक' औषधि काले नाग, कंकपर्वा आदि सर्प-विषों को दूर करे। हे बृहस्पति! विष-प्रभावित उस व्यक्ति के विष को दूर करो, जिसके अंग ऐंठ रहे हैं। हे औषधियों! कर्कोटक के विष को उतारो। बिच्छू! तेरी पूँछ में विष है; पर तू मुख और पूँछ दोनों से प्रहार करता है।

**सूक्त :** 57 : देवता : सरस्वती

मेरा जो व्याकुल अंग है, उस सरस्वती ठीक करें। आकाश और देवताओं को मनुष्य हवि देते हैं। आकाश-पृथिवी मनुष्यों का मंगल करते और उन्हें अन्न-जल-संपन्न करते हैं।

**सूक्त :** 58 : देवता : इन्द्र्, वरुण

हे इन्द्र, वरुण! तुम सोमपान करो। देवताओं की कामनावाले यजमान के यहां तुम्हारा रथ पहुँचे। हे वरुण, इन्द्र! कुशासन पर बैठकर कामनावर्षी सोम का पान करो।

**सूक्त :** 59 : देवता : शत्रुनाश

हम निन्दा नहिं करते, किन्तु जो हमारी निन्दा करे, वह विद्युत से सुखाए वृक्ष के समान समूल नष्ट हो जाए।

**षष्ठ अनुवाक : सूक्त :** 60 : देवता

सुबुद्धि, सुसम्पत्ति, स्नेह से प्रसन्न मैं गृहपति स्नेहभाव से स्तुति कर रहा हूँ। हे गुहाओ! तुम प्रसन्न हो। हे गुहाओ, तुम विपुल धन और विपुल पदार्थों को प्राप्त कर प्रसन्न होओ। तुममें रहने वाले मनुष्य प्रसन्न हों। भूखे मनुष्य तुममें न रहें। मैं देश-देशान्तर से धन कमाकर लाऊँगा। तुम धन से अधिक तेजस्वी होना।

**सूक्त :** 61 : देवता : अग्नि

हे अग्नि! तुम्हारे लिए जो समिधादि लाता है, उसे हम तुम्हारे समीप लाते हैं। चान्द्रायणादितत हम तुम्हारे समीप करते हैं। तुम्हारे पास ही शरीर सुखाने वाले तप करते हैं। स्तुतियों को सुनने वाले हम बुद्धिमान् और दीर्घायु हों।

**सूक्त :** 62 : देवता : अग्नि

ऋत्विजों द्वारा उत्तरवेदी में स्थापित प्रबुद्ध गार्हपत्य अग्नि हवि के देवताओं का पालन करते हैं। वे शत्रु-नाश करें।

**सूक्त :** 63 : देवता : अग्नि

हवि-भाग को देवों तक पहुँचाने वाले द्युलोकवासी अग्नि देव को हम उक्थों से आहूत करते हैं। वे विपत्ति और पापों को नष्ट करें।

**सूक्त :** 64 : देवता : जल, अग्नि

हे मृत्यु! इस कौए ने मेरे अंगों पर आघात करते हुए अंगस्पर्श किया है। इस पाप से अनियंत्रित जल और अग्नि मुझे छुडाएं।

**सूक्त :** 65 : देवता : अपामार्ग

हे अपामार्ग! मेरे दोषों को मिटा। मेरे उस पाप को मिटा, जो व्याधिग्रस्त पुरुष के साथ भोजन करके मैंने किया है।

**सूक्त :** 66 : देवता : वेदपाठ

मेघाच्छन्न आकाश में, आँधी में वृक्ष के नीचे बैठकर, धान्यों के समीप, पशुओं के साथ बैठकर जो वेद पाठ किया गया, उसका नष्ट फल, हमें पुन: मिले।

**सूक्त :** 67 : देवता : आत्मा

मुझमें जीवात्मा पुन: प्रविष्ट हो। पुन: इन्द्रियाँ मिलें। धन और वेद मुझे फिर प्राप्त हों। वेदी में अग्नि फिर समृद्ध हो।

**सूक्त :** 68 : देवता : सरस्वती

हे सरस्वती! दी गई धृतयुक्त हवि को तुम पितरों के लिए भेजो, उस हवि से हम अन्न से समृद्ध हों। तुम्हारे दर्शन से हम वंचित न हों। हमारे रोगादि का शमन कर हमें सुख दो।

**सूक्त :** 66 : देवता : सुख

हे वायु! हमें सुख दो। सुखदाता देवता हमें सुख दें। दिन-रात-उषा हमें सुख दे।

**सूक्त :** 70 : देवता : श्येन (बाज पक्षी) आदि

हमारी हिंसा का संकल्प करने वाले शत्रु को पाप देवता और इन्द्र से प्रेरित देवता नष्ट करें। हे शत्रु! मैं तेरी दोनों भुजाओं और मुख को मन्त्रों से बाँधता हूँ। तेरे कर्म को अग्नि-कोप से नष्ट करूँगा। मृत्युदूत शत्रु के होम को नष्ट करें।

**सूक्त :** 71 : देवता : अग्नि

हे अग्नि! तुम यज्ञ-बाधक राक्षसों को मारती हो। राक्षस मारने को ही हम तुम्हें धारण करते हैं।

**सूक्त :** 72 : देवता : इन्द्र

हे ऋत्विजो! ऋतु-यज्ञ में परिपक्व भाग के लिए आहुति दो। यदि पका न हो तो स्तुति द्वारा पकाओ। हे इन्द्र! हवि पक गयी, शीघ्र आओ। हे वज्रिन! सोमयुक्त हवि का पान करो।

**सूक्त :** 73 : देवता : अश्विनौ, मन्त्रोक्त देवता

हे अश्विद्वय! तपाया हुआ घृत प्रस्तुत है, आओ और पान करो। यह घृत तुममें व्याप्त हो। तुम मधु-सदृश दुग्ध का पान करो। तुम धर्मदुधा गौ के दुग्ध को तृप्त धृत में डालो। अध्वर्यु गौ का दोहन करे। सविता उस दूध को हमारे लिए दे। हे अग्नि! तुम मेरी भक्ति को देख, आओ। शत्रु-सेना को नष्ट कर उसका धन हमें दो। हे धर्मदुधे गौ! तुम तृण भक्षण करो, विचरण करो और जल पिओ।

**सूक्त :** 74 : देवता : अग्नि, मन्त्रोक्त

कष्टसाध्य, उभरी गण्डमाला को अथर्वा के शर से बिंधता हूँ। हे ईर्ष्यालु! तेरे स्त्रीविषयक क्रोध को शान्त करता हूँ। हे अग्नि! प्रदीप्त रहो, हम पुत्र-पौत्रादि सहित आराधना करते हैं।

**सूक्त :** 75 : देवता : गौ

हे धेनु! तुम तृण चरती, सन्तान-सम्पन्न हुई, जल पीती हुई अहिंसित रहो, ज्वर देवता का बाण तुम पर न पड़े। तुम आओ, और हमारे गृह, गृहपति और गौष्ट को दुग्ध-घृतयुक्त करो।

**सूक्त :** 76 : देवता : भेषज

पूययुक्त, पीड़ाप्रद गण्डमालाएँ मन से नष्ट हों। ग्रीवा, जगत की गण्डमालाएँ और गुहा प्रदेश के क्या नष्ट हों। अस्थियों, मांस, ककुद में व्याप्त यक्ष्मा तथा अधिक सम्भोग से हुआ यक्ष्मा, औषध और मन्त्रों से नष्ट हो। हे इन्द्र! सोम-सेवन करते हुए हमें ऐश्वर्य्य दो।

**सूक्त :** 77 : देवता : मरुत

मरुतो! हमारी रक्षा के लिए हवि सेवन करो। जो शत्रु छिपकर क्रोध कर रहे हैं, उन्हें वरुण-पाश में बाँधो। मरुद्गण हमको पाप के पाश से छुड़ायें।

**सूक्त :** 78 : देवता : अग्नि

हे अग्नि! रोगी के अनुकूल होओ। मैं रोगी के कण्ठ, बगल, मध्य देश की रोगरूप रस्सी को खोलता हूँ। हे अग्नि! हवि वहन करो, मुझे पुत्रादि का सुख दो और यजमान की कामना इन्द्र से कहो।

**सूक्त :** 79 : देवता : अमावस्या

हे अमावस्या! देवताओं का दिया हविभाग गृहण करो। हमें पुत्रादि धन दो। मैं अमावस्या का देवता हूँ। इन्द्रादि देवता मुझमें निवास करते हैं। इस अमावस्या को हवि द्वारा पूजते हैं, वह अन्न-रस-ऐश्वर्य दे। हे अमावस्या! तेरे बिना देवता सृष्टि नहीं कर सकते।

**सूक्त :** 80 : देवता : पूर्णमासी

पूर्णिमा पूर्व में रहती है; पश्चिम-मध्याकाश में दमकती है। उसमें अग्नि-सोम रहते हैं। पूर्णिमा हमें अभीष्ट फल और अविनाशी धन दे। पूर्णिमा यज्ञ-योग्य है। वह सोमादि हविरों से पूर्ण है। हे प्रजापति! तुम सृष्टिकर्ता हो। हमारी हवि से हमें अभीष्ट दो।

**सूक्त :** 81 : देवता : सावित्री, सूर्य, चन्द्र

आकाश में विचरणशील सूर्या-चन्द्रमा अन्तरिक्ष में घूमते हैं। हे चन्द्र! तुम एक-एक कला बढ़ते हो। तिथियाँ, रात-दिन, कृष्ण-शुक्ल पक्ष तुम्हारे अधीन हैं। देवताओं को हवि और दीर्घायु देते हो।

वे बुध! तुम वीर-पालनकर्ता हो। हे सोम! तुम पूर्णिमा को समृद्ध होते हो, मैं भी समृद्ध होऊँ। जो हमसे द्वेष तथा हम जिससे द्वेष करते हैं, हे चन्द्र! तुम उसको नष्ट करो। चन्द्र, इन्द्र, वरुण, बृहस्पति, विश्वेदेवा हमें समृद्ध करें।

**अष्टम अनुवाक : सूक्त :** 82 : देवता : अग्नि

मैं अग्नि को धारण करता हूँ। अग्नि में यह समिधा सुहुत हो। हे अग्नि! हममें ऐश्वर्य प्रतिष्ठित करो। उषा के साथ प्रदीप्त, दिन के साथ प्रज्ज्वलित होते हुए अग्नि सूर्य, बनकर सर्वत्र प्रकाशित होते हैं। हे अग्नि! मनुष्य तुम्हें घृत से प्रदीप्त करते हैं। गौएँ तुम्हारे लिए घृत दें।

**सूक्त :** 83 : देवता : वरुण

हे वरुण! हमें रोगों, पापों और अपने द्वारा कहे शाप-वचनों के पाप से बचाओ। हे वरुण! हमारे शरीर के ऊर्ध्व, मध्य और अधोभाग के पाश खोलो। हम पापरहित हो जाएँ। हमें अपने उत्तम, अधम पाश से छुडाओं दुःस्वप्नयुक्त पापों से बचाओ। हम पुण्यलोक को पायें।

**सूक्त :** 84 : देवता : अग्नि, इन्द्र

हे अग्नि! तुम सर्वज्ञ, अमर, बलधारक हो। तुम यज्ञ में प्रदीप्त होकर हमारी रक्षा करो। हे इन्द्र! तुम अक्षय बल सहित प्रकट हुए हो। हे अग्नि। शत्रुओं का नाश करो और हमें स्वर्ग प्राप्त कराओ। हे इन्द्र! तुम स्वर्ग से आओ। अपने तक्ष्णि बल से युद्धेच्छुक शत्रु को दबाओ।

**सूक्त :** 85 : देवता : ताक्ष्र्य

हम ताक्ष्य (सुपर्ण) को बुलाते हैं। देवता सोम इन्हीं के लिए लाये थे। ये बल से युक्त करते हैं। ये अरिष्टनेमि के पिता द्रुतगामी, शत्रुओं के विजेता हैं।

**सूक्त :** 86 : देवता : रुद्र

भयों के रक्षक, युद्धों में आह्वानीय पुरहूत इन्द्र को मैं बुलाता हूँ वे मंगल करें।

**सूक्त :** 87 : देवता : इन्द्र

रुद्र प्रकट रूप से अग्नि में, वरुणरूप से जलों में, सोमरूप से लताओं में है; उन्हें हमारा नमन।

**सूक्त :** 88 : देवता : सर्पविष दूरीकरण

हे विष! तू दंशित पुरुष से दूर होकर उसी सर्प में जा, जिसका कि तू है।

**सूक्त :** 89 : देवता : अग्नि

दिव्य जल लेकर, उसमें औषधि-रस मिलाता हूँ। इससे तेजस्वी बनूँगा। हे अग्नि! इस दूध को तेजस्वी कर, मुझे बलयुक्त कर, संतान तथा जीवन दे। हे जलों! मुझे सब पापों से बचाओ। हे अग्नि! अपने समान मुझे तेजस्वी बना।

**सूक्त :** 90 : देवता : मन्त्रोक्त

हे अग्नि! शत्रु को बलहीन करो। हे दुष्ट! तेरे वीर्य को वरुणास्त्र से क्षीण करता हूँ। पीड़क, कुकर्मी दुष्कर्म, करने में समर्थ न हों।

**नवम अनुवाक : सूक्त :** 91 : देवता : इन्द्र

इन्द्र रक्षा करें, शत्रु-नाश करें, भय भगाएं, हम धन के स्वामी हों।

**सूक्त :** 92 : देवता : चन्द्र, इन्द्र

इन शत्रु को दूर भगाएं। हम उनके अनुकूल रह, मंगल प्राप्त करें।

**सूक्त :** 93 : देवता : इन्द्र

युद्धेच्छुक शत्रु को हम इन्द्र को सहायता से वश में करें, वे सबको मारें।

**सूक्त :** 94 : देवता : सोम

हम राजा सोम को लाते हैं। इन्द्र हमारी सन्तानों को समान मन वाली बनाएं।

**सूक्त :** 95 : देवता : गृध्र

शत्रुओं के प्राणापान उड़ जाएँ। जैसे थकित बैलों को उठाते, भेड़ियों को भगाते, भौंकते कुत्तों को भगाते हैं, वैसे मैं शत्रु के प्राणों को भगाता हूं। धनापहारी को बाँधता हूँ।

**सूक्त :** 96 : देवता : मन्त्रोक्त

जैसे पक्षी घोंसलों को, गाय गोष्ठ को जाती हैं, पर्वत अचल है, वैसे शत्रु स्थान में मैं वृक-वृकी की स्थित करता हूँ।

**सूक्त :** 97 : देवता : इन्द्र, अग्नि

हे होता अग्नि! हमारी हवि देवताओं तक पहुंचा। हे इन्द्र! हमारी स्तुतियों को वाणी दो और हमें पशु-सम्पन्न करो। हे वसुओं! यजमान को धन दो। हे देवताओं! तुम हमको धन दिलाते हुए स्वर्ग पर चढ़ाओ। हे यज्ञ! तुम विष्णु के पास जाओ। घृताहुति तुम्हारे लिए है।

हे यज्ञपति! यज्ञ तुम्हारे कल्याण के लिए हो। घृताहुति अग्नि के लिए है। जिनको पूजा गया है या नहीं पूजा गया है, उनको यह घृताहुति मिले। हे देवी! यज्ञार्थ जिस मार्ग से आये थे, उसी से लौट जाओ। हे मन के स्वामी! इस यज्ञ को स्वर्ग, अन्तरिक्ष, पृथिवी, आकाश में स्थापित करो।

**सूक्त :** 98 : देवता : मन्त्रोक्त

यह 'स्रुवा' बर्हि, पुरोडाश, घृत, वसु, इन्द्र, मरुदगण, विश्वेदेवाओं से भी सशक्त है। यह घृताहुति इन्द्र को प्राप्त हो।

**सूक्त :** 99 : देवता : वेदी

हे दर्भ! वेदी पर फैल जाओ। यह हरे रंग का होताओं का आसन है। यह सुवर्णयुक्त हो जाय।

**सूक्त :** 100 : देवता : दुःस्वप्ननाश

दुःस्वप्न-निवारक मन्त्र को सिद्ध कर लिया है। यह मेरा कवच है। दुःस्वप्न जनित पाप दूर हो जायें।

**सूक्त :** 101 : देवता : दुःस्वप्ननाश

स्वप्न में खाया अन्न सवेरे नहीं दीखता। ये राज अन्न हमको कल्याणकारी हों।

**सूक्त :** 102 : देवता : द्यावापृथिवी आदि

द्यावापृथिवी, अन्तरिक्ष, मृत्यु को नमन करता हुआ मैं इस लोक में दीर्घकाल तक रहूँ। अग्नि, वायु, सूर्य मुझे हिंसित न करें।

दशम अनुवाक सूक्त : 103 : देवता : मन्त्रोक्त

कौन राजा दुर्गति से बचायेगा ? हमारे यज्ञ की कामना कौन करता है ? हमारे धन की पूर्ति और दीर्घायु करने वाला कौन है ?

**सूक्त :** 104 : देवता : प्रजापति

विभिन्न वर्णवाली, वत्सयुक्त, दुधारू, वरुण द्वारा अथर्वा को दी हुई गौ को प्रजापति शक्ति दें।

**सूक्त :** 105 : देवता : विद्यार्थी

हे विद्यार्थी! लौकिक कर्मों से दूर रहता हुआ, देवात्मक वाक्य कहता हुआ, सहपाठियों के साथ वेद पढ़।

**सूक्त :** 106 : देवता : अग्नि

विस्मरण से जो कर्म हमसे नहीं हो पाया, उस पाप से दूर करो। हमारा कर्म पूर्ण होने पर अमरता मिले।

**सूक्त :** 107 : देवता : सूर्य, जल

सूर्य की सात रश्मियाँ जल को नीचे उतारती हैं। हे रोगी! वे जल तेरे रोग को दूर करें।

**सूक्त :** 108 : देवता : अग्नि

हे अग्नि! जो शत्रु हमें मारना चाहता है, वह गृह-पुत्रादि से विहीन हो। जो हमें सोते, बैठते, जागते, मारना चाहता है, उसे अग्नि के सहयोग से हम मार डालें।

**सूक्त :** 109 : देवता : अग्नि आदि

बभ्रुपाश से छुड़ाने वाले देवों को नमन। मैं अभिमंत्रित जल; पाशों में ब्याज करता हूँ। हे अग्नि! इन्द्रादि देवों और अप्सराओं को हवि पहुँचाया। अप्सराएँ मेरे प्रतिद्वंद्वी को अधीन करें। हे देवो! मेरे प्रतिद्वंदी को विद्युत् से भस्म वृक्ष के समान नष्ट करो। जिन देवों ने शत्रुओं के अंशों पर विजय दिलायी है, वे हवि से तृप्त हों। धनदाता गन्धर्वों! हम सोमयुक्त हवि देते हैं, हम धनाधिपति हों। मैं धनार्थ अग्नि आदि देवों को आहूत करता हूँ वे धन दें।

**सूक्त :** 110 : देवता : इन्द्राग्नि

हे अग्नि! हे वृत्रहन्ता इन्द्र! हविदाता के पाप निःशेष करो। जो इन्द्राग्नि भूतों में व्याप्त, कर्मष्टदृष्टा हैं, उन्हें आहूत करता हूँ। हे इन्द्र! तुम सोमपान से बृहस्पति के वश हुए हो, यजमान की स्तुतियों से उसे धन दो।

**सूक्त :** 111 : देवता : वृषभ

हे सोमधारक वृषभ! इस लोक में प्रजोत्पत्ति करो। यजमान की सन्तानें सुखी हों।

**सूक्त :** 112 : देवता : जल

शोभामयी द्यावापृथिवी में चेतन, अचेतन तथा जल रहते हैं। द्यावापृथिवी और जल सभी पापों से बचायें।

**सूक्त :** 113 : देवता : तृष्णा

हे काम-तृष्णा, धन-तृष्णा! तेरे कारण स्त्री, पति से द्वेष करने लगती है, दाहक तू परित्याज्य हैं।

**सूक्त :** 114 : देवता : अग्नि, सोम

हे द्वेषकारिणी स्त्री! मैं तेरे सर्वांग सौंदर्य को आभाहीन करता हूँ। तेरी परकृत निन्दाएँ, पीड़ाएं आदि रुक जायें। सोम देवता, अग्नि देव ऐसी पिशाची, राक्षसियों का संहार करें।

**सूक्त :** 115 : देवता : सूर्य, अग्नि

हे पाप देवी! इस स्थान से दूर जा। पाप देवी को दूर भगाते हुए हे सूर्य! हे अग्नि! हमें अपने हाथों से स्वर्ण दीजिए। हे अग्नि! पाप-पूर्ण लक्ष्मियों को दूर कीजिए।

**सूक्त :** 116 : देवता : ज्वर

उष्ण ज्वर, शीत ज्वर को नमन! तृतीयक, चतुर्थिक ज्वर उस मेंढक पर उतर जाएँ।

**सूक्त :** 117 : देवता : इन्द्र

हे इन्द्र! तुम अपने अश्वों के साथ यहाँ आओ। जैसे प्यासा मरुभूमि को लाँघता है, वैसे तुम सब लाँघकर आओ।

**सूक्त :** 128 : देवता : सोम, वरुण, देवता

विजयाकांक्षी हे राजा! तुम्हारे मर्मस्थलों पर कवच धारण कराता हूँ। सोम तुम्हें अक्षीण तेज दें। इन्द्र तुम्हें शत्रु-विजय दें, वरुण सुख दें।

## अष्टम काण्ड

**प्रथम अनुवाक : सूक्त : 1** : देवता : आयु

मृत्यु देव को नमन! पृथिवी पर प्रजा प्राणयुक्त निवास करें। भगदेव ने मूर्च्छित पुरुष का उद्धार किया; चन्द्र, इंद्राग्नि, मरुत ने रक्षा की। हे आयुष्काम! तेरे प्राण, मन, आयु इस शरीर में रहें। अधोगति पाश में बँधे तुझे हम मंत्ररूपिणी वाणी से छुड़ाते हैं। तू मृत्युपाश से निकल; पृथिवी, अग्नि, सूर्य के दर्शन से रहित न हो। अन्तरिक्षस्थ वायु तेरे लिए सुखमय हो। जल पीयूषवर्षक हो। सूर्य सुखकारक ताप दे, तू मरण से बचा रहे। मैं तेरे लिए औषधि-प्रयोग करता हूँ। तुझे बल देता हूँ। इन्द्रिय-सुख के साथ कह कि मैं होश में हूँ। यम, मृत्यु व मनुष्य-भय से भीत न हो, तू पितरों के पास न जा। इन्द्रादि देव तेरी रक्षा करें। तू अँधेरे से निकल प्रकाश में आ। यम के श्वान तुझे बाधा न दें, तू उनका ग्रास न बने। यहां विषय-निवृत्त हो निवास न करे। मरणात्मक तन्द्रा को प्राप्त न हो।

हे पुरुष! बड़वानल, अग्नि, विद्युताग्नि तेरी रक्षा करें। क्रव्याद तुझे स्वग्रास न बनायें। तू संकुसुक अग्नि से दूर रहे। चन्द्र, सूर्य, आकाश. द्यावापृथिवी, बोध, प्रतिबोध, अनिद्रा, जागृति तेरी रक्षा करें। इन सब देवताओं को नमन। यह हव्य स्वाहुत हो। इन्द्र, सूर्यधाता, वायु, यम, प्रजापति, वसु, द्यावापृथिवी तेरी रक्षा करें, औषधियां तेरा पोषण करें। हे देवो! यह पुरुष इसी लोक में रहे। हम तुझे मृत्यु से खींचते हैं। आयु-पोषक देवता तुझे धारण करे, तेरे बन्धु-बान्धव व स्त्रियां अश्रुपात न करें। हे पुरुष! तेरा पुनर्जन्म हुआ है। सौ वर्ष की आयु तूने प्राप्त कर ली है। तेरी इन्द्रियाँ सक्षम है, तेरा अज्ञान मिट गया है। तेरे पास से पाप, निऋति, यम दूर हैं, तेरे सब रोग नष्ट हैं।

**सूक्त :** 2 : देवता : आयु

आयुकामी पुरुष! अमृतत्व की अनुभूति कर। यह अनुभूति वृद्धावस्था तक रहे। तू रज-तम रहित अहिंसित रह। तेरे लिए पुन: प्राण प्राप्त कराता हूँ। तू चैतन्य हो। ज्वरादि त्याग, मैं दीर्घायु की स्थापना करता हूँ। सर्वांगयुक्त हो। मृत्यु को मेरा नमन। मैं इसे सचेष्ट करता हूँ। हे मृत्यु! तुम इसके प्राण न लो। भव-शर्व इसे सुख दे। हे पुरुष! देवास्त्र से अहिंस्य हो। हम इस मूर्च्छित को रक्षा-कवच धारण कराते हैं। पुरुष! तुझे दीर्घायु देता हूँ सौ वर्ष जीवित रह। जरा-मृत्यु से अस्पर्श्य रह, मन्त्र-शक्ति से दूर हो। अग्नि से तेरे प्राण माँगता हूँ। मृत्यु-शान्ति कर्म करता हूँ। चन्द्र, सूर्य, द्यावापृथिवी, अन्तरिक्ष, जलवायु, औषधि तेरे अनुकूल हों। हे मुंडन संस्कार! बालक के शिर को उस्तरे से मूंड़ते हुए उसे तेजस्वी करो। हे बालक! धान्य तेरे लिए सुखकारी हों, रोग बाधक न हों, पुण्य रक्षक हों। हम तुझे दिन एवं राज्याभिमानी देवता को सौंपते हैं, वे सब प्रकार रक्षा करें। हे बालक! हम तुझे शतायु करते हैं। रक्षार्थ हम तुझको ऋतुओं को अर्पित करते हैं, वर्ष तुझे सुखकर हो। तू मृत्यु-भयमुक्त हो। मैं शान्तिकर्म करता हूँ। शान्तिकर्म राक्षसरोधी परकोटे हैं, ये अभिचारादि से बचाते हैं। अग्नि, इन्द्रादि तुझे मृत्यु से बचायें। हे प्रतद्रुम! अग्नि का शरीर तू रोगनाशक एवं राक्षसादि शत्रु-संहारक औषधि है, कामना पूर्ण कर।

**द्वितीय अनुवाक : सूक्त :** 3 : देवता : अग्नि

सूक्तवर्णित कामना वाला मैं अग्नि की शरण लेता हुआ, उसे पूत से सिंचित करता हुआ उसकी ज्वालाएँ प्रदीप्त करता हूँ वह रक्षा करे। हे अग्नि! राक्षसों, अभिचारकों को भस्म करो। हमसे श्रेष्ठ, निकृष्ट शत्रुओं को नष्ट करो। तुम्हारा वज्र उन्हें क्षीण करे, उन्हें ज्वालाओं से भून डालो। हमारे अनुष्ठानरूप वानों को मन्त्रों से पैना करते हुए शत्रु-हृदय विदीर्ण करो। अपने विकराल नेत्र से हमारे यज्ञ की रक्षा करो, यज्ञ को वसुओं तक पहुंचा। तुम दण्डानुग्रह जानते हो। प्रजापीड़कों के तीन नीचे के, तीन ऊपर के अंगों को काट दो। तुम्हारी ज्वाला से यातुधान नाश को प्राप्त हों। छल से नष्ट करने वाले को नष्ट करो। जिस यातुधान पर स्त्री-पुरुष आकृष्ट हैं, उस पर तुम क्रुद्ध मन से आघात करो। प्राणलेवा राक्षसों को ऐसा मारो कि वह लौटकर न आ सकें, मिथ्याभाषी को देवायुध छेद डालें। मांसभक्षी, गो-दुग्धापहारक का शिर काटो। हमारे वर्ष-भर प्राप्त होने वाले गोदुग्ध को राक्षस न पी सकें। जो राक्षस हमारे गौ-धृत से तृप्त होना चाहता है, उसका मर्मस्थल बींध दो। चारों दिशाओं को राक्षसों से बचाओ, निर्भय करो। तुम मेरे सखारूप हो; अमृत हो; मरणधर्मा मुझे बचाओ। जैसे अथर्वा ने मंत्र-बल से राक्षसों को नष्ट किया, वैसे तुम भी स्वतेज से उन्हें भस्म करो। तुम दर्शनमात्र से राक्षसों को बलहीन करने वाले हो, राक्षसमाया को नष्ट करो। यातुधान-संहारार्थ तेजस्वी अग्नि ज्वालाएँ

प्रवृद्ध करते हैं। वे अग्नि हमारे छिद्रान्वेषी राक्षसों को सहारें। अग्नि स्तुतिपात्र, स्वयं शुद्ध तथा अन्यों के शोधक हैं।

**सूक्त :** 4 : देवता : इन्द्र, सोमादि

हे इन्द्र! हे सोम! राक्षसों को दुःख दो, नष्ट करो; तुम अभीष्टवर्षक हो। माया से वृद्धि को प्राप्त राक्षसों का नाश करो। पापियों को हराओ, तपाओ, उनमें परस्पर द्वेष पैदा करो। इनके तिरस्कारार्थ तुम्हारा बल क्रोधपूर्ण हो। द्यावापृथिवी पापी पर आयुध भेजे। पर्वत व मेघों से उत्पन्न राक्षसों के संहारार्थ वज्र तीक्ष्ण करो। उनकी पसलियाँ तोड़ दो, वे शब्दहीन होकर गिर पड़ें। हमारे मन्त्र आपको प्रसन्न करें। दुष्कर्मी शत्रु का जीवन दुःखमय हो।

असत् वचन के द्वारा शापदायक के शाप व्यर्थ हों। मंगलकारी सोम स्वधा-दूषकों को सर्प को सौंप दें, निऋति की गोद में फेंक दें। हमारे रसापहारक हिंसित हों स्वशरीर एवं पुत्रादि से बिछुड जाएं। हे देवों! हमारे वसकामी शत्रु पूंजी-पुत्र से बिछुड जायें। पापी मिथ्याचारी को सोम नहीं छोडते हैं।

हे अग्नि! मैं देवरक्षित होऊँ। देवद्रोही दुर्गति प्राप्त करें। हे आरोपक! तू मुझपर मिथ्यारोप लगाता है, मैं सन्तापी हूँ, तो आज ही मर जाऊँ। तेरा आरोप मिथ्या हो, तो तू अपने पुत्रों का विछोह प्राप्त कर। जो दुष्ट स्वयं को साधू तथा मुझ सदाचारी को दुष्ट कहता है, उसे इन्द्र वज्र से नष्ट करें। रात्रि में जो राक्षसी मारने को दौड़ती है, वह अथाह गर्त में पड़े। सोम कूटने वाले पाषाण की ध्वनि से ही राक्षस नष्ट हो जाएँ। हे मरुतो! दुष्ट हनन का विचार करो। जो पक्षी-रूप राक्षस रात्रि में उड़ते और यज्ञ बाधक हैं, उन्हें पीस डालो।

हे इन्द्र! आकाशस्थ वज्र को प्रेरित करो, उसे सोम से तीक्ष्ण करो और राक्षसनाश करो। जो राक्षस अहिंसक इन्द्र की हिंसा के इच्छुक हैं, इन्द्र उन्हें वज्र से मार दें। हवि-नाशक राक्षस को इन्द्र मारें। उलूक, श्वान, चववादि के रूप में आते राक्षसों का हे इन्द्र! हनन करो, अन्तरिक्ष को सन्तापमुक्त करो। रोगदस्यु आदि से पृथिवी की रक्षा करे। हे इन्द्र! संतापी राक्षस, मोहिनी, राक्षसी व व्यभिचार कर्मरत दुष्ट की ग्रीवाएँ कटकर गिर पड़े वे सूर्योदय न देखें। हे सोम! इन्द्र! रक्षार्थ चैतन्य रहो।

**तृतीय अनुवाक : सूक्त :** 5 : देवता : मन्त्रोक्त

यह तिलक वृक्ष की मणि कृत्याकर्मप्रतिकारिका है, शत्रुनाशिका, यजमानरक्षिका, कल्याणी एवं वीरपुत्रदायिनी है। यह मेरी भुजा पर बँधने आ रही है। इसके प्रभाव से इन्द्र ने राक्षसों एवं वृत्र पर विजय पायी और वे द्यावापृथिवी के स्वामी हुए। यह विद्वेषिपरावर्तिका, रोग-शत्रुनाशिका व तेजस्वी है। इसे देखते ही शत्रु पलायन कर जाते हैं। मैं द्यावा-पृथिवी,

दिवस-दिवाकर को अपने और कृत्या के बीच दीवार के रूप में स्थापित करता हूँ ये हितैषी देवता कृत्या को लौटा दें। कृत्या प्रतिकारेच्छुक यजमान को रुद्र-अग्नि-इन्द्र सूर्य-विष्णु-प्रजापति आदि देव एवं ऋषिगण कवचरूप मणि धारक करायें। हे मणि के कारण रूप वृक्ष! तू औषधियों में वैसे ही श्रेष्ठ है, जैसे पशुओं में वृषभ तथा वनपशुओं में सिंह। शत्रुवशकर्त्ता मणिधारक पर गंधर्व-अप्सराएं प्रहार नहिं करते। इस मणि को कश्यप ने बनाया, इन्द्र ने वृत्रहननार्थ धारण किया। कृष्णादि को मणि निर्वीर्य करे। वह कल्याण साधन रूप है। वह धनसंतान की रक्षा करे। द्यावापृथिवी, सूर्य, चन्द्र, धाता मुझे मणि-कवच धारण करायें। ऐसी मणि को शत्रु-उत्पीड़न, शरीर-रक्षण एवं बलार्थ धारण करो। मणि में इन्द्र स्वयं व्याप्त हो, इसे मंगलकारी करें, यजमान को शतायु एवं नीरोग बनायें।

**सूक्त :** 6 : देवता : गर्भिणी

हे गर्भिणी! तुझे त्वचादोष न हो। आलिरोग, संवर्तरोग के देवता तुझे बाधा न दें। पलाल, अनुपलाल, शर्क कोकादि को मैं मारता हूँ। हे दुर्नाम! तू गर्भिणी के उरु और अन्तःप्रदेश को संकुचित न कर। मैं दुर्भाग्यरूप केशी आदि व्याधियों को सन्धिस्थानों से दूर हटाता हूँ। सभी व्याधि-राक्षसों को यह पीली सरसों दूर करे। सोते-जागते जो राक्षस तेरी हिंसा करना चाहता है, उसे यह सरसों नष्ट कर दे। हे सरसों! इसको जो मृतवत्सा करे, या जो गर्भ को विपदग्रस्त करे, तू उसे नष्ट करके इसके गर्भ को पुष्ट कर। जो राक्षस इसकी शाला के चारों ओर नृत्य करे उनका पीली या श्वेत सरसों! तू अपनी गन्ध से दूर कर दे। मुर्गे के सदृश बाँग देने वाले दूषितकर्मा राक्षसों को हम इस गर्भिणी के समीप से हटाते हैं। सूर्यताप जिन्हें असह्य है जो रक्तसने मुख वाले हैं, अजाचर्म धारक हैं, ऐसे राक्षसों का हम नाश करते हैं। जो स्थूल शरीरगर्भिणी को अपने कंधे पर रखकर नाचते हैं, ऐसे पिशाचों को हे इन्द्र! तुम मार डालो। उल्टे पैर वाले, छिन्नमस्तक, विस्फारित नेत्र, आदि सभी राक्षस नष्ट हो जाएँ। हे सर्षप! सोती गर्भिणी के पीड़क राक्षस, मुनिकेशादि पिशाच, शिशुमार-नर्क तथा अन्य राक्षसों को अपने पैरों से कुचल। ऐसे राक्षस जो अर्धपुष्ट गर्भ के नाशक हैं, जो छद्मवेष में सूतिकागृह में सोते हैं, ऐसे गन्धर्व-राक्षस-पिशाच श्वेत सरसों से नष्ट हो जायें। हवनादि से बची सरसों को गर्भिणी धारण करे। दोनों सरसों नार्भि में धारण करने पर तेरी रक्षा करें।

हे औषध! वज्रनाम, अनेक अंगों वाले तगल्व, सायकादि राक्षक्षों-पिशाचों से गर्भिणी को बचा। जो मायावी, कच्चे मांस के भक्षक और गर्भों को खाने वाले पिशाच हैं, उन्हें हम दूर करते हैं। सूर्याज्ञा से पृथिवी-पीड़ार्थ आने वालों को पीली सरसों दूर करे। हे सरसों! उत्पन्न गर्भ को भूतबाधा से बचा। इस गर्भिणी की सन्तानहीनता, मृतवत्सा आदि को शत्रु के ऊपर ऐसे डाल, जैसे प्रियजन पर पुष्पमाला डाली जाती है।

**चतुर्थ अनुवाक : सूक्त :** 7 : देवता : भेषज्ञ

हम विभिन्न वर्णाकार ओषधियों से रोग की प्रार्थना करते हैं। जिन औषधियों का आकाश पिता, पृथिवी माता और समुद्र मूल है, वे यक्ष्मा रोग को खींच लें। हे रोगनाशक! इसे यक्ष्मा से बचाओ, मैं तुम्हें अभिमंत्रित करता हूँ। कल्याणार्थ 'जीवन्ति' औषधि को पुकारता हूँ। जलगर्भा, अग्निभक्ष्या, सदानवीन, दो फल वाली, गन्धमय औषधियां पाप नाश करें। जलोदर, विषप्रभाव-कासादि नाशक औषधियां यहां आएँ।

स्वयं लायी गयी रोगनाशिका, अभिमंत्रित औषधियां, मनुष्य-पशु रक्षिका हों। जो औषधि-सेवन करता है, अमृत सेवन करता है। व्याघ्र मणि तथा अन्य वे औषधियां, जिनका स्वामी बृहस्पति है, वे श्रेष्ठ औषधियां रोग-नाशिका हैं। अंगिरा-कथित औषधियां समतलीय तथा पर्वतीय प्रदेशों में उत्पन्न होती हैं। वे ज्ञात-अज्ञात औषधियाँ मुझे इस योग्य करें कि रोगी का रोगनाश कर सकूँ। औषधियों का वीर्य पीपल, राजा सोम और हवि अमृत है। धान्यादि औषधियां अमृत रूप हों। औषधियों! विद्युत-कड़क द्वारा, मेघ-गर्जन द्वारा, वर्षा-शक्ति द्वारा वायु व पर्जन्य तुम्हारी रक्षा करते हैं। जिन औषधियों को न्योला, सर्प, गन्धर्व जानते हैं, उन्हें पुकारता हूँ। मैं अंगिरा के द्वारा हंसादि ज्ञात औषधियों का आव्हान करता हूँ। जो गौओं, बकरियों की भक्ष्य हैं, वे औषधियां रक्षा करें। चिकित्सक आ चुके हैं। हे रोगी! मैंने तुझे पंचशलाका, दशशलाका वाले काष्ठ-बन्धन से छुड़ाने के लिए मंत्र-शक्ति प्राप्त कर ली है।

**सूक्त :** 8 : देवता : इन्द्र, बृहस्पति, पर सेना हनन

वीर, शत्रुसेनामन्थक इन्द्र; अग्निमंथन करें ताकि शत्रं-संहार में समर्थ हो सकें। हे पीपल, एरण्ड, खदिर! रोग शत्रुओं को नष्ट करो। अन्तरिक्ष व दिशाओं का दण्ड बना इन्द्र ने उससे दैत्यसेना का नाश किया। विशाल उस जाल से हे इन्द्र! शत्रु को भगाओ, वह बच न पाये। इन्द्र के इस जाल से मैं निद्रा, तन्द्रा, आर्ति, निरुति आदि को आच्छादित करता हूँ, मृत्यु के अधीन करता हूँ। मृत्यु-दूतों की ओर भेजता हूँ। हे मृत्युदूती! शत्रुओं को ले जाओ। रुद्रायुध इन्हें नष्ट करें। जाल ग्रहण कर देव शत्रुओं की ओर जा रहे हैं-एक को रुद्र, दो को वसुओं तथा एक को आदित्य ने उठा लिया। विश्वेदेवा ऊपर से ही स्वबल से मारें। वनस्पतियों लताओं-दुपायों-चौपायों गन्धर्वों, अप्सराओं, पितरों, सर्पों, राक्षसों को मैं मन्त्र-शक्ति से प्रेरित करता हूँ। वे संहार करे। भव-शर्व, सोम शत्रुनाश करें। शत्रु भूख, अलक्ष्मी, भय को प्राप्त हो मर जायें। शत्रुओं तुम मंत्रबल से हार जाओ। बृहस्पति इनमें से किसी को शेष न रहने दें। इनके हाथ शस्त्र-गृहण में समर्थ न हो, शस्त्र गिर जायें, भयाकुल हो जायें, इनके गर्भस्थ बींध जाएँ। द्यावापृथिवी, अन्तरिक्ष इन्हें शापित करें। ये परस्पर द्वेषी हो जाएँ। हे शत्रुओं! तुम मन्त्र बल से हारो। शत्रु प्रतिष्ठा को प्राप्त न हों और अथर्ववेद के विद्वान् का आश्रय पाएं। अग्निदेव का

रथ है-सवंत्सर। परिवत्सर रथ की गद्दी है। विराट्, मुख और चन्द्रमा सारथि हैं। पुरोडाश अश्व हैं, द्यावापृथिवी से ऋतुयें लगाम हैं। अन्तरिक्ष इसका स्थान है। रथ को चार दिशाएँ खिंचती हैं। रथ में अग्नि के साथ इन्द्र बैठते हैं। ऐसे इन्द्र और अग्नि शत्रु-नाश करें। हमारे यजमान सब ओर से जय प्राप्त करें। मित्रों की विजय के लिए यह आहुति स्वाहूत हो।

**पंचम अनुवाक : सूक्त :** 9 : देवता : मन्त्रोक्त

ये विराट् कहीं से उत्पन्न हुए ? विराट् जल से प्रकट हुए, जल में शयन किया। उन्होंने शरीर को अपने रहने की गुहा बनाया है। द्यावापृथिवी से बृहत्, बृहत् से पाँच सोम, उनसे षष्ठान् हुए। द्यावापृथिवी जहाँ तक है, वहाँ तक अग्नि साधक है। अग्नि पर द्यौ प्रतिष्ठित है। ऋषि कहते हैं कि ब्रह्मा का पिता विराट् है। विराट् की पदच्युति पर यज्ञ नहीं होते, विराट् की उपस्थिति में ही यज्ञ होते हैं। विराट् परम-व्योम, स्थित है। प्रजापति ही विराट् के ज्ञाता हैं, वे ही ऋतु-कल्पों के ज्ञाता हैं। विराट् उषा रूप में प्रथम उदित हुआ। उषा ने अन्धकार मिटाया। सोम, सूर्य, अग्नि विराटाश्रित हैं। एक ही शक्ति ऋत्विजों को प्राप्त करती, बल देती और राष्ट्ररक्षण करती हैं। अग्नि सोमादि को उसी ने धारण किया हुआ है। गायत्रादि तथा यज्ञ उसी के पक्ष हैं। पहले छह ऋतुएँ हुईं। ऋतु के प्रथम आठ भूत हुए। वे ही ऋत्विज हुए। ऋतुएँ कल्याणकारी होकर घूमती हैं। इन्द्र की 8, यम की 6, ऋषियों की 77 औषधियां हैं, उनको जल सींचते हैं। प्रथमा प्रसूता धेनु से अमृत रूप दूध दुहा, उससे इन्द्रादि सबको तृप्त किया।

**सूक्त :** 10 : (1-6 खण्ड) देवता : विराट्

आदि में विराट् ही था। विराट् जल बना। उत्क्रमित विराट् ही क्रमश: गार्हपन्याग्नि, आह्वानीयाग्नि, दक्षिणाग्नि, सभा, समिति, आमन्त्रण बना। इनके ज्ञाता क्रमश : गृहपति, यज्ञप्रिय, दक्षिणीय, सदस्य, सामित्य और आमन्त्रणीय होते हैं।

विराट् का पुन: उत्क्रमण चार वेद-वाणियों के रूप में हुआ, जो अन्तरिक्षस्थ हो गया। मनुष्यों ने उसे आहूत किया-हे ऊर्जा, स्वधा, सूनृता, इरावती। आओ! तब इन्द्र उस वाणी (गौ) का बछड़ा बना; गायत्री दोहनी; मेघ ऐन; बृहत-रथन्तर -यज्ञायज्ञिय-वामदेव सोमरूपी चार स्तन हुए। देवों ने वृहत्साम-स्तन-से-व्यच्, रथन्तर से औषधियों, यज्ञ-याज्ञिय से यज्ञ, एवं वामदेव्य से जल का दोहन किया।

विराट् ही उन्क्रमण द्वारा वनस्पतियों के हनन करने पर संवत्सर में गया; तभी तो कटी वनस्पतियां संवत्सर में उग आती हैं। पुन : विराट् पितरों के पास गया। पितरों से हनन किया गया वह महीने में समा गया; तभी तो पितरों को प्रतिमास भोजन देते हैं। फिर विराट् देवों के समीप गया, उनके द्वारा हनन किया गया वह पक्ष में समा गया, तभी तो देवताओं का 'वषट्'

पखवाड़े में करते हैं। फिर विराट् मनुष्यों के पास गया, उनसे हनन किया गया वह तुरन्त प्रकट हो गया।

पुन: उत्क्रमित वह असुरों के पास गया; असुरों ने पुकारा हे माया! आओ! उनका वत्स विरोचन हुआ, जिसका पात्र लौह का था। फिर वह पितरों के पास गया, उन्होंने पुकारा हे स्वधा! आओ! उनका पुत्र यम हुआ, उसका पात्र चाँदी का हुआ। फिर वह मनुष्यों के पास गया। मनुष्य बोले-हे इरा! आओ! विवस्वान पुत्र मनु उसके वत्स हुए और पृथिवी उनका पात्र हुई। कृषि-द्वारा पृथिवी का दोहन पृथु ने किया और धान्य उत्पन्न किया। पुन : उत्क्रमित ब्रह्म सप्तर्षियों के पास गया। वे बोले-हे ब्रह्मण्वती! आओ! तब सोम पुत्र और छन्द पात्र हुए।

वह फिर देवताओं के पास गया; देव बोले-हे ऊर्जा! आओ। तब इन्द्र पुत्र और चमस उसका पात्र हुआ। सविता ने ऊर्जा का दोहन किया। फिर वह गन्धर्वों-अप्सराओं के पास गया। वे बोले-हे पुण्यगन्धे! आओ। चित्ररथ उनका पुत्र और पुष्करपर्ण पात्र हुआ। फिर वह विराट् इतरजनों के पास गया। वे बोले-हे तिरोध! आओ। कुबेर उनके वतन और पात्र उनका मिट्टी का हुआ। फिर वह सर्पों के पास गया; वे बोले-हे विषवत्! आओ। उनका पुत्र तक्षक और अलावु उसका पात्र हुआ।

इस प्रकार जानने वाले को अलावु से जो सींचता है, वह देता है। विष को ही मारता है।

# नवम काण्ड

**प्रथम अनुवाक : सूक्त :** 1 : देवता : मधु, अश्विनौ

अन्तरिक्ष, पृथिवी, समुद्र, अग्नि से मधुकशा गौ उत्पन्न हुई। उसका पूजन सब प्रजाएँ प्रसन्नता से करती हैं। इसका दुग्ध समुद्र का बल है। इसे आदित्य-जननी एवं वसु-मरुद्-अग्नि-पुत्री भी कहा जाता है। वह प्रजा-प्राण, अग्नि-नाभि है। इसके स्तन अक्षय सहस्रधाराओं वाले हैं। उस स्तनी को ब्रह्म ही जानता है। वह हवि धारण करती एवं उच्च शब्द करती कर्मक्षेत्र में आती है और अग्नि, चन्द्र, सूर्या-तेज पर अधिकार करती है। उसके पास अभीष्टवर्षक जल आते हैं। हे प्रजापति! तुम पृथिवी पर बल सींचते हो, तुम वर्षक हो।

अश्विद्वय को प्रात:सवन में, इन्द्राग्नि को मध्य सवन में, ऋतुओं को तीसरे सवन में सोम प्रिय हैं, ये सब मुझे तेज दें। मैं हवि लिये हूँ। हे अग्नि मुझे अन्न-सन्तान आयुक्त करो। मधुमक्खियां मधु से मधु मिलाती हैं, अश्विद्वय उसी प्रकार मुझमें तेज-बल-ओज मिलायें। जल, पर्वत का मधु मुझमें आधे, जिससे मेरी वाणी मधुमय हो जाय। ब्राह्मण, गौ, बैल, धान, जौ, मधु, राजा, ब्रह्मा के इन सात मधुओं का ज्ञाता मधुमय हो जाता है। आकाश में जो गर्जना

होती है, वह प्रजापति की वाणी है। प्रजापति वर्षक हैं। वर्षा से पृथिवी के अन्न-बल-पशु-धन बढ़ते हैं।

**सूक्त :** 2 : देवता : काम

कामरूपी ऋषभ को मैं हवि देता हूँ। वे स्तुति सुन मेरे शत्रुओं का पतन करें। मेरे दुःस्वप्न को काम, शत्रु की ओर भेज, उसे चीर दें। हे काम! मेरे दुःस्वप्न, निर्धनता, प्रजाहीनतादि को शत्रु पर भेज। अग्नि उन्हें अन्धकार में डाल भस्म करे। मैं काम, वरुण, इन्द्र, विष्णु, सोम के बल से शत्रुओं को भगाता हूँ। हे काम-आदि देवो! यज्ञ में आओ और धृत हवि का सेवन करके मुझे शत्रुरहित करो। काम ने मेरा शत्रु नाश किया, मुझे महान् लोक दिया; मुझे सब नमन करें, मेरे शत्रु पतित हों। समर्थ इन्द्र, अग्नि, सोम शत्रु दूर करके मेरी रक्षा करें। मन्त्रबलप्रेरित शत्रु सबके लिए त्याज्य हो जाय, विद्युत उसे टूक-टूक कर दें। बिजली गिरकर और सूर्य तेज से शत्रु-नाश करें। इन्द्र और देवों की दैत्यनाशक शक्ति मेरे शत्रुओं का नाश करे। हे काम! तुम द्यावापृथिवी से भी विशाल हो, सर्वप्राणी व्याप्त हो, मैं तुम्हें हवि देता हूँ। पृथिवी, स्वर्ग की सब दिशाओं-उपदिशाओं के विस्तार से भी बड़े हे काम! मैं तुम्हें हवि देता हूँ। भृग, जन्तु, कुरुर आदि की संख्या से भी बडे सर्वव्याप्त काम! तुम्हें नमन एवं हविदान। हे काम, हे मन्यु! तुम सब देवों से बड़े महान, सर्वव्याप्त हो, तुम हमारे देह में प्रविष्ट हो, पापबुद्धि से बचाओ, मैं तुम्हें सनमस्कार हवि देता हूं।

**द्वितीय अनुवाक : सूक्त :** 3 : देवता : शाला

उपमित, प्रतिमित, परितित सबके वरणयोग्य शाला का मन्त्रशक्ति सहित हम उद्घाटन करते हैं। तेरे सब बन्धनों को हम खोलते हैं। हे शाला! तू कल्याणी है, तुझमें सुखद मचान हैं, हमें स्वर्गिक सुख दे।

हे शाला! तू हव्ययुक्त अग्निकुण्ड, देवासन, पत्नी-सहित बैठने के स्थान और सुन्दर शयनकक्षों से युक्त है। जिसने तुझे बनाया और बनवाया है, वे वृद्धावस्था तक आयु प्राप्त करें।

हे शाला! प्रजापति ने तेरा निर्माण किया है। शालास्वामी, दाता, अग्नि, विचरणकर्ता तथा तुझे नमन! तू अपने में पशुओं, मनुष्यों को छिपा लेती है। द्यावापृथिवी की जो रचनाशक्ति तेरे उदरस्थ है, मैं शाला को ग्रहण करता हूँ। पृथिवी पर नवीन निर्मित तू अन्न धारण करने में समर्थ है, तृणों, पलदों से युक्त, प्राणियों की आश्रयदाता, हरिनी सदृश पृथिवी पर खड़ी है मन्त्र से निर्मित इस शाला का उद्घाटन वरुण, आदित्य करें, इसकी रक्षा इन्द्र अग्नि करें। शरीर भी शाला है उसमें आत्मा है, उसी में संसार उत्पन्न है। दुमंजिली, चारमंजिली शाला में आठ दस कक्ष होते हैं, उसमें मैं गर्भाशय में शयन करने के समान शयन करता हूँ। मेरे प्रतिदिन

प्रतीचिशाला में प्रवेश के साथ अग्नि-जल भी प्रवेश करते हैं। शाला! हम तुझे पुष्ट करते हैं, अपने भारों को कम कर, पाशों को दूर फेंक। शाला की, पूर्व-पश्चिम, उत्तर-दक्षिण, ऊर्ध्व दिशा की महत्ता को नमन। यह आहुति देवों को प्राप्त हो।

**सूक्त :** 4 : देवता : ऋषभ

सहस्त्रों के सिंचक, दुग्ध एवं वीर्ययुक्त ऋषभ यजमान की सन्तान को बढायें। जलों के समक्ष खड़ा, बछड़ों का पिता, गौओं का पति, मेघों का स्वामी ऋषभ सर्व-समृद्धि दे। पुमान्, अंतर्वान् स्थविर ऋषभ अग्नि-समीप पहुँचे। हे स्वधित! तुम सोम-कलश-धारणकर्त्ता, प्राणि-उत्कचकर्त्ता हो, मुजे सन्तान दो। क्षरणशील, मृत-धारक, पुष्टिदाता, इन्द्ररूप बैल हमारा कल्याण करें। इस ऋषभ का ओज इन्द्र का, भुजा वरुण की, कोहनी मरुत् की, कंधा अश्विद्वय का प्रिय है। यह देवों को बढ़ाने वाला है। इसका दान सहस्त्र गोदान-तुल्य है। गौओं में गर्जनायुक्त आने वाले बैल का मंगल ब्रह्मा करें। इसके टखने मित्र के, कमर आदित्यों की, पूँछ वायु की, श्रोणी बृहस्पति की, त्वचा सूर्य की, गुदा सिनीवाली की, पांव उत्थाता के हैं। देवताओं ने ही वृषभ की कल्पना की। यह सिंगो से राक्षसों, नेत्रों से दरिद्रता को दूर करता और श्रोत्रों में सौभाग्य सुनाता है। वृषभदान सौ यज्ञों के समान है। यजमान को देवता, गौ-सन्तान, बल-ज्ञान, धान्य दें। वायु पुष्ट करें। हे वृषभ! गोष्ठ में आओ। है गौऔं! यह युवा वृषभ तुम्हारे लिए ही रखा गया है।

**तृतीय अनुवाक : सूक्त :** 5 : देवता : अज

अज को लाकर यज्ञारम्भ करो। हे अज! तुझे इन्द्र के भाग के निमित्त यजमान के समीप करता हूँ। तू शत्रु-नाश कर यजमान को पापरहित कर। तू अपने पांवों और शफों को पापरहित कर और स्वर्ग को प्राप्त हों। हे विशस्त! इस सान के द्वारा इसे ठीक करो। इसके जोड़ों को कष्ट न हो। मैं रुचा द्वारा कुंभी को अग्नि पर चढ़ाता हूँ तू जल छिड़क। वह अग्नि में पककर पुण्यलोक को जाए। अज ही अग्नि है। सश्रद्ध दिया गया अज पापनाशक और स्वर्ग का साधन है। हे अज! पुण्य लोकारोहण करो। ब्रह्मनिमित्त दिया पंचोदन; दाता को तृप्ति देने वाली श्रेष्ठ धेनु है। हे पितरो! पंचोदनरूप अज का दाता तुम्हारे लिए ज्योतिरूप है। हे अज! तू स्वर्गजेता हो। अज ब्रह्मज्ञाता है, उसे घृत, मधु से सनी दमकती सोमधाराएँ प्राप्त हों। वह त्रिलोक को स्तम्भित करे। हे अग्नि! जिस बल से तुम हवि देवों तक पहुँचाते हो, उसी बल से हमारे यज्ञ को स्वर्ग प्राप्ति हेतु देवों तक पहुँचाओ। हम अज के द्वारा सूर्यादि लोक को प्राप्त करें। प्रारम्भ में अज ने उत्क्रमण किया। उसके पेट से भूमि पीठ से द्यौ, मध्यभाग से अन्तरिक्ष, पसलियों से दिशाएँ और कुक्षि से समृद्धि उत्पन्न हुई। नेत्र से ऋत-सत्य बने, शिर से विराट्, प्राण से सत्य। अत: यह पंचोदन अज यज्ञ ही है।

जो अजदान करता है, वह स्वर्ग पाता है। अजदान ज्योति, शरीर का कवच है। अजदान से पति-पत्नी कभी पृथक् नहीं होते। फिर अन्य लोकों में भी साथ-साथ रहते हैं। पंचोदन अज के दाता का शुभकर्म शत्रु-ऐश्वर्य को जला देता है।

**सूक्त :** 6 ( 1-2-3-4-5-6) : देवता : अतिथि, विद्या

1. जो गृहपति अतिथि को देखता है, वह देवयज्ञ का देखने वाला है। अतिथि से सम्भाषण ही यज्ञ-दीक्षा है, जल-ग्रहण की प्रार्थना ही यज्ञ का प्रणयन है, तर्पण ही अग्निसोमीय पशु को बाँधना है, उपस्त्रण ही बर्हि है। परोसने के लिए लाये जाने वाले खाद्यपदार्थ ही यज्ञपुरोडाश है। भोजन के लिए निवेदन ही हविग्रहण करने का निवेदन है। धान और जौ ही सोम हैं, उनके कूटने की ओखली और मूसल ही सोम कुचलने के पत्थर हैं। सूप छन्ना है। दर्वी ही स्रुवा है। जलकलश ही द्रोण-कलश है। आसन रूप काला मृगचर्म ही वायव्य पात्र है।
2. अतिथि से भोजन के लिए निवेदनकर्त्ता स्वप्राण की पुष्टि करता है। अतिथि उस खाद्य पदार्थ को आत्मा में हवन करता है। उसके हाथ ही स्रुवा, प्राण ही यूप है। जिसको नहीं जानता, वह उसके पाप को नहीं खाता। अतिथि को अन्न देना यज्ञा ही है। अतिथि-सत्कारकर्त्ता प्रजापति-सदृश है। अतिथि को बुलाना आहुनीय अग्नि है। अतिथि का घर में रहना, गार्हपत्याग्नि है और भोजन करना दक्षिणाग्नि है।
3. जो अतिथि से पूर्व भोजन कर लेता है, वह घर के सभी इष्टपूर्ति के फलों को खा जाता है। वह समृद्धि, रस, प्रजा-पशुओं का सुख, श्री को नष्ट करता है। वास्तविक अतिथि श्रोत्रिय (आचारवान्-विद्वान्) है।
4. अतिथि-सत्कार से अग्निष्टोम यज्ञ का फल होता है, इसका ज्ञाता धृत-दुग्ध युक्त पदार्थ अतिथि को भेंट करता है, और प्रतिष्ठा पाता है। वह सन्तान प्राप्त करता है, तथा प्रजाप्रिय होता है।
5. प्रजा उसको प्रेम करती है, सूर्य यशस्वी बनाते हैं, बृहस्पति उपगायन करते हैं, त्वष्टा उसे पुष्टि देते हैं, विश्वेदेवा स्तुति करते हैं, सूर्य प्रशंसा करते हैं तथा उसकी मृत्यु को नष्ट करते हैं, उसे भोजन देते हैं, वह भूति प्राप्त करता है। बादल गर्जनारूप में उसकी प्रशंसा करता है, उद्गान करता है, मृत्यु टालता है। जो अतिथि को देख प्रसन्न होता है, वह भूति, प्रजा, पशुधन प्राप्त करता है।
6. अतिथि का आह्वान श्रुति-श्रवण के सदृश है। परोसने वाले ही चमस व अध्वर्यु हैं। अतिथि को परोसकर खिलाने वाला अवभ्रथ स्नान का फल पाता है। सदक्षिणा

भोज्य पदार्थ देने वाला पुण्य प्राप्त करता है। वह संसार के सुन्दर पदार्थों को पाता है, स्वर्गिक भोज्य पाता है, लोक-परलोक में आदर पाता है और ज्योतिर्मय लोकों को पाता है।

**चतुर्थ अनुवाक : सूक्त :** 7 : देवता गौ

गौ के सींग प्रजापति, शिर इन्द्र, ललाट अग्नि, मस्तिष्क सोम, ऊपर का अधर द्यौ, नीचे का अधर पृथिवी, दाँत, मरुद्गण, जिह्वा विद्युत्, कंधा, कृतिका, ग्रीवा रेवती, ककुद बृहस्पति, कंधा मित्रावरुण, बाहु महादेव, भुजाएँ त्वष्टा-अर्यमा, जंघाएं गन्धर्व, शफ अदिति है। बड़ी आंत इडा, जननेन्द्रिय प्रजा, गुदा देवता, इसी प्रकार अन्य अंग भी विश्व के पदार्थ हैं और गौ सम्पूर्ण विश्व का रूप हैं।

**सूक्त :** 8 : देवता : शिरोरोग दूरीकरण

हम तेरे सभी शीर्ष (शिर) रोगों को दूर करते हैं। कर्णशूल घिसल्पक, अंधा करने वाले रोग, अंग मरोड़क ज्वर, विसल्प, शिवाग्य, कपित करने वाला ज्वर, नाड़ियों-उरुओं में घूमने वाली यक्ष्मा, अधोरोग, आदि सभी रोगों को हम दूर करते हैं। शरीर के सभी अंगों की हड्डियाँ नीरोग हों। अतिसार, विद्रधि, विषादि को तेरे शरीर से निकालता हूँ। जानु, पाँव, श्रोणि आदि के तथा नाड़ियों के रोगों को दूर कर दिया। सूर्य ने रश्मियों से तेरा रोग नाश किया, चन्द्र ने शिर तथा हृदय के रोगों को दूर किया।

**पंचमानुवाक : सूक्त :** 9 : देवता : आदित्य

अन्तरिक्षस्थ सूर्य (अग्नि) पालनकर्त्ता हैं, मध्य स्थानीय अग्नि भ्राता, वायु एवं पृथिवीस्थ अग्नि भी भ्राता है। इन सब में सूर्य प्रमुख है। किरणें आप्तेजों को हरती और सूर्य के रथ में जुड़ती हैं। सूर्य ऋतुकाल-निर्धारण करते हैं। रश्मियाँ सूर्य की स्तुति करती हैं, उसे रस सम्पन्न करती हैं। सूर्य प्राणदाता और जल की आत्मा है। जलों को वरुण वहन करते हैं। रक्षा सूर्य में निहित है। द्यावापृथिवी एवं आकाश के मध्य सूर्य स्थित है। पांच अरे वाले सूर्य-चक्र में सम्पूर्ण जगत् स्थित है। वह चक्र, पुरातन होने पर भी नहीं टूटता। उसका पितारूप बारहमास रूपी बारह अरे वाला चक्र है, वह स्वयं चलता है, जीर्ण नहीं होता। इस चक्र को देखने वाला अक्षय हो जाता है। जो विद्वान् इसे जानता है, वही पुरुष है। समान माया से युक्त और समप्रसिद्धि वाले दो सुन्दर आत्मा एक ही वृक्ष पर बैठे हैं। एक सुस्वादु पीपल को खाता है, दूसरा उसे देखता है। वृक्ष का सुस्वादु भाग जो पीपल है, इस पर जो मधु खाने वाले पक्षी बैठते हैं, वे सृष्टि-विस्तार करते हैं। जो कारण को नहीं जानता, उसका संसार नाश को प्राप्त होता है।

**सूक्त :** 10 : देवता : गौ

गायत्री में गायत्र, त्रैष्टुम में त्रिष्टुप, जगती में जगत् निहित है। गायत्र से अर्क, अर्क से साम, साम से त्रिष्टुप, त्रिष्टुप से वाक्, वाक् से द्विपद, चतुष्पद छन्द इस प्रकार वाणियों को शब्दवान् बनाया जाता है। शब्दवान् मेघ ने माध्यमिक वाणी को ढक लिया है अथवा वह वाणी मेंघ में व्याप्त होती है, वह मनुष्यों को भयभीत करती हुई विद्युत-रूप में प्रकट होती है।

तरुण चन्द्र को सूर्य निगल जाता है और वही चन्द्रमा दूसरे दिन श्वास लेता हुआ जीवित होता है। गर्भकर्त्ता गर्भ के मर्म को नहीं जानता, गर्भ के भीतर जो है, वह गर्भ को देखता है और माता के भोजन से पुष्ट वह समय पर उत्पन्न होता है तथा अनेक बार यम के चक्र में पड़ता है।

हमने संरक्षक आत्मा को संसारचक्र में, सत्, रज, तमात्मक मार्गों में घूमते देखा। स्वयं में व्याप्त वह इन्द्रियों के सहित लोकों में विचरण करता है। द्यौ मेरा पिता, पृथिवी माता है। वे वर्षाजल को औषधि में बदलते हैं। द्यावापृथिवी को वायु धारण करता है। पितारूप द्यौ वृष्टि रूप गर्भ को पृथिवी में धारण करती है। पृथिवी की श्रेष्ठ वस्तु वेदी है। यज्ञ जगत् की नाभि है। ब्रह्मवाणी से परे व्योम है। साम ही वर्षक व्यापक वीर्य है। मैं परब्रह्मरूप कारण हूँ या कार्यद्वैत हूँ। मैं इस द्वैताद्वैत की संदेह-गांठ में बाँधकर उसी के मध्य घूमता हूँ। आत्मा अमर है, वह मर्त्य मन के साथ गर्भ से प्रकट होता है, वह ब्रह्म में मिलकर तद्रूप हो जाता है।

# दशम काण्ड

**प्रथम अनुवाक : सूक्त :** 1 : देवता : मन्त्रोक्त

सुसज्जित शिर, नाक, कान-युक्त आपत्तिकारक कृत्या को हम भगाते हैं। शूद्र, राजा स्त्रियों, पतियों, भाइयों के द्वारा की गयी कृत्या उनके ही पास लौट जाय। खेत, गौओं, पुरुषों में की गयी कृत्या निर्वीर्य हो। शपथ, शपथ देने वाले को ही प्राप्त हो। हिंसारूप पाप हिंसक के पास पहुँचे। हे पुरोहित! सामने से आती कृत्याओं के करने वाले को मार। हे कृत्या! तू कृत्याकारी के पास ही लौट जा, मुझ निरपराध को न मार। हम जिस कृत्या को प्राप्त कर मृतवत्सरूप दुर्भाग्य को प्राप्त हुए हैं, वह हमारा पाप दूर हो। पितृ-यज्ञ के पाप, देवापराधजन्य पाप, पितरों का नाम लेने के पाप आदि पापा से ये औषधियां तुझे छुड़ाये। तेरे पाप मन्त्र-बल से उड़ जायँ। हे कृत्या! तू मन्त्रों से मार खाती कृत्याकारी के पास जा। शत्रु से प्रेरित कृत्या उसी के पास जाय और उसे तोड़ डाले, उसके गवादि धन का नाश करे, उसे सन्तानहीन करे। हे कृत्या! तुझे अग्नि में, श्मशान में, खेत में, गुप्तरीति से कपटपूर्वक किया है, तू मुझ अपरिचित

निरपराध को छोड़ शत्रु के पास जा और उसका नाश कर। मैं तेरे गले-पाँव को काटने को तैयार हूँ यहां से जा। इन्द्राग्नि, भव, शर्व, सोम् मेरी रक्षा करें। यदि तू चार पैरों वाली होकर आयी है, तो आठ पैर वाली होकर प्रेरक के पास भाग जा, यहाँ मत रुक। तेरा कर्त मृगरूप है, तू सिंहरूप हो वहीं जा। हिंसा भयंकर कर्म है, तू हिंसा न कर। तू पत्ते से हल्की हो, उड़ जा। सूर्य और उषा अन्धकार को और हाथी रज को जैसे छुड़ाता है, वैसे मैं कृत्याकारी के पापरूप कृत्या को छुड़ाता हूँ।

**सूक्त :** 2 : देवता : ब्रह्म-प्रकाशन

मनुष्य के एड़ी, टखने, अँगुलियाँ, उरु, पाँव, जघाएँ, कंधे, कंठ, भुजाएँ, नेत्र, कान, नथुने, मुख, जीभ, ठोड़ी, ललाट, कपाल, वाणी आदि शरीर-अंगों, शरीर की खाल तथा प्राणादि वायु को किसने बनाया ? द्विपद, चतुष्पद प्राणियों का कारक-मारक कौन है ? पुरुष के पाप, सन्ताप, ऋद्धि-सिद्धि, समृद्धि कही से आते हैं ?

जलों, उनकी टेढ़ी-तिरछी गतियों, यज्ञरूप कर्मों जन्म-मरण, सत्य-मिथ्या, दिन, संध्या, रात्रि को किसने बनाया ? किसके प्रभाव से मनुष्य कर्म करता है, किसके द्वारा मनुष्य के श्रद्धा, अश्रद्धा, सत्कर्म-दुष्कर्म प्राप्त किये जाते हैं। किसके द्वारा अग्नि को प्राप्त किया जाता है, कौन संवत्सरादि की गणना कर रहा है ?

परमेष्ठी तथा अग्नि को ब्रह्म ही प्राप्त हो रहा है, वही संवत्सर की गणना कर रहा है।

ब्रह्मा के द्वारा ही देव अनुकूल किये जाते हैं, सत् ब्रह्म को ही क्षत्र कहते हैं। ब्रह्म ने ही द्यावापृथिवी की रचना की, प्रजापति ब्रह्म ने मनुष्य के शिर, हृदय को बनाया। शिर देवताओं का कोषरूप है। प्राण, अन्त, मन उस शिर की रक्षा करते हैं। जिस ब्रह्म को पुरुष कहा जाता है, उसकी धुरी शरीर है। वह ब्रह्म समस्त दिशाओं में प्रकट है। जो उस ब्रह्म को जानता है, उसे ब्रह्म और मन्त्रयुक्त कर्म, नेत्र, प्राण और सन्तति प्रदान करते हैं। पुरी में शयन करने के कारण ही वह पुरुष कहा जाता है। इसे जो जानता है, उसके नेत्रादि अंग उसे वृद्धावस्था तक नहीं छोड़ते। यह शरीर आठ चक्र और नौ द्वारों वाली देवताओं की अयोध्या नगरी है, उसको स्वर्गदा हिरण्मय ज्योति ने आच्छादित किया हुआ है। उस हिरण्मय कोश में पूजनीय आत्मा का जो स्थान है, उसे ब्रह्म के ज्ञाता भली प्रकार जानते हैं। पापनाशक, यशस्वी, कालियुक्त, अपराजेय ब्रह्म हिरण्मय पुरी में प्रविष्ट होते हैं।

**द्वितीय अनुवाक : सूक्त :** 3 : देवता : वरणमरिण, वनस्पति

वरण वृक्ष की मणि शत्रुनाशक, इच्छित फलों की रक्षिका, सर्वदुखों की चिकिस्तिका, शत्रुपतनकारिणी और सहस्त्राक्ष के समान पराक्रमी है, तू इसे धारण कर और शत्रुमर्दन कर। यह रोग, पाप-भय, स्वप्न का भय, अपशकुन, शत्रु भय, अभिचार एवं मृत्युभय तथा माता-पिता के प्रति हुए अपराधजन्य पापादि से तेरी रक्षा करेगी। मेरे शत्रु इस मणि से व्यथित हो रहे हैं, वे भीषण अंधकार में पतित हैं। मैं हिंसारहित हो शांति प्राप्त कर रहा हूँ। मैं पुत्र भृत्यादि से सम्पन्न हो, आयुष्मान बनूँ। यह मणि सर्वत्र मेरी रक्षा करे। यह मणि मेरे हृदय में प्रतिष्ठित है। यह मेरे शत्रुओं की बाधक हो। यह मुझमें सर्व रक्षासाधनों की स्थापना करे। मैं शतायु होने को इसे धारण करता हूँ। वायु जैसे वृक्षों को तोड़ती है, वैसे यह मेरे सब शत्रुओं को तोड़ दे। जैसे अग्नि समीप आकर वृक्षों को भस्म करती है, वैसे मेरे शत्रुओं को यह मणि भस्म करें। सूखे वृक्ष जैसे गिर जाते हैं, वैसे शत्रु गिर जाय। जो पशु एवं राज्यापहरण करते हैं, उन्हें नष्ट करे। यह मणि मुझे पृथिवी, अग्नि, चन्द्र-सूर्य रस यश दे। जैसा मधुपर्क में यश है, वैसा यह मणि मुझे यश दे। अग्नि, होम व षट्कार प्रजापति परमेष्ठी, देवताओं अमृत में जो यश है, वही यश मणि मुझे दे तथा तेज में प्रतिष्ठित करे।

**सूक्त :** 4 : देवता : सर्पविषनिवारण

इन्द्र का प्रथम, देवों का द्वितीय, वरुण का तृतीय और सर्पों का 'अपना' रथ है। दर्भ सर्पों को शोकप्रद है और तबुणक, अश्व, पुरुष नामक विषों को रोकने वाला है। हे दर्भ! तू पूर्वपद और अपरपद से सर्पों का नाश कर। हे दर्भ! तू श्रेष्ठ है, तू श्वेत, काले तथा अन्य सर्पों का नाशक है। यहाँ आ और जिस मार्ग से हम गमन करते हैं, उसको सर्परहित कर। हमारे काटने को सर्प का मुख न खुले। इस क्षेत्र के नर और मादा दोनों सर्प नष्ट हों। पास के, दूर के, सभी सर्प विषहीन हो जायँ। मैं बिच्छू को मुदगर से कुचलता हूँ। इन सर्पों के विष को वज्रधारी इन्द्र ने नष्ट कर दिया है। इन्द्र के मारे हुओं को अब हम मारते हैं। मंत्रशक्ति से तिर्यक्, तिरश्चराज, सफेद, कृष्ण सर्प को कुशाओं में रखकर नष्ट कर। यह युवा वैद्य बिच्छू और सर्प के विष को नष्ट करने में समर्थ है। मंत्रशक्ति इसमें व्याप्त है।

मैं अपनी सदबुद्धि से उर्वरा औषधियों का वरण करके उन्हें वेग से प्रेरित करता हूँ उससे हे सर्प तेरा विष दूर हो जाय। सूर्य, अग्नि, पृथिवी और औषधियों में जो विष है, वह पूर्णतया दूर जो जाय। हे तोदी और घृताची औषधि! तुम्हारे विष के निर्वीर्य करने वाले अंग को ग्रहण करता हूँ। हे रोगी! तेरा विष प्रभाव नष्ट हो जाय। अग्नि और सोम ने सर्पविष को दूर कर दिया। यह विष काटने वाले सर्प को ही प्राप्त हो।

**तृतीय अनुवाक : सूक्त :** 5 : देवता : जल, प्रजापति

हे जलों! तुम इन्द्र के ओज, बल, वीर्य की शक्ति हो और इन्द्र के ऐश्वर्य हो। मैं तुम्हें ब्रह्मयोग, क्षत्रयोग, इन्द्रयोग, अपयोग, सोमयोग से सम्पन्न करता हुआ जपशील योग के लिए समर्थ करता हूँ। हे जलों! तुम इन्द्र के भाग, अग्नि के भाग, सोम के भाग और वरुण के भाग हो, इस लोक में प्रजापति के वर्च के लिए जलों के वीर्य, तेज और उज्ज्वल जलों को हममें प्रतिष्ठित करो। हे जलों! तुम मित्रावरुण के, यम के, पितरों के, सविता के भाग हो। इस लोक में प्रजापति के वर्च के लिए जलों के वीर्य, तेज और उज्ज्वल जलों को हममें भर दो। हे जलों! तुम्हारा जो जलीय भाग यजुर्वेद के मंत्रों से सेवनीय है, तुम्हारी जो लहरें, तुममें जो वत्स, जो वृषभ, जो हिरण्यगर्भ, जो दिव्य अग्नि प्रस्तर हैं। जो अग्नियां हैं, वे यजुर्वेद के मंत्रों से सेवनीय और देवताओं से सम्बद्ध हैं। उन जलीय भागों को जो हमारे शत्रु हैं, उन पर छोड़ता हूँ, और अपने को पुष्ट करता हूँ। इस मंत्र के बल में अभिचार कर्म द्वारा किये बलरूप अस्त्र द्वारा अपने शत्रु को दबाता और नष्ट करता हूँ। मैंने जो तीन वर्ष के भीतर मिथ्या भाषण किया है, उस पाप से जल मुझे छुडाएं। हे जलों! तुम समुद्र में लीन होओ, तुम्हारी गति सर्वत्र है। पापरहित जलों, हमें पाप से छुडाओ।

हे जल! तू विष्णु का पराक्रम है, तुझे द्यावापृथिवी अन्तरिक्ष, दिशा, आशा, रुक, यज्ञ, औषधि जल, वृष्टि, प्राण ने तीक्ष्ण किया है, तू इन सबों पर विक्रमण कर तुझमें अग्नि, वायु सूर्य, मन, वात, ब्रह्मतेज, सोम, वरुण, अन्न, पुरुष ने तेजस्वी किया है, तू इन पर विक्रमण कर, मैं शत्रु को इनसे हटाता हूँ, मेरा शत्रु प्राणरहित हो, जीवित न रहे। मैं अमुक गोत्रीय, अमुक माता के पुत्र अपने शत्रु को वश में कर रहा हूँ। उसके वर्च, तेज, आयु, प्राण को घेरता हुआ उसे पतित करता हूँ। दक्षिण दिशा का, अनुवर्तन करता हूँ वह मुझे ब्रह्मतेज सम्पन्न करे। मैं दिशाओं की परिक्रमा करता हूँ सप्तरुषियों और मंत्रों के सामने उपस्थित होता हूँ, ये मुझे ब्रह्मतेज और ऐश्वर्य दें। ब्राह्मणों की परिक्रमा करता हुआ उनसे ब्रह्मतेज और धन की याचना करता हूँ। शत्रु को मंत्रबल से अग्निमुख में धकेलता हूँ। यह हविशत्रु को अग्नि में डाले। हे वरणपाशरूप मंत्र! शत्रु के अन्न-प्राण को बाधक बन। हे पृथिवी! हमें बल दो। अग्नि! मैं जल सहित तुम्हारे समक्ष उपस्थित हूँ मुझे तेज सन्तान आयु से युक्त करो और पीड़ादायक को मर्दित करो, ज्वाला से मिटा दो। मैं मंत्रशक्ति से शत्रु का सिर तोड़ने के लिए जल रूप वज्र का प्रहार करता हूँ, देव मेरे अनुकूल हों।

**सूक्त :** 6 : देवता : वनस्पति-जल

द्वेषी शत्रु का शिर मंत्र से काटता हूँ। यह मणि मेरे कवच-सम-रक्षक हो। यह हिरण्यरूप मणि हमारे गृहों में अतिथि रूप रहे। कल्याणकारिणी हो। हम इसे घृत, मधु, अन्नादि भेंट करते हैं। खदिर वृक्ष की मणि से इन्द्र ने बल, बृहस्पति ने ओज पाया। यह मेरे शत्रु का हनन

करे। जिससे चन्द्रमा ने श्री पायी, तू वही मणि बाँधकर शत्रु नाश कर, इस मणि ने वायु को वेगवान् अश्विनीद्वय को ऋषिरक्षक, सविता को स्वर्गविजयी बनाया, जलों को अमृतत्व, वरुण को सत्य, प्रदान किया। उसे धारण करके तू शत्रु नाश कर। जिसको ऋतु, महीना संवत्सर बाँधकर प्राणि रक्षा करते हैं। इस मणि को प्रजापति ने बनाया अथर्वमंत्रों के द्वारा जिन्होंने मणि बांधी उन्होंने शत्रु-संहार किया, धाता ने मणि बांधकर प्राणियों को रचा वही मणि मुझे प्राप्त हो गयी है। जिसको बृहस्पति ने देवताओं के बांधा था, वह गवादि पशु-धन, उत्सव, मधु, मृत, मन, बल, तेज, यश, कीर्ति सम्पूर्ण विभूतियों वाली तथा राक्षसनाशिनी मणि देवता मुझे प्राप्त कराए। हे कल्याणकारिणी मैं तुझे ग्रहण करता हूँ। मेरे शत्रुओं की दुर्गति कर। देवता, पितर मनुष्य जिससे जीवन पाते हैं, वह मणि यज्ञ, खाद्यान्न, प्रजा, पशु की वृद्धिकारिणी है। हे मणि! तू इस हवि का सेवन कर, तृप्त हो और कल्याण कर।

**चतुर्थ अनुवाक : सूक्त :** 7 : देवता : अध्यात्म

किस स्कम्भ (सर्वाधार)! के किस-किस अंग में ऋत, श्रद्धा, सत्यव्रत द्यावापृथिवी अंतरिक्ष रहते हैं। किस-किस अंग से वायु चलती है, अग्नि जलती है ? ऊपर उठता अग्नि, चलता वायु कहीं जाता है ? पक्ष, मास, ऋतु, रात-दिन जल कहां जाते है, उसे बताओ ? परम, अधम, मध्यम रूपों में कितने अंश में वह प्रविष्ट है, कितने में नहीं। जिसमें लोकादि निहित है, जिसमें सत् असत् भी हैं, उस स्कम्भ को बताओ। जिसमें तप, श्रद्धा, व्रत, अग्नि, सूर्य, चन्द्र, द्यावापृथिवी अन्तरिक्ष, क्रमके, साम, यजु, रुद्र-भूत, भव्यलोक स्थित है, वह स्कम्भ कौन-सा है ? उसे बताओ। जो ब्रह्म, परमेष्ठी, प्रजापति, ब्राह्मण को जानते हैं वे स्कम्भ को भी जानते हैं। जिसका शिर अग्नि, नेत्र अंगिरा है, जिसकी जीभ मधुकशा मुख ब्रह्म है, ऐन विराट् है, उस स्कम्भ को बताओ। 33 देवता उसकी निधि हैं, उसके शरीर में हैं, वृद्ध देवता जिसके अंग हैं, वह हिरण्यगर्भ वर्णनातीत है। हे इन्द्र! तू भी स्कम्भ में निहित है। पृथिवी जिसकी प्रभा, अन्तरिक्ष उदर, द्यौ शिर चन्द्र-सूर्य नेत्र, अग्नि मुख है, उस ब्रह्म को नमन। वह द्यावापृथिवी अन्तरिक्ष प्रदिशा, छह उर्मियों का धारक है, लोक में रमा है, जिससे वायु मन, जल प्रेरित हैं, सब देवता उसके आश्रित हैं और सेवा करते हैं, जो अमित देहों में अमित रूप से विद्यमान है, वह स्कम्भ है।

**सूक्त :** 8 : देवता : अध्यात्म

भूत, भविष्य में व्यापक दिव्यलोकाधिष्ठाता ब्रह्म को नमन। पृथिवी आकाश उसी में स्थित हैं। गुफा रूप देह में आत्मा निवास करता है। उसमें यह सचेष्ट, श्वासवान् विश्व स्थित है। उसके आधे भाग से विश्व उत्पन्न हुआ और आधा भाग कहां है ? वह पास से भी पास और दूर से भी दूर है। जो सचेष्ट है-अचेष्ट है, प्राणक्रिया करता और नहीं भी करता है। जो सब

रूपों में होता हुआ भी एकरूप है, वह अनन्त है, सात है, कर्म उसी के है, सर्वज्ञ है, गर्भ में अदृश्य रहता है अपने को पूर्ण मानने अथवा हीन मानने वाले से भी दूर रहता है। जिसने पृथिवी को धारण किया है, जिससे सूर्य उदय-अस्त होता है, वह सबसे बड़ा है, अनतिक्रमणीय है पुरातन विद्वान् उसे हंस कहते हैं। उससे ही सूर्य दिन-रात उत्पन्न होते है। वह संक्षिप्त रूप है। वह आत्मा प्रमुख होते हुए भी दीखता नहीं क्योंकि वह सूक्ष्मतम है। आत्मा कल्याणमयी और जरारहित है। वह कुमारी, स्त्री, पुरुष रूप है। वही मन में, गर्भ में स्थित है। पूर्ण से ही पूर्ण को सींचते हैं, पूर्ण से ही पूर्ण निकला है। वह अजर-अमर है। वाणियाँ उसी से निकलती और उसी में लीन होती हैं।

नाभि में अर्पित अरों के समान देव जहाँ अर्पित हैं, वह नारायण माथा-द्वारा कही स्थित है ? वही सब ओर सबमें स्थित है। वह महद ब्रह्म है। नवद्वारयुक्त पुंडरीक त्रिगुणात्मक है, उसमें स्थित आत्मा को ब्रह्मज्ञानी जानते हैं। वह स्वयंभू स्वयं में तृप्त है।

**पंचमानुबाक : सूक्त :** 9 : देवता : शतौदना

यह शत्रुनाशिका, स्वर्गप्रदायिनी गौ इन्द्रदत्त है। हिंसक शत्रुओं का यह मुख बन्द करे। तेरे लोम कुशा रूप, चर्मवेदी रूप हैं। हे अज! तेरे बाल प्रोक्षणी हैं। शतौदना को प्रस्तुत करने वाला इच्छापूर्ति में समर्थ होता है, दिव्य लोक पाता है। स्वर्णालंकृत कर गौ देने वाला दित्य पार्थिव लोक पाता है। हे देवि! दक्षिण में वसु, उत्तर में मरुत्, पीछे सूर्य तथा मनुष्य, पितर, गन्धर्व रक्षा करेंगे। तू घृतप्रोक्षण करती देवों को प्राप्त होगी। त्रिलोकवासी देवों को तू दूध, घी, मधु देती रह। तेरे बाह्य और आन्तरिक अंग तेरे दानकर्ता को दुग्ध, मृत, मधु का दोहन करें। हे देवि! तेरे घृत से युक्त पुरोडाशा हो। मातरिश्वा ने जिस अन्न का मंथन किया है, उसे होता अग्नि में आहूत करें।

**सूक्त :** 10 : देवता : वशा, गौ

हे वशा! उत्पन्न होने वाली तुझे, तेरे बालों, खुरों को नमन। द्यावापृथिवी, जल जिससे रक्षित हैं, उस वशा गौ को नमन। यज्ञपदी, इरा, क्षीरा, स्वधा, पर्जन्यपत्नी रूप वशा देवों को संतुष्ट करती है। हे वशा! तुझमें सोम-अग्नि ने प्रवेश किया, पर्जन्य तेरा ऐन है, विद्युत तेरे स्तन हैं। तू जल-अन्न-दुग्ध प्रदायिनी है। आदित्यों द्वारा बुलाई जाने पर तुझे इन्द्र ने विपुल सोम पिलाया। जब तू इन्द्र के समीप थी, तब ऋषभ ने तुझे बुलाया और इन्द्र ने रुष्ट होकर तेरा दुग्ध हर लिया। वह हरण किया गया दुग्ध स्वर्ग में तीन पात्रों में रक्षित है। वशा ऋचा और सामों को धारण करती है। हे वशा! जब तू स्वर्णालकृत खड़ी थी, तब समुद्र भी अधिकस्कंदित हो उठे। जहां दीक्षित अथर्वा कुशओं पर बैठते हैं, वहाँ वशा मंगल करती है। हे वशा! तू ब्रह्म के ककुद से उभरी एक बूँद से उत्पन्न हुई। फिर होता उत्पन्न हुआ। तेरे मुख से गाथाएँ, नाडियों

से बल, बल से यज्ञ और स्तनों से किरणें उत्पन्न हुई। तेरे व्रणों से अयन, आंतों से मन और उदर से लताएँ उत्पन्न हुई। जो प्राणी उत्पन्न होते हैं, वे गर्भ से डरते हैं। वशा ही उन्हें जन्म देती है। यज्ञ का प्रतिग्रहण वशा करती है। वशा अमृत और मृत्यु का उपास्त्र है। वरुण की जिह्वाओं में से बीच की तीन जिह्वा ही वशा है। वशा ही द्यावापृथिवी, विष्णु, प्रजापति है। वशादान करने वाले स्वर्ग जाते हैं। वशादानी को देवता जीविका देते हैं। सूर्य की किरणों की जहाँ तक गति है, वह सब संसारवश रूप ही है।

## एकादश काण्ड

**प्रथम अनुवाक : सूक्त :** 1 : देवता : बह्मौदन

अदिति पुत्रकामना से ब्रह्मौदन करना चाहती है। हे अग्नि! तुम मंथन से उत्पन्न होओ! सप्तर्षि! तुम अग्नि धूम को पुष्ट करो। हे अग्नि! तुम समिधाओं के लिए हवि पकाओ। यजमान को अभीष्ट दो। हे देवो! अग्नि, पितर, ब्राह्मण के जो तीन भाग हैं, उनमें से देवभाग अग्नि में जाकर तुम्हें तृप्त करे। तुम यजमान पत्नि को अभीष्ट फल दो। अग्नि शत्रुनाश करे। हे यजमान! तू समृद्ध हो, मृत्यु के पश्चात् स्वर्ग में जाए। हे ऋत्विक! तुम उलूखल-मूसल से धान्य को सुदर करो। हे अध्वर्यु! उलूखल-मूसल को ग्रहण करो। मैं यज्ञ के द्वारा कर्म, फल और परलोक समृद्ध करता हूँ। सूप! धानों को भूसी से अलग कर और इस पत्नी को सन्तान-धन दे। हे चावलों! तुम भूसी से अलग होओ। हम शत्रुओं का मर्दन करें। हे पत्नी! तू ब्राह्मण की जल लाने वाली स्त्री से यज्ञीय जल ग्रहण कर। चर्म पर जलकलश स्थापित कर। यह यज्ञफलदायक हो। हे अग्नि! चरु को पकाओ और देवता अपना-अपना भाग पायें। मंत्र-शुद्ध घृत से पककर निर्दोष होने वाले चावल यज्ञ योग्य हैं। हे ओदन! तुझसे पितर तृप्त होते हैं। तुझे पकाने वाला मैं भी तृप्ति पाऊँ। हे यज्ञ! यजमान को सन्तानधन से युक्त कर। हे ओदन! तू हवि रूप में हो गया। यजमान के यहाँ देवो सहित आ। तू सोम सम्बन्धित है, तू ब्राह्मणों को ज्ञान दे, मोह में न डाल। मैं यज्ञीय जलों को ब्राह्मणों के हाथों पर डालता हूँ तुम इन्द्र, मरुत् सहित अभीष्टपूरक होओ। बह्मौदन अभीष्टवर्षक कामधेनु है। हे ऋत्विक! तृणों को अग्नि में डालो। ब्रमोदन यज्ञ याज्ञिक को स्वर्ग दे। हे ऋत्विक! ओदन में घृत पिलाओ। इससे मैं स्वर्ग जाने का मार्ग बनाता हूँ। अग्नि, मरुद्गण, अर्यमा; भ्रमोदन की रक्षा करे। ब्रह्मोदन अभीष्टवर्धक हो-स्वर्ग दे।

**सूक्त :** 2 : देवता : भव आदि मन्त्रोक्त

हे भव! हे शर्व! हमें सुख दो, हमारी रक्षा करो; पशुओं की रक्षा करो। तुम्हें नमन। हमारी देह को हिंसक हानि न पहुँचाएँ। हे भव शर्व! तुम्हारी प्राणवायु, मायामय शरीरों और तुम्हें नमन, तुम्हारे अंगों और उनके नीलादि वर्गों को नमन। हम रुद्र के द्वारा कभी आहत न हों।

द्यावापृथिवी, अन्तरिक्ष तुम्हारा शरीर है, तुम्हें चार, आठ, दश बार नमन। हे पशुपति! अंडकटाहात्मक कोश तुम्हारा है, जीव इसी में रहते हैं। हमें सुख दो। हिंसक पशु हमसे दूर रहें, तुम्हें नमन। तुम्हारे संहारकारी धनुष को नमन, वाण को नमन। प्रचण्ड पराक्रमी भव-शर्व को नमन। हमारे सामने आते, बैठे और लौटकर जाते हुए तुम्हें नमन। त्रिकाल में तुम्हें नमन। सूक्ष्मदर्शी, व्यापक, केशी दैत्य को रथ से गिराने वाले हमारे रक्षक तुम्हें नमन। अपने दिव्यास्त्र को हमसे अलग रखो, हम तुम्हारे क्रोध से अलग रहे। हमारे पशु-सन्तान की हिंसा-कामना न करो। शस्त्र देवविरोधियों पर छोड़ो। रुद्र के पीड़ाकारी आयुध ज्वरादि हैं। वे अपराधियों को प्राप्त हों। अयाज्ञिकों के संहारक अन्तरिक्षस्थ रुद्र को नमन। ग्राम्य पशुओं को नहीं, हिंसक वनपशुओं को मारो। हिंसक जलचर भी तुम्हारे निमित हैं। ज्वरादि रोग, विष, विद्युत्-अग्नि को हमसे अलग रखो। भवदेव द्यावापृथिवी अन्तरिक्ष के अधिपति हैं, जहाँ हो वही उन्हें नमन, तुम पशुपति हो, यजमान के पशुओं को सुख दो। रुद्रगणों को नमन। रुद्रसेना को नमन। तुम्हारी कृपा से कुशल हो, हम भयरहित हों।

**द्वितीयनुवाक : सूक्त :** 3 : देवता : बार्हस्पत्यौदन

इस ओदन के बृहस्पति शिर, ब्रह्मा इसके मुख हैं, द्यावापृथिवी कान, सूर्य-चन्द्र नेत्र, सप्तर्षि प्राणापान हैं। इसके उपादान-मूसल नेत्र, उलूखल कामना, दिति सूप, अदिति सूप से क्षरित वायु से धान-चावल पृथक्कर्त्री, कण अश्व, तंडुल गौ, भूषी मच्छर हैं। फलीकरण में शिर मेध, कुदाली का लोह मांस, तांबा रक्त पकने के पश्चात् की राख, सीसा है, वर्ण सुवर्ण है, ओदन-गन्ध कमल है सूप पात्र है आदि। पृथिवी ओदनपाक कुंभी है, संसार का जल हाथ धोने का जल है ऋगवेद रूप अग्नि है, अथर्ववेद स्थिरकारक है, यजुर्वेदरूप अंगार है, जल में मिलाने का कष्ट तथा करछली दोनों साम है। ऋतुएँ ओदन पकाती हैं, दिन-रात प्रज्ज्वलित करते हैं, स्थाली चरु है। यह ओदन उत्कृष्ट लोकदाता है, इसी पर त्रिलोक स्थित है। चार सौ अस्सी देवता इसे चाहते हैं। गुरु इसके माहात्मय को कहे। तूने छिपकर ओदन खाया है, तो प्राणवायु निकल जाएगा, प्रति मुख हो खाने पर अपान निकलेगा। ओदन संस्कर्ता ने इसका प्राशन स्वात्मरूप से किया है।

अनुपयुक्त रूप से प्राशनकारी की सन्तान नष्ट होती है। मैंने बृहस्पति से सम्बन्धित सिरे से इसका प्राशन किया। मुझ ओदन ने ही ओदन खाया है। प्राशनज्ञाता स्वर्गगामी होता है, अज्ञानी प्राशक वधिर होता है। लौकिक नेत्रों से, लौकिक मुख, जिव्हा, दांतों, प्राणपानों, विधियों-पृष्ठ से यदि तूने प्राशन किया है, तो तेरा अनर्थ होगा। ऋषियों ने जिस वक्ष, जिस

उदर, जिस वस्ति, जिन उरुओं, जिन अस्थियुक्त जांघों, जिन पांवों, पदाग्रों, हाथों ब्रह्मात्मिका प्रतिष्ठा से ओदन-प्राशन किया है, इससे भिन्न रूप में यदि प्राशन तूने किया है, तो विभिन्न दोषों का भागी होगा; यदि उचित रूप से प्राशन किया है, तो यथास्थान पहुँचाया है। ऐसा ओदन सर्वांगपूर्ण है, जो ऐसा जानता है, वह सर्वांग फल पाकर स्वर्गादि लोकों में स्थित होता है।

उक्त महिमा से युक्त ओदन ईश्वरीय मंडल रूप है। इसका ज्ञाता सूर्यमण्डल को प्राप्त करता है। सूर्य ने इसी ओदन से 8 वसु, 11 रुद्र, 12 आदित्य, प्रजापति और वषट्कार इन 33 देवताओं और उनके लोकों को बनाया। उन लोकों के सुखों के ज्ञान के लिए यज्ञ विधान किया। इसका ज्ञाता प्राण को रोक लेता है। जो नहीं जानता, वह पतित हो जाता है और प्राण भी उसे समय से पूर्व त्याग देते हैं।

**सूक्त :** 4 : देवता : प्राण

प्राण शरीर से निकलकर मृत्यु करता है। प्राण जवारादि रोगरूप है, इन्द्रियाँ प्राणाराधन करती हैं। सत्याचरण से प्राण श्रेष्ठ लोकदाता है। विराट् प्राण की सब सेवा करते हैं, वही सूर्य, सोम प्रजापति है, प्राण की ही वृत्ति-प्राणापान है, वही ब्रीहि, जौ और अनड्वान कहलाता है। जगदाधार, मातरिश्वा वायु प्राण है, वह गर्भस्थ शिशु को पुष्ट करता है। वर्षा-द्वारा प्राण ही औषधि, धान्य उत्पन्न करता है। मनुष्य-देवता तुम्हारे उपभोग्य अन्न को खाते हैं। शरीर-व्याप्य प्राण 'हंस' है। पंच-भूतात्मक देह प्राणवृत्ति के द्वारा ही ऊपर उठता है। संसार को प्राणवान् रखने को प्राण अपना अपानरूप एकपाद नहीं उठाता। प्राण सचराचर विश्व का अधिपति है। प्राण प्रमाद एवं निद्रारहित है, वह सोता नहीं। प्राण मुझसे मुख न फिराए।

**तृतीय अनुवाक : सूक्त :** 5 : देवता : ब्रह्मचारी

द्यावापृथिवी में व्याप्त ब्रह्मचारी अपने तप से स्वगुरु एवं आकाश का पोषण करता है। रक्षा एवं पोषणार्थ, 33, 303, छह हजार पितर उसके अनुगत होते हैं। उपनयन करने वाला आचार्य ब्रह्मचारी के विद्यामय शरीर के गर्भ में तीन दिन रखता है। वह समिधा, मौजी, मेखला, इन्द्रिय निग्रहात्मक खेद, तप आदि नियमों को पालता हुआ लोक पोषण करता है। ब्रह्मचारी ब्रह्म से भी पूर्व प्रकट हुआ फिर तपयुक्त हुआ ब्रह्मचारी रूप में तपते हुए ब्रह्म से वेद प्रकट हुआ, फिर उससे प्रतिपादित अग्नि आदि देव प्रकट हुए। प्रातःसायं किए यज्ञ से तेजस्वी नियमपालक ब्रह्मचारी सब लोकों को वश में करता है। ब्रह्मचारी ब्राह्मण जाति, गंगादि नदियों, स्वर्ग, प्रजापति, विराट् को उत्पन्न करता है, सब प्राणियों को प्रकट करता, इन्द्र होकर राक्षस नाश करता है। द्यावापृथिवी उसकी वे समिधाएँ हैं, जिनके आश्रय में सब प्राणी रहते है। ब्रह्मचारी अग्नि और सूर्य के दोनों तेजों से सम्पन्न रहता है। वरुण अपने वीर्य से पृथिवी

को सींचते है और ब्रह्मचारी उस वरुणीर्य को अपने तेज से सींचता है। विद्या का उपदेश देकर आचार्य ब्रह्मचारी रूप में प्रकट हुए वे ही प्रजापति और प्रजापति से विराट् फिर वे ही विश्वस्रष्टा परमात्मा हुए। ब्रह्मचर्य से स्त्री श्रेष्ठ पति पाती है। ब्रह्मचर्य से देवों ने मृत्यु को जीता। ब्रह्मचर्य से ही वनोषधियाँ दिन, रात, मास, वर्ष गतिशील हैं। द्यावापृथिवी के सभी प्राणी ब्रह्मचर्य से ही उत्पन्न हुए हैं। वेदात्मक ब्रह्म ब्रह्मचारी में स्थित है। हे ब्रह्मचारी! हम स्तोताओं को नेत्र, कान, यश, कीर्ति दो।

**सूक्त :** 6 : देवता : अग्नि आदि

अग्नि, महावृक्ष, ब्रीहि, यव, वनौषधि, बृहस्पति, आदित्य, इन्द्र, सूर्य, धाता, पूषा, त्वष्टा, गन्धर्व, अप्सरा, सूर्य, चन्द्रदेव, वायु, पर्जन्य, दिशा - विदिशा, दिन - रात द्यावापृथिवी के प्राणी, रुद्र, नक्षत्र, पर्वत समुद्रादि सबकी हम स्तुति करते हैं, वे हमें पाप से बचायें, सुख दें।

प्रजापति, पितर, द्यावापृथिवी अन्तरिक्ष के देवता, 8 वसु, 11 रुद्र, 12 आदित्य, अथर्वा, अंगिरस ऋषि, यज्ञ, यजमान, ऋचाएं, पंचकाण्ड युक्त सोमलता, दानबाधक हिंसक राक्षस - पिशाच, सर्प ,ऋतु, ऋतुदेवता, ऋतुउत्पन्न पदार्थ, चन्द्र, सूर्य, संवत्सर और चैत्रादि मासों की हम स्तुति करते हैं, ये हमें पाप से बचायें। सब दिशाओं में स्थित देवताओं, देवियों विश्वेदेवाओं, भूत भूतेश्वर, दिशाओं बारह मासों सबकी हम स्तुति करते हैं, वे हमें पापों से बचायें। हे जलों! तुम इन्द्र-सारथि मातलि से प्राप्त और इन्द्र द्वारा तल में डाली गयी भेषज हमें दो।

**चतुर्थानुवाक : सूक्त :** 7 : देवता उच्छिष्ट (हवन के पश्चात् बचा, प्राशानार्थ रखा ओदन; उच्छिष्ट है)

पृथिवी आदि लोक अग्नि, ईश्वर, अखिल जगत्, द्यावापृथिवी अन्तरिक्ष और उनके जीव, जल, समुद्र, चन्द्र, वायु - सत् - असत् मृत्यु, प्रजापति, वरुण सभी उच्छिष्ट ओदन के आश्रित हैं, उसमें समाये हैं। विश्व के कारण ब्रह्म उच्छिष्टाश्रित हैं। स्तुति का गाया जाने वाला भाग (उद्गीथ), स्तुति, स्तुत, ऋक, साम, पावमान एवं महानाम्नी ऋचाएं, राजसूय, अर्क, अश्वमेधादि यज्ञ, हवन, श्रद्धा, वषट्कार एक - दो रात्रिक सोमयोग, सभी उच्छिष्ट ब्रह्म में समाये हैं। चतुरात्र, पंचरात्र, षड्रात्र तथा इनके दूने दिनों वाले यज्ञ तथा अन्य प्रतिहार, निधन, विश्वजितादि यज्ञ सब उच्छिष्ट ब्रह्म से प्रकट हुए हैं। ये सब मुझमें स्थित हों। कामना योग्य सभी फल ब्रह्माश्रित हैं। यह भ्रह्मौदनजगपोषक प्राण का पौत्ररूप है। सभी हवियां, महीने, ऋतुएँ आदि सभी उच्छिष्ट ब्रह्माश्रित हैं। शर्करादि सभी पदार्थ प्राप्ति - समाप्ति - व्याप्ति, प्राणी, देवता, ऋक़ - साम - छन्द - पुराण - यजु - प्राणापान, इन्द्रिय, आनन्द-मोद-प्रमोद-अग्निमोद, देवता-पितर-गन्धर्वादि सब उच्छिष्ट ब्रह्म से ही उत्पन्न हुए।

**सूक्त :** 8 : देवता : मन्यु अध्यात्म

मन्यु ने जाया को संकल्प के घर विवाहा। उससे पहले सृष्टि न होने के कारण वरपक्ष-कन्यापक्ष-बराती उदवाहक कौन थे ? तप और कर्म वर-कन्यापक्ष एवं बराती तथा ब्रह्म उद्वाहक थे। प्रथम दश देवता उत्पन्न हुए। सृष्टिकाल में ऋतुएँ, धाता, बृहस्पति, इन्द्रादि उत्पन्न नहीं थे तब उत्पादक की अभ्यर्थना किसने की ? देवता किस कारणरूप से उत्पन्न हुए ? देवताओं से प्राणापानादि उत्पन्न हुए। अपने पुत्रों को अपना स्थान देकर देवता कहीं निवास करते हैं ? सृष्टि-समय विधाता ने अस्थि, रक्त, मज्जादि से शरीर बनाया, तब उसने किस लोक में प्रवेश किया ? ये अस्थि, मज्जादि कहाँ से आई। संसिच नामक देवता देह को बना उसी में प्रविष्ट हो गये। शरीरंगों को किसने मिलाया ? शरीर अंगो को चर्मावृत किसने किया ? श्याम - गौर वर्ण किसने बनाए ? सधात्री देव के द्वारा उक्त रचना हुई। आया देवी ने छह कोश वाली इस देह में नील-पीतादि रंगो की स्थापना की। सृष्टिकर्त्ता ने देह में आंख नाकादि के छिद्र बनो, त्वष्टा ने इसे घर बना लिया और प्राणापानादि तथा इन्द्रियों ने इससे प्रवेश किया। स्वप्न, निद्रा, आलस्य, निरुति, पाप, जरा, चक्षु, मान, खालित्य - पालित्

भी इसमें प्रविष्ट हुए तथा चोरी, दुष्कर्म क्षात्रधर्मादि भी देह में प्रविष्ट हो गये। इनके साथ ही भूख-प्यास, निद्रा - अनिद्रा, हर्ष - ग्लानि, श्रद्धा - अश्रद्धा ज्ञान - अज्ञान, ऋक् - साम - यजुर्वेद, आनन्द - मोद - प्रमोद - हास्य, शब्द - स्पर्शादि, आयोजन - प्रयोजन, आलाप - प्रलाप, प्राणादि वायु, मन - वाणी, वृत्तियाँ, जल - वीर्यरूपी जल, आठ जलों आदि ने देह में प्रवेश किया। इन्द्र, विराट्, ब्रह्मतेज वाले देवता तथा कारणभूत ब्रह्म ने अलक्षित रूप से इसमें प्रवेश किया। सूर्य नेत्रेन्द्रिय और वायु घ्राणेन्द्रिय के देवता बने। और सब देवता भी शरीर में ही रहते हैं। ज्ञानी इस शरीर में भीतर-बाहर ब्रह्म ही व्याप्त है, ऐसा मानते हैं। देहावसान पर आत्मा पुण्य से स्वर्ग, पाप से नर्क और पुण्य - पाप दोनों से पृथिवी को प्राप्त करता है। जल में यह ब्रह्माण्ड स्थित है। भीतर - बाहर परमात्मा है। वह देह से अधिक होने के कारण सूत्रात्मा कहलाता है।

**पंचमानुवाक : सूक्त :** 9 : देवता : अर्बुदि

हमारे वीर शरत्रास्त्रधारी हैं। हे अर्बुदि! उन्हें शत्रुओं को दिखाकर भयभीत कर। अर्बुदि और न्यर्बुदि (सर्पदेवता) दोनों अपने स्थान से उठकर संग्राम करें। इन दोनों से विजित शत्रु पर मैं आक्रमण करूँगा। ये दोनों शत्रुओं को घेरकर मार डालें। उनकी पत्नियाँ रुदन करें। विष का आवेग होने से करुण शब्द करती हुई संज्ञाशून्य हो जायँ। हे अर्बुदि! तेरे डसने पर शत्रु के मृत शरीर को मांसभक्षी पक्षी कीड़े खा जायँ। हे अर्बुदि, न्यर्बुदि! तुम्हारे दंश से शत्रु-भुजाएँ निर्वीर्य हो जायँ। तुम शत्रुओं को माया दिखाओ। शत्रुसेनाओं को भयभीत, शोक संतप्त करो। तुम

दोनों इन्द्र की मित्र हो, हमें विजय दिलाओ। शत्रुओं को चुन-चुनकर मारो कोई शेष न रहे। उनकी देह से प्राण पृथक हो जायँ। हमारी सेना के कायरों को शत्रु की हार दिखाने को सेना के सामने करो। शत्रुओं को अन्तरिक्ष के उत्पात दिखा भयभीत करो। हे शत्रुओं! तुम्हें इन्दाग्नि, धाता, मित्र, प्रजापति आदि नियंत्रित करें। हे देवो! हमें युद्ध में जिताओ और फिर अपने स्थान को चले जाओ।

**सूक्त :** 10 : देवता : त्रिसन्धि

सेनानायकों! कटिबद्ध हो संग्राम के लिए कूच करो। देवो! राक्षसों! शत्रुओं को खदेड़ों। हे शत्रुओं! त्रिसन्धि देवता तुम्हारे राज्य को दण्डनीय माने। हे त्रिसन्धि! द्यावापृथिवी अन्तरिक्ष के उत्पातक केतुओं सहित उठो। तुम्हारे दल के मांसभक्षी पक्षी शत्रु पर छा जायँ। त्रिसन्धि देवता की सेना के द्वारा हम शत्रुविजय करें। हे अर्बुदि! हे कृत्या! यह चार पाँव वाली गौ शत्रु पर बाण रूप में गिरे। यह साक्षात कृत्या ही बन जाय। मायामय धुएँ से शत्रु सेना के नेत्र ढक जायँ। नगाड़े की ध्वनि से उसके कान बहरे हो जायँ। हे बृहस्पति! तुम्हारे द्वारा इन्द्र और ब्रह्मा से ली हुई संधान-क्रिया से मैं देवाहान करता हूँ वे हमारी सेना को जिताये। हे बृहस्पति! अंगिरापुत्र बृहस्पति के द्वारा निर्मित वज्र से, मन्त्रबल से, मैं शत्रु सेना का संहार करता हूँ। हवि प्राप्त करने वाले इन्द्रादि देवता शत्रु पर विजय प्राप्त करके आ रहे हैं। हमारी हवि त्रिसंधि को तृप्त करे। इन्द्र, वायु, सूर्य, चन्द्र शत्रुओं को निर्वीर्य करें। हे त्रिसन्धि! पृषदाज्य द्वारा शत्रु को खदेड़ों। हे न्यर्बुदि! माया-द्वारा शत्रु को कर्त्तव्य-ज्ञान-शून्य करो। शत्रुओं को खोज-खोज कर मारो। सब शत्रु मारे जाएँ। ऊन्हें श्वान शृंगाल खाये। हमारी सेना के निकट आने वाली शत्रु -सेना आहत हो जाय। वज्र से इन्द्र हमारे शत्रुओं का संहार करें।

# द्वादश काण्ड

**प्रथम अनुवाक : सूक्त :** 1 : देवता : भूमि

ब्रह्म, तप, सत्य, यश, दीक्षा, वृहत् जल-पृथिवी के धारक हैं। जीव-पालनकत्री पृथिवी हमें स्थान दे। सर्वसाधनन्सामर्थ-संम्पन्न पृथिवी हमारी कामना पूरी करे। पृथिवी हमें गौ-अन्न युक्त करे, तेज और ऐश्वर्य दे। संसार की आश्रयभूता अग्नि की धारयित्री पृथिवी हमें द्रव्य दे। देवरक्षित पृथिवी हमें राष्ट्रबल, मधुर-धन एवं वर्चस्व दे। जिस पर दिन-रात आते हैं, जिसका अश्विद्वय ने बनाया, जिस पर विष्णु ने विक्रमण किया, इन्द्र ने जिसे शत्रुहीन किया; वह पृथिवी दुग्ध के समान सार रूप तेज दे। हे पृथिवी! तेरे पर्वत जंगल, हिमप्रदेश हमें सुख दें-मैं क्षयरहित हो पृथिवी पर प्रतिष्ठित होऊँ। पृथिवी की नाभि पर उत्पन्न होने वाले पोषक पदार्थ मुझे प्राप्त हों। माता भूमि, पिता मेव; हमें पुष्ट-पवित्र करें। यज्ञ से प्रवृद्ध पृथिवी हमारी वृद्धि करे। पृथिवी

हमारे शत्रु का नाश करे। सूर्यरश्मियाँ मृदुल वाणी और सन्तान दें। इन्द्र पृथिवी की रक्षा करे, हम पृथिवी के प्रिय बनें, हमारा द्वेषी कोई न हो। जल, पृथिवी, पुरुष, पशु, स्वर्ग, मनुष्य अन्तरिक्षस्थ अग्नि को हम प्रदीप्त करते हैं। पृथिवी हमें वृद्धावस्था तक जीवित रहने वाला बनाये। हे गन्धवती पृथिवी! मुझे अपनी गन्ध से सुरभित बना। जो गन्ध कमल में है, स्त्री-पुरुषों में, कन्या में, पशुओं में है, उससे मुझे गन्धवान् कर, मेरा शत्रु कोई न हो। हिरण्यवक्षा, धर्माश्रिता, क्षमारूपिणी, पवित्र, पोषक अन्न-बलधारिणी पृथिवी को नमन। हे पृथिवी! तेरी सब दिशाएँ मुझे विचरण-शक्ति दे, तू सब दिशाओं से मेरी रक्षा कर, मेरी वर्णनशक्ति आजीवन नष्ट न हो, मैं शयन करता हुआ भी हिंसित न होऊं। सब ऋतुएं, रात-दिन, वर्ष हमें सुखद हों। जिस पृथिवी ने इन्द्र का वरण किया, जो वीर्यवान् के अधीन रहती है, जिस पर वेदमंत्रो का गान और सोमपान होता है, यज्ञ होते हैं, देवपूजन होता है, वह हमें अभीष्ट धन दे। जिस पर नृत्य, संग्राम, रुदन, दुदुभिवादन, पंचकृषियां होती हैं, जो हिंसक पशुक्रीडास्थली, अनेक धर्म-भाषा वालों की आश्रयस्थली है, उसे नमन। हमें धन-बल दे और हमारा कल्याण करें। राक्षस पिशाचादि को, शत्रुओं, हिसकों को हमसे दूर रख। जिस पृथिवी पर द्विपद पक्षी घूमते है, वायु धूलि उड़ाती है, अग्नि प्रदीप्त होती है, वर्षा होती है, दिन-रात होते है; वह हमारी चितवृत्ति सुन्दर करे। हे पृथिवी! ग्राम, जंगल, सभा, युद्ध-मंत्रणा, युद्ध सब में हम तेरी वन्दना करते है। मैं वेगवान्, यशस्वी होऊँ, पृथिवी मेरे पक्ष में रहे। मेरी कामना पूर्ण हो। हे पृथिवी! हम तुझे हवि देते रहें, रोगरहित हों, दीर्घायु हों, मंगल में प्रतिष्ठित हों।

**द्वितीय अनुवाक : सूक्त :** 2 : देवता : अग्नि एवं मन्त्रोक्त

हे अग्नि! मनुष्य-पशुओं की यक्ष्मा दूर कर, पाप-दुर्भावना नष्ट कर। हम शत्रु, निरुति और मृत्यु को दूर करते हैं। हे अग्नि! वसु, ब्रह्मणस्पति, रुद्र, ब्रह्मा, सूर्य ने सौ वर्ष का जीवन प्राप्त करने के लिए प्रदीप्त किया था। क्रव्याद अग्नि को मैं दूर करता हूँ। जातवेदा अग्नि यहाँ प्रतिष्ठित होकर देवों के लिए हवि वहन करे। गार्हपत्याग्नि पितरों का भाग होकर उनके लोक में स्थित हो। हे क्रव्याद अग्नि! तू पितृयान मार्ग से प्रवृद्ध हो। पवित्रताप्रद अग्नि देव, शुद्ध होने को शवाग्नि को प्रदीप्त करते हैं, तब वह अपने पाप का त्याग करता है-शव-भक्षकाग्नि मैं हम अपने पापों को शोधते हैं। क्रव्यादि जो पशुओं में व्याप्त है, उसे भगाते हैं। हे पुरुषों! शिरोरोग को सीसे और नडघास से दूर करो। हे मृत्यु! देवयान से भिन्न मार्ग में जा। वाणी मृत्यु दूर करने वाली शक्ति से युक्त हो।

मनुष्यो! तुम मृत्यु को पत्थर से दबाओ, मन्त्र-कवच धारण करो, सौ वर्ष जियो। त्वष्टा तुम्हें दीर्घ जीवन प्रदान करें। इस पाषाण नदी को पार करो, पाप इसी में डालो। हे अग्नि! देवस्तवन करो। हम सौ हेमन्त तक सन्तान-सम्पन्न रहें। मृत्यु के लक्ष्य को भ्रमित करने वाले

ऋषि पूर्णायु हैं, तुम भी मृत्यु को भगाओ। ये स्त्रियाँ सुन्दर पति से युक्त रहें, विधवा न हों, अलंकारों को धारण करे सन्तानोपत्ति के लिए मनुष्य योनि में ही रहें। मैं इन्हें दीर्घायु करता हूँ। हे पितरो! हृदय में व्याप्त अग्नि हमसे और हम उससे द्वेष न करें। जो क्रव्याद अग्नि को नहीं छोड़ता, वह क्षय को प्राप्त होता है, यज्ञ का अधिकारी नहीं रहता, उसका तेज और ऐश्वर्य नष्ट हो जाता है। हे अग्नि! क्रव्याद को हमसे दूर करो। अग्निदेव मनुष्यों की मध्यस्थ है, वह जीवितों की आयु बढ़ाये। इस अग्नि की स्तुति करो। यह तुम्हें पापमुक्त करे, कल्याणप्रद हो पुत्र-पौत्रादि से युक्त करे। हे अग्नि! तुम्हारी आराधना सरल है, तुम हमें नीरोग रखते हो। धनेच्छा से जो क्रव्याद अग्नि की सेवा करते हैं; वे विफल होते हैं, अधोगति प्राप्त करते हैं। इस अग्नि के हत्या उड़द हैं। जो गार्हपत्याग्नि के अर्पित हो, देवयान मार्ग में प्रविष्ट हुए, मैं उन्हें चिरायु करता हूँ।

**तृतीय अनुवाक : सूक्त :** 3 : देवता स्वर्ग, ओदन, अग्नि

हे पुंसत्त्ववान्! तू पशु-चर्म पर चढ़। पहले जिन दम्पतियों ने ऐसा किया, उनके समान तुझे भी सुफल मिले। ओदन के प्रभाव से तुम दोनों साथ रहो। तुम यज्ञ से पवित्र हो चुके हो। हे दम्पति! तुम वीर्य रूप जल के पुत्र हो। जल ही ओदन पकाता है। उसी जल के अमृतांश का तुम सेवन करो। हे दम्पति! द्यावापृथिवी में यजमान जिन लोकों को पाते हैं, उनमें से मधुमय लोक में सन्तान से सम्पन्न तुम वृद्धावस्था तक रहो। तुमने जो परिपक्व ओदन अग्नि में रखा है, उसकी रक्षा करो। तुम दक्षिणावर्त हो इस पाप की परिक्रमा करो। यमराज तुम्हारा कल्याण करें। पश्चिम दिशा के स्वामी सोम है, इस दिशा में ओदन रख श्रेष्ठ फल पाओ। प्रजायुक्त उत्तर दिशा हमको श्रेष्ठता दे। यह पृथिवी अटल, विराट् है; हमें सुख दे, पुत्री का मंगल करे, पके ओदन की रक्षा करे। हे पृथिवी! इस ओदन का आलिंगन करो। हे ओदन! तू चर्म पर आता हुआ कल्याणप्रद हो। इस दम्पति को पाप न छुपाये। यह ओदन तैतीस देवताओं द्वारा सेवनीय है, यह हमें स्वर्ग में पहुँचाये। हे वनस्पति! पाप से उत्पन्न - शोकतम को दूर करता हुआ मधुर शब्द कर। हे ओदन! तू परलोक में हमारे साथ प्रकट होने आ। हे धान! तू पाषाण द्वारा भूसी अलग कर। हे मूसल! तू पृथिवी का बना है, मैं तुझे चलाता हुआ पृथिवी को पृथिवी पर ही मार रहा हूँ। हे ओदन! मूसल से जो पीड़ा तुझे हो रही है, उससे भूसी से अलग हो, तू छूट जा, मैं तुझे अग्नि-अर्पित करता हूँ। अग्नि पाचनकर्म में तेरे रक्षक हों। इन्द्र, वरुण, मरुद्गण सोम सब दिशाओं में तेरी रक्षा करें।

हे जलों! दम्पत्ति द्वारा ले जाये गये ओदन को शोध कर पचाओ। कलछे को चलाओ। जो पक चुके हैं, उन्हें ले लो। ओदन के लिए नई कुशाएं फैला दो। देवता उस पर बैठ ओदन ग्रहण करें। हे ओदन! तू धारक है, इसलिए भूमि के धारक स्थान में प्रतिष्ठित हो। तुझे दम्पति

अभिधान से पुष्ट करें। दम्पति कलछी निकाल ओदन पात्र में रखे। देवो! तुम ओदन के लिए शब्द करो। हे दम्पति! तुम्हें महिमावान् गमनशील ओदन स्वर्ग में स्थान दिलाये। हे जाया! तू इस ओदन को पकाती है। तू यदि संसार से पति से पहले चली जाय, तो बाद में स्वर्ग में दोनों मिल लेना। तुम दोनों एक ही लोक में रहो और यह ओदन भी तुम्हारे साथ रहे। वासक ओदन की मधु-द्वारा मोटी धारें धृतयुक्त हैं। वे अमृत की थाती हैं, वे स्वर्ग में रुकी रहती हैं। निधि का रक्षक यजमान इसकी कामना करे स्वर्ग की धरोहर रूप ओदन स्वर्गगामी होता हुआ अपने तीन काण्डों सहित स्वर्गारोही हो। मेरे कर्मफल में बाधक राक्षसों को अग्निदेव व्यथित करें। अंगिराओं और आदित्यों के लिए यह धृतयुक्त ओदन प्रस्तुत करता हूँ। ब्राह्मण के पवित्र हाथ इसे स्वर्ग में पहुँचाये। प्रजापति ने जिस उत्तम काण्ड द्वारा फल पाया था, मैंने उस काण्ड को पा लिया है। इसे घृत से सींचो। यह धृतयुक्त भाग अंगिराओं का है। हम इसे देवताओं को सौंपते हैं। यह हमसे परस्पर दान, प्रदान कार्य और समिति में भी अलग न हो। पाक क्रिया करने वाला मैं इसे दान रूप में कर रहा हूँ। इस कार्य में मेरी पत्नी भी लगी है। कुमारावस्था वाला पुत्र भी है। हम इस उत्तम यज्ञान्न का पाक दानादि कर्मों के लिए करते हैं। यह जो पूर्ण पात्र में रखा गया है, वही पकाने वाले को पुन: मिल जाता है। हे यजमान! प्रिय से भी प्रिय कर्म हम तेरे लिए करते हैं। तेरे द्वेषी नर्करूपतम को पाये। गवादि धन, आयु, पुरुषार्थ हमारे पास आयें, मृत्यु दूर हो। औषधि भक्षक अग्नि तथा जल सेवनकर्ता अग्नि दोनों एक-दूसरे को बनाते हैं। देवताओं के ताप, सुवर्ण तथा अन्य पदार्थ पाककर्त्ता को मिलते हैं। हे दम्पति! तुम अपने को क्षमाशक्ति से युक्त करो। इस ओदन के मुख को वस्त्र से ढक दो। जो तुमने जुए, युद्धादि में, धनकामना से असत्यभाषण किया है, समान तन्तुओं वाले वस्त्र से उसे ढकते हुए उसी में डाल दो। हे ओदन! तू धृतपुष्ट होता हुआ इस यजमान को स्वर्ग में प्राप्त हो। हम तुझे पूर्व दिशा, अग्नि, अस्ति सर्प, तिरश्चि सर्प, यम को देते हैं। तुम हमारे यही से जाने तक इसकी रक्षा करो और वृद्धावस्था तक हमें इसे प्राप्त कराओ। मरने पर यह हमें स्वर्ग में प्राप्त हो। हम इसे उत्तर दिशा, सोम, स्वजनामक सर्प, अशनि, ध्रुव, विष्णु कल्याणी सर्प, इषुमती औषधियों, ऊर्ध्व दिशा, बृहस्पति, शिविर सर्प को देते है, इसे वृद्धावस्था तक सौभाग्य रूप में हमें प्राप्त कराओ। मरने पर यह हमें स्वर्ग में प्राप्त हो और वहाँ हम आनन्द भोगें।

**चतुर्थ अनुवाक : सूक्त :** 4 : देवता : वशा

जो पुरुष ऋषि, ब्राह्मणों के माँगने पर देवताओं के निमित्त गोदान नहीं करता, वह अपनी सन्तान का अहित करता हुआ पशु-रहित हो जाता है। जो ब्राह्मणों के मांगने पर उन्हें दान देता है, वह सन्तानादि से सम्पन्न होता है। वशा देवताओं और ब्राह्मणों के लिए ही प्रकट होती है, इसका ब्राह्मणों को दान देना अपना रक्षण करना है। जो उसे दान नहीं देता है, तो

इसके अंग-प्रत्यंग से उस अदानी के पदार्थों तथा सन्तान का विनाश होता है और उस पर विपत्ति आती है, वह कुरूप होता है, रोगी होता है और उसका अनर्थ होता है। जो वशा को परमप्रिय समझते हैं, उनके लिए वह देवताओं की गाय वशा, ब्रह्मज्य हो जाती है। जो उसका दान ब्राह्मणों को नहीं करता, वह देवताओं के द्वारा नाश को प्राप्त होता है। हे शरद! तीन वर्ष तक वशा को धरोहर के रूप में रखकर इसे देने के लिए ब्राह्मण की खोज कर। जो मांगने पर भी वशा को नहीं देता, तो दुद्रमन दशा उसे जकड़ती है, वशा के दानी को वशा एन और स्तन दोनों से फल देता है। जो देव धरोहर रूप वशा को उत्पन्न भाग्य मानता और दान नहीं करता, वह पशुओं के क्रोध को प्राप्त करता है। वशा विद्वान् ब्राह्मणों की ही है, जो विद्वान् को न देकर उसे अन्य को देता है, उसको पृथिवी दुर्गम हो जाती है। वशा को प्रिय मानकर जो ब्राह्मणों के मांगने पर नहीं देता, वशा उसे सन्तानहीन और अल्पायु कर देती है। जो संकल्प करके भी दान न करे, वह देवापमानी अपनी आयु स्वऐश्वर्य को स्वयं नष्ट करता है। पितरों के लिए स्वधा, देवों के लिए यज्ञ और वशा का दान करने से क्षत्रिय वशा के क्रोध का पात्र नहीं होता। राजन्य की माता वशा है। वशा यजमान के पास रहती हुई दाता के अभीष्ट पूर्ण करती है। याचित वशा के न देने पर नर्क मिलता है। क्रुद्ध वशा व्यक्ति को खाती है। वशा को जो अपनी मानता हो, उसके पुत्र-पौत्रादि को बृहस्पति लेने की इच्छा करते हैं, वशा उसके लिए विष दोहन करती है, वशा देवताओं को हवि रूप से दी जाती है। देवताओं ने यज्ञ से वशा को बनाया। नारद से देवों ने कहा-यह वशा, अवशा है। परन्तु नारद ने उसे परम वशा बताया। हे बृहस्पति! जो अब्राह्मण ऐश्वर्य चाहे, वह वशा का प्राशन न करे। वशाओं के तीन भेद हैं - विलिप्पी, सूत वशा और वशा। इन्हें ब्राह्मणों को न दे, तो प्रजापति क्षुब्ध होते हैं। यदि वशा का दान इन्द्र के भी मांगने पर न दे, तो देवता उसे अहंकर में व्याप्त कर मिटा देते हैं। जो गोस्वामी से न देने को कहते हैं, वे रुद्रायुध के लक्ष्य हो जाते हैं। हुत या अहुत वशा का पाचन करने वाला लोक में दुर्गति पाता है।

**पंचमानुवाक : सूक्त :** 5 : देवता : ब्रह्मगवी

तपरचित गौ को ब्राह्मण ने श्रम से पाया। यह सत्याश्रय और यश-सम्पत्ति से पूर्ण रहती है। वह श्रद्धा-दीक्षा-रक्षित यज्ञ प्रतिष्ठित है। इसकी ओर क्षत्रिय का दृष्टि डालना मृत्युसम है। इसके द्वारा ब्रह्मपद मिलता है। ऐसी ब्रह्मगवी के अपहारक क्षत्रिय के वीर्य, लक्ष्मी और ऐश्वर्य भाग जाते हैं।

यह ब्रह्मगवी के अपहारक क्षत्रिय के ओज, तेज बल, वाणी, इन्द्रियां, धर्म, लक्ष्मी, आयु, रूप, यश, ज्ञान, शक्ति, दीप्ति, वीर्य, दूध, रस, अन्न, अग्नि, ऋत-सत्य और प्रजा सब छिन जाते हैं।

यह ब्रह्मगवी विकराल होती है और हिंसात्मक पाप के विष से यह कृत्यारूप हो जाती हैं। उसने सभी मृत्युदायक कारण और विकराल कर्म व्याप्त रहते हैं। ब्राह्मण से छीनी हुई ऐसी गाय मृत्यु-बन्धन में बाँधती है। सैकड़ों प्रकार से संहारक-अस्त्र होती है। वह अग्नि के समान ऊपर उठती और वज्रसम दौड़ती है। महादेव का आयुध हो जाती है। रंभाती हुई वह कड़कती तीव्र वज्र हो जाती है। वह 'हि' शब्द करती, पूंछ घुमाती, कान हिलाती हुई उग्र रूप, मृत्यु-सदृश और क्षयोत्पादिका हो जाती है। पीटने पर दुर्गतिप्रद और मृत्युदायक व्याधिकारक होती है। यह अपहारक का अनुगमन करती हुई उसके प्राणों का नाश करती है।

ब्राह्मण की अपहृत गौ पुत्र-पौत्रादि का विभाजन एवं छेदन करती है। हरण करते समय अस्त्र रूप और हरण किये जाने पर क्षीण करने वाली होती है। पाप रूप हुई यह गाय कठोरता उत्पन्न करने वाली होती है। विष के समान जीवन को संकट में डालने वाली होती है। प्राशन की जाती हुई यह दरिद्रता उत्पन्न करती है। प्राशन किये जाने पर दुर्गति देने वाली होती है तथा पापदेवी निऋति बन जाती है। ब्राह्मण को हानि पहुंचाने पर ब्राह्मण की गौ इहलोक और परलोक दोनों से हीन कर देती है।

गौ को पीड़ित करना कृत्यारूप है। इसको गोबर मिला आधा पका चारा खिलाना, पूरी न की गयी शपथ के समान घातक है। अपहृता यह वशा नहीं रहती क्रव्याद अग्नि बनकर खा जाती है। अपहारक के सब जोड़ों को छिन्न करती है, उसके पिता-बांधवों का छेदन एवं माता-बांधवों को अपमानित कराती है। अपहृत, न लौटायी जाने पर क्षत्रिय के सब विवाहित बन्धुओं को नष्ट करती है, संतानहीन करती है।

अपहर्ता क्षत्रिय को गौ भस्म करती है। उसकी चिता के पास उसकी स्त्रियां वक्ष कूटती और अश्रुपात करती हैं। उसके घरों में शृंगाल घूमते हैं। हे आंगिरस! तू अपहरणकर्त्ता का नाश कर। हे गौ! तू कृत्या रूप, मृत्युरूप होकर दौड़ और अपहरणकर्त्ता के तेज, कामादि का हरण कर। तू ब्राह्मण के हानिकर्त्ता की आयु का अपहरण कर परलोक भेजती है, ब्राह्मण के शाप से तू अपहर्त्ता के पैरों की बेड़ी बन जाती है। उसके शिर को काट डाल। उसे अग्नि से भस्म कर।

हे अध्न्ये! अपहर्त्ता को काट, भस्म कर, समूल नष्ट कर। उसके सिर-कन्धों को वज्र से काट, वह पाप लोकों में चला जाय। उसके लोमों को काट, चर्म को उधेड़ डाल। मांस को काट, नसों को सुखा, हड्डियों को जला, मज्जा को क्षय कर। उसके अवयवों-जोड़ों को ढीला कर। वायु उसे द्यावापृथिवी से खदेड़े; क्रव्याद अग्नि उसे भस्म करे। सूर्य उसे स्वर्ग से ढकेले और भस्म करे।

# त्रयोदश काण्ड

**प्रथम अनुवाक : सूक्त :** 1 : देवता : अध्यात्म, आदित्य, मरुत्, अग्नि आदि।

अन्तरिक्ष में छिपे हे सूर्य! तुम उदय होओ, प्रिय-सत्यवाणी-युक्त हो; इस राष्ट्र में आओ। संसार प्रकाशक-भरणकर्ता सूर्य राष्ट्र को पुष्ट करें। जल में रहने वाले बलप्रद अन्नों के पास तुम जाओ और ऊन्हें तथा राष्ट्र के द्विपद-चतुष्पद जीवों, जल-औषधियों को पुष्ट करो। मरुद्गणों! सुस्वादु-पदार्थों से तुष्ट होने वाले तुम वर्षक हो, शत्रु-नाशकर्ता होओ। सूर्य उदय होकर चढ़ रहे हैं; ये छह उर्वियों को रश्मियों से स्पर्श करते हैं। राष्ट्र पर सूर्य उदित है, तू युद्ध का भय न कर। द्यावापृथिवी को सूर्य ने प्रकट किया और दृढ़ किया। प्रजापति ने उनमें तन्तुओं को गढ़ा; बलयुक्त किया। सूर्य ने ही अन्तरिक्षादि लोकों को बनाया; देवों ने उन्हें पुष्ट किया। आरोही और प्ररोही, लतादि को उत्पन्न किया; सब शरीरों को पुष्ट किया, सूर्य के द्वारा तुम प्राणियों का भरण-पोषण करते हो, कर्मों द्वारा समृद्ध होते हो अत: सूर्य के राज्य में सचेत रहो। सूर्य तुम्हारे पास आये, वह कल्याणकारी तुम में रमे। सूर्य ऊँचे चढ़कर सब रूपों को प्रकट करते हैं, उनके तेज से अग्नि ज्योतिर्मान होती है, वे फलों को प्रकट करते हैं। घृत से आहूत, इष्टपूरक, सोम पुष्टा जातवेदा अग्नि मेरा त्याग न करें, मुझे संन्तान-गवादि धनों से पुष्ट करें। यज्ञ-प्रकट-कर्ता, यज्ञमुख सूर्य के निमित्त मैं आहुति देता हूँ, प्रसन्न देवता सूर्य के समीप जाते है वे मुझे संग्राम-निमित्त ऊँचा उठायें। यज्ञपोषक सूर्य का तेज यज्ञद्वारा मुझे प्राप्त हो रहा है। हे अग्नि! बृहती-पंक्ति आदि छन्द औ वषट्कार तथा सूर्य तेज तुममें प्रविष्ट हो गये। सूर्यतेज द्यावापृथिवी, स्वर्ग को स्पर्श करते है। हे वाचस्पति! हे प्रजापति अग्नि! हमें पृथिवी सुखदायिनी हो; प्राण हममें मित्रता करता हुआ रमे; प्राण ऋतुओं में मित्रभाव से स्थिर हो सूर्य स्वतेज से आयु धारण करायें हमारा मन प्रसन्नतामय रहें। हमारे गोष्ठो में गौओं और योनियों में सन्तान उत्पन्न हो। मैं तुम्हें धारण करता हूँ। हे राजा! अग्नि, मित्रावरुण तुम्हें पुष्ट करे, शत्रु तुम्हारे वश मैं हों। हे सूर्य! पृषती तुम्हें धारण करती है; तुम जलों में कल्याणार्थ गमन करते हो। सूर्य के रथ के अश्व वेगवान् एवं ज्ञानवान् हैं, वे सूर्यरथ को सुगमता से खींचकर पृषती स्वर्ग में ले जाते हैं। अग्निदेव द्यावापृथिवी को स्थिर रखते हैं, उन्हीं के बल से देवता सृष्टि रचते हैं। सूर्य समुद्र से उदय होकर आकाश पर चढ़ते हैं। अग्नि प्रदीप्त हो धृत से प्रवृद्ध हुए हैं, वे शत्रुओं के संहारक हैं। हम क्रव्याद अग्नि से शत्रुओं को जलाते हैं। हे इन्द्र! हे अग्नि! हमारे शत्रुओं को मारो, भस्म करो। अग्नि, बृहस्पति, सूर्य, मित्रावरुण तुम हमारे शत्रुओं को नष्ट करो, वे घोर अंधेरे को प्राप्त हो। विराट् के वत्स सूर्य अन्तरिक्ष पर चढ़ते हैं। हे राजा! तुम पृथिवी पर अधिष्ठित हो, अमृत पर अधिष्ठित रह कर प्रजापालन करो। सूर्य एवं रोहित देव तुम्हारे राष्ट्र को समृद्ध करें। हे सूर्य! तुम दिशा-प्रदिशाओं में गमन करते हो, मनुष्यों - पशुओं

में घूमते हो। मैं भी तुम्हारे जैसे यश से समृद्ध होऊँ। तुम लोक-परलोक में घूमते हो, सर्वज्ञ हो; सब प्राणी तुम्हें और तुम सबको देखते हो और अग्नि को प्रज्ज्वलित करते हो। गौ (उषा) शुभ्रवर्णा है, वह अन्तरिक्ष में एक पदी, आदित्य से मिल द्विपदी, दिशाओं से मिल चतुष्पदी और दिशा-विदिशा-सूर्य से मिल नवपदी हो जाती है। हे सूर्य! तुम अमृत हो, चढ़ते हुए, तुम मेरे वचन की रक्षा करो। मन्त्रमय यज्ञ और मार्गगामी अश्व तुम्हारा वहन करते हैं। मैं तुम्हारे निवास-स्थान को जाता हूँ। सूर्य द्यावापृथिवी और जल के साक्षी हैं। प्राणियों के सृष्टि-यज्ञ का आरम्भ हुआ-उर्वियाँ परिधि बनी; पृथिवी वेदी बनीं, सूर्य अग्नि बना, पुरुष ने प्रकाश का आधान किया, पर्वतों को यूप बनाया, रोहित के मन्त्र से अग्नि प्रदीप्त की गयी और यज्ञ का आरम्भ हुआ। सूर्यात्मक स्वर्ग की कामना वाले मन्त्राहुत अग्नियों को मंत्र से प्रवृद्ध करते हैं और अग्निपूजन करते हैं। मन, जल, सूर्य में भिन्न-भिन्न अग्नियों हैं। पुरुष ने मन्त्रों से सबका पूजन किया था। इन्द्र, ब्रह्मणस्पति के कृपापात्र पुरुष ही मन्त्र-प्रवृद्ध अग्नियों को पूजते हैं। पृथिवी की वेदी, आकाश को दक्षिणा, दिन (सूर्य प्रकाश) को अग्नि और वर्षाजल को धृत बनाकर रोहित ने सृष्टि-यज्ञ किया। स्तुतियों से समुद्र बने अग्नि ने पर्वतों को उन्नत किया। रोहित ने पृथिवी से कहा-भविष्य में जो कुछ हो, तुझमें ही प्रादुर्भूत हो।

जो सूर्य की ओर मुख करके मूत्र-त्याग करता है, गौ को पैर से छूता है, अग्नि के मध्य से निकलता है, मैं उसके मूल को काटता हूँ। उस पर छाया नहीं करता। हे सूर्य! जो हमारे-तुम्हारे मध्य बाधक है, वह पाप, दुःस्वप्न और दुष्कर्म में स्थापित हो। हे इन्द्र! जिस यज्ञ में सोम प्रयुक्त होता है, हम उससे पृथक् न जायँ। हम यज्ञ की वृद्धि करने वाले हों, हमारे देश में शत्रु न रहें।

**द्वितीय अनुवाक : सूक्त :** 2 : देवता : अध्यात्म, रोहित आदि

महत्कर्मा, सेचनसमर्थ, साक्षीरूप सूर्य की रश्मियाँ उन्नत होती हैं। हम रश्मियां से दिशाओं को प्रकाश देने वाले लोकरक्षक सूर्य की स्तुति करते हैं। हे सूर्य! हवियों वाले तुम पूर्व-पश्चिम दिशाओं में गमन करते हो, दिन-रात को विभिन्न रूप देते हो, तुम्हारा यश सर्वतः प्रस्तुत है। तेजस्वी तुमको रश्मियाँ वहन करती है, ब्रह्म समुद्र से ऊपर लाता है; तुम रात-दिन का मान करते हुए विचरते हो; तुम शीघ्रता से दुर्गम-स्थलों में भी जाओ, तुम्हें 'आजि' में प्रवेश करते हुए कोई न रोक। पूर्व से पश्चिम दोनों छोरों तक जाते हुए तुम्हारे रथ और वहन करने वाले सात सौ अथवा अनेक रश्मिरूप अश्वों का मंगल हो। तुम अग्निसम तेजस्वी सुनहरे सात घोड़ों को, विचरण करने के पश्चात्, छोड़कर सूर्य लोक चले जाते हो। अदितिपुत्र सूर्य सब लोकों में विख्यात है। वे उदय होते ही रूपवान् सभी पदार्थों को प्रकाशित करते हैं। हे सूर्य! तुम्हें त्रिताप से मुक्त अत्रि ने मास-समूह के निमित्त लोक में प्रतिष्ठित किया; तुम स्वयं

तप्त होकर भी सबको प्रकाश देते हो। जैसे बालक माता-पिता के पास पहुँचता है, वैसे ही तुम भी पूर्व एवं पश्चिम समुद्र के पास पहुँचते हो। तुम अपने मार्ग को द्रुतवेग वाले अश्वों से तय करते हो और देवताओं के अमृत-सेवन को नहीं रोकते। रश्मियाँ सबके दर्शन के लिए सूर्य को ऊपर उठाती हैं और तब रात्रि के जाने के साथ नक्षत्र भी चोर के समान भाग जाते हैं। हे सूर्य! तुम अन्धकार से पार करने वाली नौका के समान हो, सबको अन्धकार से प्रकाश में लाते और प्रकाशित करते हो। सर्वद्रष्टा तुम सबको देखने को प्रकट होते हो। हे पापनाशक सूर्य! तुम पुण्यकर्माओं को कृपापूर्ण दृष्टि से देखते हो और जीवों पर कृपा करते तथा रात-दिन बनाते हुए विचरण करते हो। हे सूर्य! तुम तेजस्वी रश्मियों वाले रथ में सात हर्यश्वों को रथ में जोड़ युक्ति से सर्वत्र गमन करते हो। सूर्य देव स्वामी है, वे अपने तेज से प्रकट होते और ऊपर चढ़ते हैं।

अनेक मुख वाले, सर्वद्रष्टा, अनेक भुजाओं वाले, असाधारण देवता अपनी रश्मियों से द्यावापृथिवी को प्रकाशित करते एवं भरण-पोषण करते हैं। अतन्द्रित चलते हुए सूर्य जब विश्राम लेते हैं, तब वे दो रूप बनाते हैं। एक रूप से संसार से ओझल और दूसरे रूप से संसार मैं प्रकट होकर सब लोकों को प्रकाशित करते है। तुम महान् से भी महान् हो द्यावापृथिवी, अंतरिक्ष, जल सभी मैं दमकते हो। सूर्य दक्षिणावर्त होते हुए शीघ्र मार्ग तय करते हैं, वे अपनी शक्ति और ज्ञानबल से सबको वश में करते हैं। महिमामय, ज्ञानवान, पूज्य सूर्य शोभनमार्ग से गमन करते हुए द्यावापृथिवी अंतरिक्ष को दमकाते रात-दिन भ्रमण करते हैं और सबको पार करते हैं। वे दमकते, तपाते हैं, सुन्दर गमन वाले, ज्योतिर्मान, अन्पोषक और दिशाप्रकाशक हैं, देवताओं के ध्वजारूप हैं, दर्शनीय हैं, अंधकार-पापनाशक हैं, दिनकर हैं, सर्वप्राणि-आत्मारूप हैं, द्यावापृथिवी अंतरिक्ष तथा सब प्राणियों में व्याप्त हैं। हम ऊर्ध्वगामी, अरुण, शोभित सूर्य के सदैव दर्शन करें। सूर्य को अत्रि ने पाया। हे सूर्य! कृपा करो, हम हिंसित न हो, दीर्घजीवी हों। सूर्य के दोनों अयन नियम से रहते हैं, वे देवताओं को अपने में लीन किये हैं। वे प्रजापति, यज्ञों का मुख, रोहित और स्वर्ग पोषक हैं, स्वर्गाधिपति हैं, दिशाओं मैं घूमते हैं, सब जीवों एवं पृथिवी के रक्षक हैं। वे अपने दो रूप बनाते हैं। हम सूर्य का आह्वान करते हैं। जिनकी दृष्टि कभी क्षीण नहीं होती, वे महिमावान्, पालनकर्त्ता सूर्य सब ओर व्याप्त हैं। वे ज्ञानी, पूज्य, सर्वद्रष्टा हमारे वचन को सुने। वे त्रिलोक के सब कर्मों के द्रष्टा हैं। मैं इन्हीं सूर्य का आश्रय ग्रहण करता हूँ।

**तृतीया अनुवाक : सूक्त : 3 :** देवता : अध्यात्म, रोहित, आदित्य

द्यावापृथिवी के प्रकटकर्ता, सर्वलोकाच्छादक, सर्वदिशा प्रकाशक, ऋतु अनुसार वायु चलाने वाले, समुद्री को प्रभावित करने वाले सूर्य का जो अपमान करता है अथवा ब्राह्मण

का जो अपमान करता है, उसको हे रोहितदेव! कंपाओ क्षीण करके बन्धन मैं डालो। जो जीवों में प्राण भरते हैं अथवा उनके प्राण हरते हैं, जिनके कारण श्वास-प्रश्वास चलती है, जो प्राण को, द्यावापृथिवी को तृप्त करते हैं, समुद्र का पेट पालते हैं, जिनमें विराट, परमेष्ठी, वैश्वानर, प्रजा अग्नि निवास करते हैं और जो प्राण के तेज धारक हैं, दिशाएँ, रश्मियां, जल और यज्ञ जिनके आश्रित हैं, जो द्यावापृथिवी के द्रष्टा हैं, जो ब्रह्मणस्पति हैं, जो भूत-भविष्य-वर्तमान के स्वामी तथा त्रिलोक के स्वामी हैं, जिन्होंने तीस दिन रश्मियों के समूह तथा अधिक मास को बनाया है, जिनकी रश्मियाँ जल को सोखती हैं और जल को लौटाती हैं, ऐसे क्रोधवन्त सूर्य का जो अपमान करता है अथवा जो विद्वान् ब्राह्मण का अपराधी है, उसे हे रोहितदेव! कम्पित करो, क्षीण करो और बंधन में बाँधो। जिनके अनुकूल रहकर बृहत् एवं रथन्तर साम आच्छादन एवं धारण करते हैं जो सूर्य, वरुण, अग्नि, मित्र तथा सविता रूप से अंतरिक्षस्थ एवं इंद्ररूप से स्वर्गस्थ है, पापनाशक है, जिसके अयन सर्वदा नियमबद्ध हैं जिसमें देवता लीन हैं, जो सर्वलोक प्रकाशक है, जलों में वास करता है, सबका मूल और त्रिताप-रहित है, जिसकी द्रुतगामिनी रश्मियाँ स्वर्ग में प्रकाशित हैं, जिनके प्रभाव से रश्मि-अश्व रथ का वहन करते हैं, पुरुष यज्ञादि कर्मों को प्राप्त करते है, जो एक ज्योति रूप भी अनेक के प्रकाशक हैं, जो सप्तर्षियों द्वारा नमस्कार्य है, जिनके द्वारा कालचक्र प्रवर्तित है, जो अष्ट वहिरूप हैं, देवपालक, बुद्धिदाता हैं, जलवायु के शुद्धिकर्त्ता हैं, उन क्रोधवन्त सूर्य के अपराधी को अथवा ब्राह्मण के अपराधी 'ब्रह्मज्य' को हे रोहितदेव! व्यथित करते हुए क्षीण करो और बन्धन में बांधो।

हे अग्नि तुम्हारी तीनों उत्पतियों-गतियों, तीनों लोकोण तथा स्वर्ग के तीन भेदों को हम जानते हैं। ऐसे उन क्रोधवन्त देवता के अपराधी ब्राह्मणापराधी ब्राह्मण को हे रोहितदेव! क्षीण-कम्पित करते हुए पाशबद्ध करो। जो उत्पन्न होकर भूमि को आच्छादित करता है, जल को अन्तरिक्षरथ करता है बलप्रदाता, आत्मबल प्रेरक, देवताओं के आराध्य; सर्वेश्वर, एकपाद वह ब्रह्म द्विपादों, षट्पादों में विक्रमण करता है, उस ब्रह्म को हम पूजते हैं, ऐसे क्रोधवन्त देव के अपराधी और विद्वान् ब्राह्मण के हिंसक को हे रोहित! तू कम्पित - क्षीण करके पाशों में बांध ले।

**चतुर्थ अनुवाक : सूक्त :** 4 : देवता : अध्यात्म

ये सूर्य आकाशपृष्ठ पर दमकते हुए आते हैं, आकाश को ढकते हैं, वे धाता-विधाता, वायु आकाश, अर्यमा, वरुण, रुद्र, महादेव, अग्नि, यम हैं। वे उदय होते ही दमकने लगते हैं, रश्मियाँ चारों ओर छा जाती हैं, उनका गण मरुत् है, इन्द्र जिनकी किरणों से आवृत हैं, जिनके विष्टभ नौ गण हैं, वे सर्वद्रष्टा-सर्वसाक्षी हैं, उन एक को सब वरण करते हैं।

जो इन एक वृत्त सूर्य का ज्ञाता है, उसे कीर्ति, जल आकाश, यश, ब्रह्मचर्य अन्न और अन्नपाचनक्रिया प्राप्त होते हैं, वह द्वितीय, तृतीय, चतुर्थ पंचम, षष्ठ, सप्तम, अष्टम, नवम नहीं कहलाता, सर्वद्रष्टा होता है। यह एक वृत्त सर्व देवों से व्याप्त है।

एकवृत के ज्ञाता को ब्रह्मा, तप, भूत, भविष्य्, वर्तमान, श्रद्धा, रुचि स्वधा, स्वाहा सब प्राप्त होते हैं। वही एकवृत्त मृत्यु, अमृत, राक्षस, रुद्र, वसु, वषट्कार है। चन्द्र-सहित सभी नक्षत्र उसके ही वशीभूत हैं।

दिन, रात्रि, वायु, आकाश, दिशाएँ, पृथिवी, अग्नि, जल, ऋचाएं, यज्ञ उस एकवृत से प्रकट हुए और वह इनसे प्रकट हुआ। वह एकवृत यज्ञ का शीर्षरुप है। वह दमकता, कड़कता, उपल गिराता है, पापियों का कल्याणकर्त्ता, पुरुष का, असुर का, औषधियों और वर्षा का, उत्पन्नकर्त्ता है।

वह इन्द्र और मृत्यु से भी श्रेष्ठ है। दान-प्रतिबंधिका शक्ति से श्रेष्ठ है, वैभववन्त एवं आराध्य है, उसे नमन। जल - पौरुष - महत्ता और सम्पन्नता के रूप में हम तुम्हारी आराधना करते हैं। तुम अन्नवान हमें देखो।

अरु, बृथू, सुभू, भव-प्रथ, वर, व्यच, लोक, भवद् - इदद् - संयद - आयद वसु के रूप में हम तुम्हारी आराधना करते हैं। तुम्हारे लिए नमन। तुम अन्न-यश-तेज ब्रह्मवर्चस्वान् होते हुए मुझे देखो।

# चतुर्दश काण्ड

**प्रथम अनुवाक : सूक्त :** 1 : देवता : आत्मा, सोम, विवाह आदि मंत्रोक्त

सत्य से पृथिवी-आकाश, सूर्य-चन्द्रमा स्थित हैं। सूर्य से आकाश स्थित है। सोम से पृथिवी पूजित और सूर्यबलयुक्त है। सोम नक्षत्रों के पास रहते हैं। सोम-औषधि को पीसकर पीने वाले अपने को सोमपायी समझते हैं, किन्तु यह सोम भाग ही सोम नहिं, जिसे ज्ञानी सोम कहते हैं, वह और ही है, उसे पीसकर पिया नहीं जा सकता। हे सोम! पिये गये तुम बुद्धिरूप को प्राप्त होते हो, वायु सोम की सुरक्षा करता है। बृहती छन्दात्मक कर्म तुम रक्षित हो। पार्थिव जीव तुम्हारी रक्षा नहीं कर सकते।

जब सूर्या पति के पास चली, तब ज्ञान उपबर्हण; चक्षु अभ्यंजन और द्यावापृथिवी कोश बने। न्योचनी रैम्या सूर्या के साथ गयी। वह नाराशंसी गाथाओं से सजकर सूर्या का परिधान लेकर चल रही थी। स्तोत्र सूर्या के केशजाल, स्तुतियाँ प्रतिधि, अग्नि पुरोगव और अश्विद्वय सूर्या के वर बने। जब वह पति को मिली, तो मन रथरूप हुआ, शुभ्रता बैलरूप और द्यौ

गृहरूप हुआ। ऋक-साम दो बैल हुए, सूर्य-चन्द्र पहिए बने, व्यान धुरी बना, मघा-फाल्गुनी नक्षत्रों में रथ खींचा गया। सूर्या रथ पर बैठ पति के समीप चली। सविता ने सूर्या को दहेज दिया। अश्विद्वय तीन पहिये के रथ से आये। रथ के पहियों को विद्वान् ब्राह्मण ही जानते हैं। पति को प्राप्त कराने वाले अयमा की हम पूजा करते हैं। ककड़ी के डठल से पृथक् होने के समान मैं इस कन्या को परिवारीजनों से पृथक् करता हूँ। पतिकुल से मिलाता हूं। हे वीर्यवान् इन्द्र! यह कन्या सौभाग्यवती-सुसन्तान वाली हो। तू मधुरभाषिणी श्रेष्ठ कर्मों वाली लोक में सुखी हो। सौभाग्य के देवता भग तुझे सौभाग्य दें। अश्विनी कुमार तेरा वरण करें। तू स्वगृह को जाकर पालिका एवं सर्ववशकर्त्री हो। अपने घर में गार्हपत्याग्नि के प्रति सचेत रहे। तेरी सन्तान के लिए वस्तुएं बढ़े। तू पूर्णायु तक बोलने वाली रहे। तुम दोनों साथ रहो जीवनपर्यन्त अनेक प्रकार के भोजन करो-पुत्रादि के साथ खेलो। ये दोनों सूर्यचन्द्रमा शिशु के समान हैं, जो पूर्व-पश्चिम गमन करते हैं। इनमें से एक से ऋतुएँ उत्पन्न-होती हैं। लोकद्रष्टा चन्द्रमा का रूप घटता-बढ़ता है। सूर्य उषाकाल में आकर देवताओं को भाग वस्त्रों में देता है। हे वर! तुम ब्राह्मणों को धन दो। नीले-लाल कृष्णा है, इन्हें न देने पर ही वधू के बान्धव वृद्धि को प्राप्त होते हैं। ये वस्त्र प्यास लगाते हैं, जिस वस्त्र से प्रायश्चित होता है, जिससे पत्नी आयु पाती है, उस वस्त्र को ब्रह्मा ही धारण कराता है। तुम दोनों (पति -पत्नी) सत्य बोलते हुए सौभाग्य को प्राप्त करो। हे ब्रह्मणस्पति! इन दोनों को पति-पत्नी रूप में स्वीकारो। इनके मन को उज्ज्वल बनाओ। ये गौएं इन्हें मिलें। पूषा, मरुद्गण, धाता, सविता इनके मार्ग को सुगम करें। धाता तेजस्वी-सौभग्यवान् बनायें। गौओं, पाशों, सुरा में जो तेज है, उससे अश्विद्वय तुम वधू की रक्षा करने वाले होओ। हे अश्विद्वय! उस तेज से मेरी रक्षा करो। तुम ज्वलित न होकर भी जलों में हिंसक कर्म से सम्पन्न हो, यज्ञों में तुम्हारी ब्राह्मण स्तुति करते हैं। जलों के तुम पोषक हो, तुम मधुर जलों को मुझे प्रदान करो। इसी के द्वारा इन्द्र प्रवृद्ध होते हैं। शरीर के दूषित करने वाले मल को मैं पृथक् करता हूँ-शोमन पदार्थों को ग्रहण करता हूँ। ब्राह्मण इस वधू को स्नान का जल लायें। पूषा अर्यमा से यह अग्नि को प्राप्त करे। श्वसुर-देवर इसकी प्रतीक्षा में है। हे वधू! तेरे लिए जल कल्याणकारी हो, आकाश सुखदायी हो, सुवर्ण सुखद हो। तू कल्याण को प्राप्त करती हुई पति-देह का स्पर्श कर।

हे शतकर्मा इन्द्र! मैंने उस हवि को पवित्र करके सूर्य-सम दमकती अग्नि की भेंट किया है। हे वधू! सन्तान, धन, सौभाग्य, प्रसन्नता की कामना वाली तू पति के अनुकूल रहकर अमृतमय सुख पावे। तू पतिगृह को प्राप्त कर साम्राज्ञी के समान रह। तू श्वसुर, देवर, ननद, सास के बीच साम्राज्ञी बनकर रह। यह वस्त्र, जिन स्त्रियों ने कात-बुनकर तैयार किया है, वे अपने आशीर्वादरूप इस वस्त्र से शतायु करें, तुझे वस्त्र को धारण कराएं। यज्ञरूप कन्या को जब

पुरुष (वर) ले जाता है, तब पिता शोक करता है और कन्यापक्षीय प्राणी रोते हैं। इसलिए तू मातृपक्ष वालो तथा वरपक्ष वालों का आलिंगन कर। मैं यह पाषाण तेरे बैठने को रखता हूँ शोभनरूप वाली, सबको प्रसन्नता देने वाली, तू इस पर बैठ। हे वधू! जिस प्रकार अग्नि ने पृथिवी का दक्षिण का हस्त ग्रहण किया, उसी प्रकार मैं तेरा पाणिग्रहण करता हूँ। तू दुःखी न हो मेरे साथ धन-सन्तानसहित रह। सविता की तू प्रिय हो, सोम तुझे संतानवती और वृद्धावस्था तक पति के साथ रहने वाली बनायें। तुझे भग, अर्यमा, सविता-लक्ष्मी ने मुझको गृहस्थ-धर्म के लिए प्रदान किया है, तू वृद्धावस्था तक मेरे साथ सौभाग्यवती रह। भग और सूर्य ने तेरा हाथ पकड़ाया है, तू मेरी धर्मपत्नी और मैं तेरा धर्मपति हूँ। बृहस्पति ने तुझे मेरे लिए दिया है अत: तू मेरे साथ रहती हुई सन्तानवती और शतायु होकर मेरी पोषक रह। त्वष्टा ने बृहस्पति की आज्ञा से इस कल्याणकारी वस्त्र को निर्मित किया है। इस वस्त्र के द्वारा सविता और भग देवता तुझे सत्नानादि सम्पन्न करें। अश्विद्वय, इन्द्राग्नि, मित्रावरुण, द्यावापृथिवी, मरुद्गण, सोम, ब्रह्म तेरी संत्नानादि से वृद्धि करें। हे अश्विद्वय, जैसे वृहस्पति ने सूर्या का केशविन्यास करके सजाया था, वैसे हम भी पति के निमित्त इसे सजाते हैं। मैं इसके मन हृदय को जानता हूँ। इसके रूप को देखता हुआ, इस अपने से आबद्ध करता हूँ। मैं चौर्यकर्म नहिं करता, स्वयं इसके केशों को गूँथता हुआ सविता के द्वारा वरुणपाश में बांधी गयी इसको मैं पाशमुक्त करता हूँ। मैं तेरे इस लोक के विस्तृत मार्ग को सुगम बनाता हूँ। इस स्त्री को जल प्रदान करो और पुण्य में प्रतिष्ठित करो। धाता ने इसे पति दिया है, भगदेव इसके अनुकूल हों। भग ने इसके पैरों को बनाया, मध्य भाग को त्वष्टा ने बनाया, यह (गौ) कल्याणकारिणी हो। हे वधू! तू वरणीय, दीप्तिमान् दहेज को वर पक्ष वालों के लिए कल्याणकारी बना। हे बृहस्पति, हे इन्द्र! हे सविता! इस वधू को भ्राता, पति, पशु की क्षयकारिणी न बनाकर पुत्र धनादिसंम्पन्नकर्त्री बनाकर हमें प्राप्त कराओ। इराके शाला तक ले जाने वाले मार्ग को कल्याणकारी करों। इसकी शाला के सब ओर ब्राह्मण रहें। हे वधू! तू देवताओं के निवास वाली रोग-रहित स्वास्थ्यप्रद शाला को प्राप्त हो और इस पतिग्रह में मंगलमयी होकर प्रसन्न रह।

**द्वितीया अनुवाक : सूक्त :** 2 : आत्मा, यक्ष्मा तथा दम्पति

हे अग्नि! पहले दहेज के साथ तुम्हारे लिए सूर्या को लाये थे, तुम हमें सन्तानवती पत्नी दो। अग्नि ने आयु और तेजसहित पत्नी हमें दी इसका पति और यह शतायु हों। हे पत्नि! तू पहले सोम की, फिर गन्धर्व की और फिर अग्नि की पत्नी हुई। मैं मनुष्य तेरा चतुर्थ पति हूँ।

सोम ने तुझे गन्धर्व को, गन्धर्व ने अग्नि को और अग्नि ने तुझे मुझको दिया और तुझे धन-सन्तान से भी सम्पन्न किया है। हे अश्विद्वय! तुम्हारे हृदय में जो अभीष्ट है, वे सब हम पति-पत्नी को प्राप्त हों। तुम हमारे प्रिय एवं रक्षक हो। सूर्य की कृपा से हम ग्रहों के भोगो को भी भोगें। तुम वीरों से युक्त धन का पोषण करो। हे अश्विद्वय! तुम तीर्थों का सुफलदाता बनाओ। उनके मार्ग में प्राप्त होने वाली दुर्गति आदि को दूर करो। हे वधू! ओषधि, नदी, खेत, वन तेरी और तेरे पति की रक्षा करे, तुझे सन्तानवाली बनायें। हम ऐसे सुखमय मार्ग पर चलें, जो वीरों की हानि न करे और धनद हो। गन्धर्व, अप्सराएँ इसको सुखद हो और दहेज-धन को नष्ट करें। इस आशीर्वादात्मक वाणी से ये दोनों सुखोपभोग करें। दम्पती परिपन्थी इसे न प्राप्त कर सकें। यह दुर्गम मार्ग को भी सुगमता से पार करे। सविता देव दहेज के पदार्थों को सुखदायक बनायें। यह स्त्री धाता-द्वारा निर्मित पतिगृह को प्राप्त है, यह अश्विद्वय, अर्यमा, यम, प्रजापति की कृपा से सुख-सन्तान प्राप्त करती सुखी रहे। हे पुरुष! तू इस उर्वर योनि की नारी में वीर्य-वपन कर, यह तेरे वीर्य को धारण करके सन्तान उत्पन्न करे। हे सरस्वती तू विराट् है। तू प्रतिष्ठित हो। हे सिनीवाली! तू भगदेवता के अनुकूल रहती हुई सन्तानोत्पत्ति कर। हे वधू! तू स्निग्ध दृष्टि रखती हुई पति को अक्षणि करने वाली है। तू वीर पुत्रों को उत्पन्न करती हुई मन में प्रसन्न होती हुई सबको सुखी कर। तू पति-देवर को अहानिकारक, पशु-हितसाधिका, प्रजावती, शोभन कान्ति वाली एवं सुखी होती हुई अग्नि का पूजन कर। हे निऋति! तू यहाँ विहार न कर अन्यत्र भाग। यह स्त्री गृहस्थाश्रम में प्रवेश से पूर्व अग्नि पूजन कर रही है।

इस स्त्री के आसन मृगचर्म में मंगल और रक्षा व्याप्त हो। सिनीवाली, भगदेवता प्रसन्न हो इसे सन्तानोत्पत्ति करने वाली करें। रोहित मृग के चर्म पर कुशाएँ बिछाओ, जिस पर यह प्रजावती बैठ अग्नि का पूजन करे। हे स्त्री! इस मृगचर्म पर अग्नि देवता के समीप बैठ। तू इस गृह में अपनी प्रथम सन्तान उत्पन्न कर। इस माता के अनेक पुत्र उत्पन्न हों; गोद में बैठें। तू अग्नि के पास बैठकर देवताओं को सुशोभित कर। पति की सुखदायी, श्वसुर-सास को सुखमयी, गृहखर्च चलानेवाली कल्याणमयी तू गृहप्रवेश कर। तू सन्तानों को सुख देकर उनका पोषण करती रहे। हे देवी! इसको सौभाग्य दो। यह वधू कल्याणमयी हो। दूषित हृदया स्त्रियों तथा वृद्धाएँ इससे दूर हों। सूर्या मनभावन सुन्दर पर्यंक पर चढ़ी थी, तू भी प्रसन्नतापूर्वक इस पलंग पर चढ़, पति के लिए सन्तानोत्पत्ति कर, समान चित्त से रह, नित्य उषाकाल में जाग। देवताओं ने भी पत्नी के साथ पलंग पर चढ़कर अपने अंगो को उसके अंगों से मिलाया था। विश्वावसु! यही से जाओ। मैं तुम्हें गन्धर्वों के गमन के साथ जाने के लिए प्रेरित करता हूँ। गन्धर्व के क्रोध को नमन। विश्वावसु! तुम अप्सराओं के क्रोध से इस नारी को दूर रखो। पति-

पत्नी! तुम दोनों पिता-माता बनने के लिए काल में मिलो। वीर्य द्वारा पिता-माता बनो। मानवी विधि से आरोहण करो और सन्तानोत्पत्ति करो। हे पूषा! जिसमें बीजवपन होता है, उस स्त्री को प्रेरित करो, वह प्रेम के साथ अंग फैलाकर सन्तानोत्पादन के कार्य में लगे। हे पति! तू जाया का स्पर्श कर। प्रसन्नता के साथ तुम दोनों प्रजोत्पत्ति-कर्म करो। सविता तुम्हारी आयु-वृद्धि करें। अर्यमा तुम्हें दिन-रात के मिलने के समान मिलायें। प्रजापति प्रजोत्पति करें। तू अमंगलों से पृथक् होती हुई गृह-प्रवेश कर तथा दुपाये-चौपाये सभी को सुख दे।

हम दोनों हास्य-प्रसन्नता को, सुख-बोध को प्राप्त हुए पुत्रादि से सम्पन्न हो अनेक उषाओं को पार करते रहे। अंडे से पक्षी के मुक्त होने के समान मैं भी पापमुक्त होऊँ। द्यावापृथिवी पर चेतनाचेतन प्राणी वास करते हैं। द्यावापृथिवी पर प्रवाहित सात प्रकार के जल हमको पाप से छुड़ायें। सूर्या, मित्रावरुण, देवों सबको मेरा नमन। नीला, पीला, लाल धुआँ, हमारे समीप से दूर हो। भस्म करने वाली 'पूषातकी' तथा कृत्याएँ, वरुणपाश एवं असमृद्धियाँ स्थाणु में जायँ। हे वनस्पति! मेरा वस्त्रसज्जित देह दमकता रहे।

तन्तुओं से बुना किनारे वाला वस्त्र हमें सुखप्रद हो-कोमल स्पर्श वाला हो। पितृगृह से पतिगृह जाने वाली ये कन्याएँ अनेक कामनाएँ लेकर जा रही हैं। बृहस्पति द्वारा रचित यह ओषधि विश्वेदेवाओं के द्वारा पुष्ट की गयी है। इसमें हम गौ-वर्चस, गौ-तेज, गौओं के सौभाग्य, गौओं के वर्तमान यश, गौओं में वर्तमान दुग्ध और गोरस से मिलाते हैं। कन्या के जाने से दुःखी तेरे इस घर में तुझे अग्निदेव पाप से छुड़ाएं। तेरी पुत्री केश फैलाकर रोई है, उस पाप से सविता और अग्नि तुझे छुड़ाएं।

तेरी बहनें तथा अन्य स्त्रियां दुःखी होती। रोती इस घर में धुमी हैं, तेरे घर में सन्तान और पशुओं में दुःख फैलाने वालो के दुःख फैलाने से वे जो दुःखी होते हुए रोये हैं, इस पाप से सविता और अग्नि तुझे छुड़ायें।

खीलों की आहुति देती हुई वधू पति के शतायुष्य की कामना करती है। हे इन्द्र! इन पति-पत्नी की प्रीति चकवा-चकवी के समान हो। इन्हें सुन्दर गृह-सन्तान दो, ये जीवनभर भोगों को भोगें। विवाह के समय या दहेज में जो दोष बना है, उसे हम कम्बल में स्थापित करते हैं। कम्बल में दुरित स्थित करके ये यज्ञीय पुरुष शुद्ध हो गये, देव इन्हें पूर्णायु करें। यह कृत्रिम रूप से बनाया गया-सैकड़ों दांतों वाला कन्था, इसके शीर्ष स्थान तक पहुँचता हुआ शिर के

तथा अंग-अंग के मैल को दूर करे। इसके अंग-प्रत्यंग से संहारक दोष को दूर करता हूँ। यह दोष मुझे, अन्तरिक्ष, आकाश, पृथिवी, देवगण, पितरों, यम को न लगे। हे जाया! पृथिवी के दुग्धसमान, सारतत्त्व और औषधियों के सारतत्त्व से तुझे संयुक्त करता हूँ। तू धन, सन्तान, सम्पन्न होती हुई धनप्रदायिनी बन।

हे जाया! तू रुक-में साम; तू पृथिवी-मैं आकाश, मैं विष्णु-तू लक्ष्मी है; हम दोनों साथ-साथ रहते हुए सन्तानोत्पत्ति करें। हम मंगलमय दान के दाता पुत्र को पाये। हम विपुल अन्न प्राप्ति के लिए संयुक्त रहते हुए प्राणों से अहिंसित रहें। वधू को देखने की इच्छा से समीप आने वाले पितर सीलवती वधू को संतानयुक्त कल्याणप्रद हों। इस वधू को सन्तान और धन प्राप्त हो। हे सुबुद्धि! तू जगायी जाने पर सौ वर्ष की आयु प्राप्त करने तक के लिए जाग। सविता देव मुझे दीर्घ जीवन दें। तू गृहपत्नी बनने के लिए घर चल।

## पंचदश काण्ड

**प्रथम अनुवाक : सूक्त :** 1 : देवता : अध्यात्म, व्रात्य

चलते हुए व्रात्य ने प्रजापति को प्रेरणा दी। प्रजापति ने आत्मा को देखा और फिर सबको उत्पन्न किया। प्रजापति से ज्येष्ठ-महत्-ललाम, ब्रह्म-तप-सत्य हुआ। वह बढ़ा और महान् हुआ, महादेव हुआ। वही देवताओं का स्वामी-ईशान हुआ। वह समूहस्वामी 'व्रात्य' हुआ। उसने धनुष उठाया, वही इन्द्रधनुष हुआ। उसका पेट नीला और पीठ लाल है। शत्रु को वह नीले से और द्वेषी को लाल से घेरता है।

**सूक्त :** 2 : देवता : अध्यात्म, व्रात्य

वह उठकर पूर्व दिशा की ओर चला। बृहत् रथन्तर साम, सूर्य और सब देवता उसके पीछे चले। ब्राह्मणों का निन्दक; दोनों सामों, सूर्य और सब देवों की हिंसा करता है और ब्राह्मणों का सत्कार कर्ता; दोनों सामों, सूर्य तथा सब देवो का प्रिय हो जाता तथा पूर्वदिशा में उसका धाम होता है। श्रद्धा, विज्ञान, दिन-रात्रि है एवं केशादि उसको मणिरूप होते हैं; भूत-भविष्य और मन उसके रथ तथा मातरिश्वा-पवमानादि उसके सारथी होते हैं। उसे कीर्ति-यश मिलते और वे फैलते भी हैं।

वह उठकर दक्षिण दिशा को चला। यज्ञायाज्ञिय साम-यज्ञ-यजमान-पशु-वामदेव उसके पीछे चले। व्रात्य का निन्दक उक्त इन सबका अपराधी होता है और ताल का आदरकर्त्ता पूर्वोक्त इन सबका प्रिय होता है। उसका धाम दक्षिण दिशा होती है। पूर्वसूक्तोक्त उसके मणि

एवं अमावस्या-पूर्णिमा उसके परिस्कंद होते हैं। वह उठा और पश्चिम दिशा की ओर गया, वरुण, जल, वैरूप, वैराज उसके पीछे चले। ऐसे व्रात्य का निंदक वरुणादि का अपराधी तथा व्रात्य-सत्कारकर्ता वरुणादि का प्रिय होता है। पश्चिम दिशा उसका धाम होती है। पूर्व सूक्तोक्त उसके मणि एवं रात्रि-दिवस परिस्कंद होते हैं।

वह उठा और उत्तर दिशा की ओर गया, सप्तर्षि-सोम उसके पीछे गये। ऐसे उस व्रात्य का निंदक उक्त सप्तर्षि आदि का अपराधी और व्रात्य का सत्कर्त्ता सप्तर्षि आदि का प्रिय होता है। उत्तर दिशा उसका धाम तथा श्रुत-विश्रुत परिस्कंद होते हैं।वह कीर्ति-यश पाता है।

**सूक्त :** 3 : देवता : अध्यात्म, व्रात्य

वह वर्ष-भर खड़ा रहा तब देवों ने पूछा-व्रात्य! क्यों खड़े हो ? व्रात्य बोला-मेरे लिए आसदी (चौकी बनाओ)। देवताओं ने चौकी बनायी-उस चौकी के ग्रीष्म, वर्षा, वसंत, शरद् चार पाँव हुए। चारों साम चार पट्टियाँ हुई। ऋचाएँ! (ताना) तन्तु और यजुष (बाना) हुए। वेद आसन और ब्रह्म तकिया हुआ। व्रात्य उस चौकी पर बैठा। तब देवता परिस्कंद हुए।

**सूक्त :** 4 : देवता : अध्यात्म, व्रात्य

देवों ने चैत्र-वैशाख (वसंत के महीनों) को पूर्व दिशा के रक्षक बनाया और वृहत् रथन्तर साम अनुष्ठाता बनाये। इसको जानने वाले को वसंत के महीने और उक्त दोनों मास अनुकूल हो जाते हैं।

देवों ने ग्रीष्म ऋतु के दौ महीनों (ज्येष्ठ-आषाढ़) को दक्षिण दिशारक्षक और अन्य दो समों को अनुष्ठाता बनाया। यह जानने वाला ग्रीष्म और दोनों सामों कि अनुकूलता पाता है।

देवों ने पश्चिम के रक्षक वर्षा ऋतु के (सावन-भादों) महीनों के और वैरूप-वैराज को अनुष्ठाता बनाया। इसका जाता वर्षा और वैरूप-वैराज की अनुकूलता पाता है।

देवों ने उत्तर दिशा के रक्षक शरद् के क्वार-कार्तिक दो महीनों को तथा नौद्यस-श्वेत को अनुष्ठाता बनाया। इसका ज्ञाता शरद् ऋतु तथा नौद्यस-श्वेत की अनुकूलता पाता है।

देवों ने ध्रुव दिशा के रक्षक होन्त के अगहन-पूस दो महीनों को तथा पृथिवी-अग्नि को अनुष्ठाता बनाया। उसका जाननेवाला हेमन्त तथा पृथिवी-अग्नि की अनुकूलता पाता है।

देवों ने उर्ध्व दिशा-रक्षक शिशिर के फाल्गुन दो महीनों को तथा आकाश-सूर्य को अनुष्ठाता बनाया। इसका ज्ञाता शिशिर एवं आकाश-सूर्य की अनुकूलता पाता है।

**सूक्त :** 5 : देवता : रुद्र

देवों ने पूर्व दिशा के कोने से वाण-संधान कर्त्ता भव को उसका अनुष्ठाता बनाया। इसको जानने वाले के भव-शर्व-ईशान अनुकूल होते हैं। वे उसके पशुओं को हिंसित नहीं करते।

उस व्रात्य के लिए दक्षिण, पश्चिम, उत्तर, ध्रुव, ऊर्ध्व दिशाओं एवं सर्वदिशाओं से वाण प्रक्षेप करने वाले (उक्त दिशाओं के क्रमानुसार क्रमश:) शर्व, पशुपति, उग्रदेव, रुद्र, महादेव, ईशान को अनुष्ठाता बनाया। जो यह जानता है, वह उक्त देवताओं का कृपापात्र होता है, उसे ये देव हिंसित नहीं करते।

**सूक्त :** 6 : देवता : अध्यात्म, व्रात्य

वह व्रात्य ध्रुव दिशा में गया, तो पृथिवी-अग्नि औषधि ने (अनुगमन किया), उसके ऊर्ष्य दिशा में जाने पर सूर्य-नक्षत्र-चन्द्र-सत्य ने; उत्तर दिशा में साम-मनुष्य ऋचाओं और ब्रह्म ने परमदिशा में आह्वनीय, गार्हपत्य, दक्षिणाग्नि ने: ब्रहती दिशा में जाने पर पुराण-इतिहास की प्रशंसात्मक गाथा ने अनादिष्ट दिशा में ऋतु-पदार्थ-मास-पक्ष-दिवस-दिन-रात्रि ने; अनावृत्त दिशा में जाने पर इन्द्र-इन्द्राणी, दिति-अदिति ने; सब दिशाओं में जाने पर विराट् आदि देवों ने अन्तर्दिशाओं में जाने पर, प्रजापति, परमेष्ठी-पिता-पितामह ने उसका अनुगमन किया। जो इसको जानता है, वह उक्त देवताओं का कृपापात्र होता है, उसे वे हिंसित नहीं करते।

**सूक्त :** 7 : देवता : अध्यात्म, व्रात्य

वह व्रात्य पृथिवी के अन्तर में गया और समुद्र हो गया। प्रजापति-परमेष्ठी पिता-पितामह-जल-श्रद्धा, ये सभी वर्षा होकर उसके अनुकूल हो गए। लोक-अन्न-यज्ञ-श्रद्धाअन्नाद्य अपनी सत्ता में प्रादुर्भूत होकर उसके चारों ओर अवस्थित हुए। यह जानने वालों को जल-श्रद्धा-वर्षा प्राप्त होती है तथा। लोक-अन्न-अन्नाद्य-श्रद्धा-यज्ञ प्राप्त होते हैं।

**द्वितीय अनुवाक : सूक्त :** 8 : देवता : अध्यात्म, व्रात्य

रंजन करता हुआ वह व्रात्य राजा बना और प्रजाओं के अन्न-अन्नाद्य के अनुकूल बर्तने लगा। उसे जाननेवाला प्रजाओं, अन्न-अन्नाद्य का प्रिय होता है।

**सूक्त :** 9 : देवता : अध्यात्म, व्रात्य

उसने प्रजानुकूल व्यवहार किया। सभा-समिति-सेना-सुरा उसके अनुकूल हुए। ऐसा जाननेवाला सभादि का प्रिय हो जाता है।

**सूक्त :** 10 : देवता : अध्यात्म, व्रात्य

ऐसा विज्ञ व्रात्य जिसका अतिथि हो, तो उसका सम्मान करे। ऐसा करने पर वह राष्ट्र एवं क्षात्रशक्ति को नष्ट नहीं करता। बाह्य बल बृहस्पति में और क्षात्रबल इन्द्र में प्रविष्ट हुआ। पृथिवी ही बृहस्पति है-आकाश ही इन्द्र है; अग्नि ब्रह्म बल है-आदित्य क्षात्रबल है। जो पृथिवी को बृहस्पति-अग्नि को ब्राह्म जानता है, वह ब्रह्म बल और ब्रह्मवर्चस को प्राप्त करता है और जो आदित्य को क्षत्र तथा द्यौ को इन्द्र जानता है, उसे इन्द्रियाँ प्राप्त होती हैं।

**सूक्त :** 11 : देवता : अध्यात्म, व्रात्य

ऐसा विज्ञ व्रात्य जिसके यही अतिथि हो, तो ऐसा कहे-हे व्रात्य तुम कहाँ रहोगे ? (यह कहने वाले को देवयान खुल जाता है)। हे व्रात्य! यह जल है। (यह कहने वाला अपने लिए जल ही खोल लेता है)। हे व्रात्य। हमारे व्यक्ति तुम्हें तृप्त करे (यह कहने वाला अपने प्रानों को ही सींचता है)। हे व्रात्य! जो तुम्हें प्रिय होगा, वही होगा (यह कहने वाला अपने प्रिय कार्यों को पूर्ण कर लेता है)। हे व्रात्य! तुम्हारा वश है, वैसा ही हो। (यह कहने वाला सबको वश में करने वाला हो जाता है)। हे व्रात्य! जैसी तुम्हारी कामना हो, वैसा ही हो। (यह कहने वाला कामनापूर्ति कर लेता है)

**सूक्त :** 12 : देवता : अध्यात्म, व्रात्य

अग्नि होम के समय ताला के घर अतिथि होने पर कहे-मुझे होम करने की आज्ञा दो। यदि आज्ञा दे, तो आहुति दे अन्यथा न दे। ऐसा करने पर मानो उसने पितृयान-देवयान मार्ग खोल लिये। उसकी आज्ञा पर दी गयी आहुति देवताओं को सीधी पहुंचती है। आज्ञा न होने पर दो गयी आहुति पितृमान-देवयान मार्ग बन्द कर देती है और आहुति भी नष्ट हो जाती है तथा वह देवताओं द्वारा नष्ट कर दिया जाता है।

**सूक्त :** 13 : देवता : अध्यात्म, व्रात्य

ऐसा व्रात्य जिसके घर अतिथि हो, तो प्रथम रात्रि के फल से वह पुण्य लोकों को जीतता है; द्वितीय रात्रि के फल से अन्तरिक्ष के पुण्य लोकों को; तृतीय रात्रि के फल से आकाशस्थ पुण्य लोकों को; चतुर्थ रात्रि के फल से पुण्यात्माओं के पुण्य लोकों को, अनेक रात्रियों के फलों से असंख्य पुण्य लोकों को अपने लिए खोल लेता है। यदि अव्रात्य भी अतिथि हो, तो जल देने, परोसने में यह सोचे कि मैं देवता को जल दे रहा हूँ। अव्रात्य को भी घर से भगाये नहीं, उसका भी स्वागत करे; किन्तु देवता मानकर।

**सूक्त :** 14 : देवता : अध्यात्म, व्रात्य

जब वह व्रात्य पूर्व दिशा को चला, तो वायु-अनुकूल चलते हुए अपने मन को अन्नाद बनाया। इसे जो जानता है, उसका मन अन्नाद हो जाता है। दक्षिण दिशा की ओर जाने पर

उसने अपने बल को अन्नाद बनाया और इन्द्र होकर चला। इसे जानने वाला अन्नादबल से अन्नसेवन करता है। पश्चिम दिशा की ओर जाने पर जल को अन्नाद बनाता वरुण बनकर चला। इसे जानने वाला जल से अन्न को खाता है। उत्तर दिशा की ओर जाने पर उसने आहुति को अन्नाद बनाया और सोम होकर चला। इसे जानने वाला अन्नाद आहुति से अन्नभक्षण करता है। ध्रुव दिशा की ओर जाने पर उसने विराट् को अन्नाद बनाया और स्वयं विष्णु बना। इसे जानने वाला अन्नाद विराट् मन खाता है। पशुओं की ओर जाने पर उसने औषधियों को अन्नाद बनाया और रुद्र बनकर चला, पितरों की ओर वह 'स्वधा' को अन्नाद बनाकर यम होकर चला, मनुष्यों की ओर 'स्वाहा' को अन्नाद बनाकर अग्नि होता हुआ चला, ऊर्ध्व दिशा में 'वषट्कार' को अन्नाद बनाकर बृहस्पति बना, देवताओं की ओर यज्ञ को अन्नाद और स्वयं को ईशान, प्रजाओं की ओर प्राण को अन्नाद और स्वयं को प्रजापति, अन्तर्दिशाओं की ओर ब्रह्म को अन्नाद और स्वयं को प्रजापति बनाकर चला। इन सब को जानने वाले क्रमश: अन्नाद यज्ञ के द्वारा, अन्नाद प्राणी के द्वारा, अन्नाद ब्रह्म के द्वारा अन्न बन भोजन करते हैं।

**सूक्त :** 15 : देवता : अध्यात्म, व्रात्य

उस व्रात्य के 7 प्राण, 7 अपान, 7 त्यान हैं। प्रथम ऊर्ध्व प्राण-अग्नि, द्वितीय प्रौढ़ प्राण-आदित्य, तृतीय अभ्यूढ़ प्राण-चन्द्रमा; चतुर्थ विनुप्राण-पवमान; पंचम योनिप्राण-जल; षष्ठ प्रियप्राण-पशु और सप्तम अपरिमित प्राण-प्रजा है।

**सूक्त :** 16 : देवता : व्रात्य

इस व्रात्य का प्रथम अपान पौर्णमासी, द्वितीय अष्टका, तृतीय अमावस्या, चतुर्थ श्रद्धा, पंचम दीक्षा, षष्ठ यज्ञ और सप्तम अपान दक्षिणा है।

**सूक्त :** 17 : देवता : व्रात्य

इस व्रात्य का प्रथम व्यान भूमि, द्वितीय अन्तरिक्ष, तृतीय द्यौ, चतुर्थ नक्षत्र, पंचम ऋतुएँ, षष्ठ आर्तव और सप्तम व्यान संवत्सर है। देवता-संवत्सर-ऋतुएँ इसी का अनुगमन करते हैं। अमावस्या, पूर्णिमा इसी में प्रवेश करती है। इसको दी गयी एक आहुति भी अविनाशिनी हैं।

**सूक्त :** 18 : देवता : व्रात्य

इस व्रात्य का आदित्य-दक्षिण चक्षु और चन्द्रमा-वाम चक्षु है। अग्नि-पवमान-दक्षिणा-वाम श्रोत्र हैं। दिन-रात इसकी नासिका के नथुने हैं। शीर्ष-कपाल-दिति-अदिति हैं। शिर संवत्सर है। यह दिन-रात के प्रति समय पूजनीय हैं। ऐसे व्रात्य (परमात्मा-ब्राह्मण) को नमन।

# षोडश काण्ड

**प्रथम अनुवाक : सूक्त :** 1 : देवता : प्रजापति, जल

जलों में दिव्यजल अतिस्रष्टा एवं अग्नि अतिस्रष्ट हुई। नाशक, खनन से प्राप्त पलायनशील आत्मदेह इस जल का मैं त्याग करता हूँ। जलों के श्रेष्ठ भाग को समुद्र के प्रति प्रेरित करता हूं। जल के भीषण अग्नियुक्त अंश का मैं त्याग करता हूँ। जलों के ऐश्वर्ययुक्त अंग को हम इन्द्रियों से खींचें। जल हमारे पाप-स्वप्न को दूर करे। हे जलो! अपने कल्याणकारी अंश से हमारी त्वचा को स्पर्श करो। जल की मंगलकारी अग्नि को हम आहूत करते हैं। वह हममें बल-संचार करे।

**सूक्त :** 2 : देवता : वाक्

मैं चर्मरोग मुक्त रहूँ, मेरी वाणी बलवती मधुमती रहे। औषधियों! मेरी वाणी मधुर करो। मैं इन्द्रियपालक मन का आव्हान करता हूँ। मेरे कान कल्याणकारी बातों को सुने। मेरे नेत्र गरुड़ की दर्शन-शक्ति पाएँ।

**सूक्त :** 3 : देवता : मन्त्रोक्त

मैं धनों में, अपने समान व्यक्तियों में, मूर्धन्य रहूँ। रज, यज्ञ, मूर्धा, विधर्मा मेरा त्याग न करें। उर्व चमस-मूर्धा-वरुण, विमोक, आर्द्रपवि, आर्द्रदानु, मातरिश्वा, मुझे न त्यागें। हर्षद, अजग्रहप्रद मन को लगाने वाले बृहस्पति मेरी आत्मा हैं। दो कोस तक भू की भूमि मेरी हो, मेरा हृदय संतप्त न हो और समुद्रसम गम्भीर हो।

**सूक्त :** 4 : देवता : मन्त्रोक्त

मैं धनों का नाभिरूप होऊँ, अपने समान व्यक्तियों में नाभिसम होऊँ। अमृतत्व वाली उषा मरणधर्मा मनुष्यों में सुप्रतिष्ठित है। प्राणापान मुझे न छोड़े। सूर्य दिन से, अग्नि पृथिवी से, वायु अन्तरिक्ष से, यम मनुष्यों से और सरस्वती पार्थिव पदार्थों से मेरी रक्षा करें। उषाकाल से रात्रि तक मेरा मंगल हो। मैं सर्वगुणों और जलों का उपभोग करूँ। वरुण प्राणपान और अग्नि बल का पोषण करें।

**द्वितीया अनुवाक : सूक्त :** 5 : दुःस्वप्ननाशन

ग्राह्य-पिशाची से उत्पन्न हे स्वप्न! तू यम को प्राप्त कराने वाला है। तू देवजातियों का पुत्र, तू पराभूति का पुत्र और यम का कारण है। मैं तेरी उत्पत्ति जानता हूँ तू मृत्यु है। तू निऋति का पुत्र है, यम को प्राप्त कराने वाला है। हे दुःस्वप्न देवता! हमें दुःस्वप्न से बचा। हम तेरी

उत्पत्ति को जानते है तू भवति की पुत्री और यम की कारण रूपा है। हे स्वप्न! तुमको हम भली प्रकार जानते हैं।

**सूक्त :** 6 : देवता : दुःस्वप्ननाशन

हम विजय और भूमि प्राप्त करें, पापरहित हों, दुःस्वप्न से भयभीत हमारा भय मिट जाय। हे मन्त्रशक्ति! यह भय हमारे द्वेषी, कोसने वाले, वैरी के पास पहुंचा। उषा देवी वाणी के समान और वाणी देवी उषा के समान मत रखे। उषस्पति, वाचस्पति के और वाचस्पति, उषस्पति के समान मत रखे। वे दूषित कुंभी को शत्रु के प्रति प्रेरित करें। मैं दुःस्वप्नफलों, दिवा-स्वप्नफलों से डाले गए संकल्पों के बन्धनों और शहबन्धनों को खोलता हूँ। देवगण इन्हें शत्रु के पास ले जायें।

**सूक्त :** 7 : देवता : दुःस्वप्ननाशन

मैं इसकी माताओं अभूति-विभूति-पराभूति-ग्राह्मा के द्वारा और मृत्यु के अन्धकार द्वारा इस दुःस्वप्न को नष्ट करता हूँ; इसे देवों की बाधाओं के समक्ष उपास्थित करता हूँ; वैश्वानर की दाढ़ों में डालता हूँ। हमारे द्वेषी से हम द्वेष करें। हम द्वेषी को द्यावा-पृथिवी अन्तरिक्ष से दूर करते हैं। दुःस्वप्न-फल को अमुक के पास भेजता हूँ। पूर्व रात्रि में मैंने अमुक-अमुक कर्म किये, दिन-रात में जागते-सोते जो पाप किये उन्हें उसी के द्वारा नष्ट करता हूँ। हे देव! शत्रुनाश करो। वह जीवित न रहे-प्राणहीन हो जाय।

**सूक्त :** 8 : देवता : दुःस्वप्ननाशन

शत्रु को जीतकर-मारकर लाये गये पदार्थ हमारे हैं। सब तेज, ब्रह्म, स्वर्ग, पशु, प्रजा, सब वीर हमारे हैं। अमुक शत्रु को हम इस लोक से हटाते हैं। वह 'ग्राह्य' के पाश से मुक्त न हो पाये; मैं उसके तेज, वर्चस्, प्राण, आयु को पतित करता हूँ। वह निर्ऋति के पाश से मुक्त न हो, अभूति, निर्भूति, पराभूति देवजानियों, बृहस्पति के पाशों से मुक्त न हो पाये। शत्रुओं को जीतकर लाये गये पदार्थ हमारे है। सब तेज, ब्रह्म, स्वर्ग, पशु, प्रजा एवं सब वीर हमारे हैं। अमुक गोत्रीय अमुकी के पुत्र को हम इस लोक से पृथक् करते हैं, मैं उसके तेज, वर्चुस प्राण और आयु को औंधे मुँह नीचे गिराता हूँ। वह प्रजापति, ऋषियों, आर्षेयों, अंगिराओं, अंगिरसों, अथवाओं, आथर्वणो, वनस्पतियों, बार्हस्पत्यों, ऋतुओं, ऋतुपदार्थों, मांसों, अर्धमासों, दिन-रात्रियों, दिन-रात्रि के सयंत भागों के पाषों से मुक्त न हो। मैं उसके तेज, वर्चस्, प्राण, और आयु सबको लपेटकर औंधे मुख नीचे गिराता हूँ। शत्रुओं को विदीर्ण करके लाये गये-जीते गये पदार्थ हमारे हैं। सत्य तेज, ब्रह्म, स्वर्ग, पशु एवं सब वीर हमारे हैं। अमुक गोत्रीय अमुक के पुत्र को हम इस लोक से दूर करते हैं। वह द्यावापृथिवी, इन्द्राग्नि, मित्रावरुण,

राजावरुण मृत्यु के पाशों से मुक्त न हो। मैं उसके वर्चस्, तेज, प्राण और आयु सबको लपेटकर औंधे मुख नीचे गिराता हूँ।

**सूक्त :** 6 : देवता : प्रजापति

शत्रु को जीतकर लाए पदार्थ हमारे हैं, मैं शत्रु अधिष्ठित होऊँ। अग्नि, सोम यही कहते हैं। पूषा मुझे पुण्यलोक में प्रतिष्ठित करे। स्वर्ग की ज्योति से उत्तम प्रकार से हम स्वर्ग को प्राप्त करें। मैं धनी एवं सत्करणीय हो; परमधनी होऊँ। हे देव! मुझे धन से पुष्ट करो।

# सप्तदश काण्ड

**प्रथम अनुवाक : सूक्त :** 1 : देवता : आदित्य

अन्यों के घर्षक तेज वाले, शत्रुओं के तेजहारी, शत्रु-पशु छीनने वाले, जलों के जीतने वाले इन्द्र को मैं आहूत करता हूँ। उनकी कृपा से मैं आयुसम्पन्न होऊँ। विषासहि, सहभान, सासहान, सहीवान, तेज के विजेता, स्वर्ग गौओं के विजेता, इन्द्ररूप सूर्य को मैं आहूत करता हूँ। मैं आयुसम्पन्न हो, देवप्रिय होऊं, सन्तानादि का प्रिय होऊँ, पशुओं का प्रिय होऊँ। उदय होते ही सब प्राणियों को अपने-अपने कार्य में लगाने वाले हे सूर्य! उदय होओ। सर्वघर्षक तुम मुझे तेज देने को उदय होंओं, तुम्हारी कृपा से शत्रु मेरे अधीन हों, मैं शत्रुओं के वश में न होऊं। हे विष्णुरुप सूर्य! तुम अपनी किरणों से विश्व को व्याप्त करते हो, हमें अनेक प्रकार के पशुओं से पूर्ण करो। देहांत पर परम व्योम में स्थापित करो। तुम उदय होकर मुझे सर्वघर्षक तेज से युक्त करो, मुझे दृश्यमान अदृश्यमान प्राणियों से उत्कृष्ट बुद्धिवाला बनाओ। तुम्हारा प्रभाव अद्वितीय है। जीवन में मुझे अनेक प्रकार के पशुओं से युक्त करो और मरने पर परम व्योग में स्थापित करो। जलों के पाशधारी राक्षस तुम्हें अन्तरिक्ष के जलों में न रोक पाये। तुम अपने तेज से अन्तरिक्ष पर चढ़ते हो, कृपा करो, मुझे सुख दो, अनेक प्रकार के पशुओं से युक्त करो और देहांतकाल में परम व्योग और सुधा में स्थापित करो। हे अति-ऐश्वर्यवान् सूर्य! ऐश्वर्य सिद्धयर्थ मेरे दिन-रात अहिंस्य करो। अति पराक्रमी तुम मुझे अनेक प्रकार के पशुओं से युक्त करके देहांत में परम व्योग एवं सुधा में स्थापित करो। हे ऐश्वर्यवान् सूर्य! तुम्हें स्वस्थान प्रिय हैं। तुम्हारे द्वारा रक्षित आवागमन-मुक्त हो जाता हैं। हमारे द्वारा स्तुत्य तुम सोमपान करते हुए हमारी रक्षा करो। अपरिमित प्रभाव वाले तुम, मुझे अनेक प्रकार के पशुओं से युक्त करो और देहांत में परम-व्योम स्थापित करो। हे ऐश्वर्यवान् इन्द्रात्मक सूर्य! तुम संसार विजेता पुरहूत हो, अपरिमित प्रभाव वाले हो, कृपा करो, सुखद हो, मेरे स्तोत्र को स्वीकार करो, मुझे अनेक प्रकार के पशुओं से युक्त करके देहांत में परम-व्योग एवं सुधा में स्थापित करो। तुम द्यावापृथिवी अंतरिक्ष में अधर्ष्य हो क्योंकि गायत्री मंत्र के द्वारा प्रवृद्ध हो; अमित पराक्रमी

हो, मुझे अनेक प्रकार के पशुओं से युक्त करो, देहांत में परम-व्योम में स्थापित करो। तुम जलों में स्थित अपनी आभा से, जलों में स्थित औषधि-सार से हमें सुखी करो। पृथिवी स्थित अपने रूप से अन्नादिका सुख और अंतरिक्षस्थ स्वरूप से वर्षादि का सुख हमें दो तथा अनेक प्रकार के पशुओं से युक्त करो एवं देहांत में परमव्योम-सुधा में स्थापित करो। अपरिमित प्रभावी तुम्हें अभीष्टफलकामी प्राचीन ऋषि स्तोत्रों से प्रवृद्ध करते थे। हमें अनेक प्रकार के पशुओं से युक्त करो और मरने पर क्लेशरहित परमब्योम के अमृतमय स्थान में स्थापित करो। अमितप्रभावी तुम अंतरिक्षस्थ हो अपरिमित धाराओं वाले मेघों को प्राप्त करते हो। वह मेघ, औषधि आदि का बढ़ाने वाला है और यज्ञ का साधन रूप है-यज्ञ ही है। हमें अनेक प्रकार के पशुओं से युक्त करके मरने पर परमव्योमामृत में स्थापित करो। हे सूर्य! तुम सब दिशाओं के रक्षक हो, अपने प्रकाश से द्यावा-पृथिवी अंतरिक्ष में व्याप्त हो, तुम जलों के भाग में व्याप्त हो; तुम पाँच रश्मियों से ऊर्ध्वमुखी हो ऊर्ध्य लोकों को प्रकाशित करने वाले हो और ऐसा करते हुए भी पृथिवी को किरणो से प्रकाशित न करने की निन्दा को प्राप्त नहीं होते; पुण्यात्माओं को मिलने वाले पुण्यलोक तुम्हीं हो, तुम प्राणियों के रचयिता हो; यजमान तुम्हारे निमित्त ज्योतिष्टोमादि यज्ञ करते हैं, अमितप्रभावी तुम मुजे अनेक प्रकार के पशुओं से सम्पन्न करो, मरने पर परम व्योमामृत में स्थापित करो। ब्रह्म में सर्वभूत स्थित हैं। हे सूर्य! तुम्हीं शुक्र हो, तुम सर्वलोकों को प्रकाशित करने वाले तेज से ज्योतिर्मान हो। मैं तुम्हारे ऐसे रूप की उपासना करता हूँ। मैं भी ऐसे तेज से तेजस्वी होऊँ। हे सूर्य! तुम प्रकाशरूप हो। तुम संसार की प्रकाशिका जिस दीप्ति से चमकते हो, वैसी ब्रह्मवर्चस रूप ज्योति से मैं चमकू और पशुओं से युक्त रहूँ। उदयाचल को प्राप्त करने वाले हे सूर्य! तुम्हें नमन! तुम अर्धोदित, पूर्णोदित को नमन। एकदेशोदित विराट् अधोदित, स्वराट् और पूणोदित सम्राट् तुम्हें नमन। अर्ध्वास्त एवं पूर्ण अस्त आदित्य को नमन। विराट-स्वराट्-सम्राट सूर्य को नमन। सर्वलोकों को पूर्णतया तृप्त करने वाले आदित्य अपनी रश्मियों सहित उदय हुए। हे सूर्य! तुम्हारी कृपा से मैं अपने द्वेषियों के वश में न होऊँ। मैं अनेक प्रकार के पशुओं से सम्पन्न होऊँ और मरने पर परमव्योग एवं अमृत में स्थापित होऊँ। हे आदित्य! संसार के कल्याणार्थ व्योमसमुद्र को पार करने के लिए तुम स्वस्थ रूपी नौका पर वायु रूपी पतवार लेकर आरूढ़ हो और मेरी त्रिपात से रक्षा करते हुए मुझे दिन के तो पार उतार चुके हो; इसी प्रकार रात्रि के पार भी पहुँचा दो। मैं प्रजापति सूर्य के तेजरूप दृढ़कवच से ढका हूँ। मैं जीर्ण होकर भी दृढ़ अंगो वाला रहूँ और अनेक भोगों को भोगता रहूँ। मैं दीर्घायु को प्राप्त होकर लौकिक-वैदिक कर्मों को करता हुआ सूर्य का कृपापात्र रहूँ। मैं कश्यप रूप सूर्य के मंत्रमय कवच से आच्छादित हूँ, मैं उनकी रश्मियों के रक्षात्मक तेज से रक्षित हूँ। अत: मेरी हिंसा देवताओं और मनुष्यों के आयुध नहीं कर सकते। मैं सत्य, सूर्यात्मक ब्रहम, रुतुओं और सब पुरातन रक्षात्मक पदार्थों से रक्षित हूँ। अत: नरक का कारण

रूप पाप मेरे पास न आये। मैं अभिमंत्रित जल से इस प्रकार अदृश्य हो रक्षित होता हूँ, जैसे जलीय प्राणी जल में अदृश्य हो जल से रक्षित है। पाप से रक्षा के लिए अभिमंत्रित जल से अपने को रक्षित करता हूँ। अपने आश्रित के अग्निदेव रक्षक हैं-वे मेरी भयों से रक्षा करें। उषा मृत्यु के बन्धनों को दूर करे। आयुष्कामी मुझमें प्राण सचेष्ट रहें। मेरी इन्द्रियां भी सचेष्ट रहें।

# अष्टादश काण्ड

**प्रथम अनुवाक : सूक्त :** 2 : देवता : यम-यमी तथा मंत्रोक्त

### यम-यमी-संवाद

यमी- मैं समान प्रसिद्धि वाले मित्र यम को संख्य-भावानुकूल करती हूँ। समुद्रतटवर्ती द्वीप में जाते हुए यम; मुझमें पुत्र स्थापित करें। हे यम! तुम्हारी कीर्ति सब लोकों में है तुम सदा तेजदीप्त रहो।

यम- समान उदरोत्पन्न मैं हे यमी! तेरा मित्र हूँ किन्तु मैं भाई-बहन के इस समागपात्मक मित्रभाव की इच्छा नहीं करता। क्योंकि तू सहोदरा होकर भी पत्नीत्व की इच्छा करती है, अत: इस भाव को मैं नहीं स्वीकारता। शत्रुधर्षक-महाबली रुद्रपुत्रे मरुद्गण भी इसकी निन्दा ही करेंगें।

यमी- मरुदगण मेरे निवेदित इसी मार्ग को स्वीकारते हैं, अत: अपना मन मेरी ओर लगाओ और भ्रातृभाव को छोड़कर पति बनते हुए संतानोत्पत्ति के लिए मुझमें प्रविष्ट होओ।

यम- सत्यभाषी हम, असत् को कैसे करें ? जलधारक सूर्य स्वभार्यासहित अंतरिक्षरथ हैं। उनके समक्ष सहोदर मैं तेरा इच्छित कैसे पूरा कर सकूंगा ?

यमी- हे यम! सन्तानोत्पादक त्वष्टादेव ने माता के उदर में ही हम दोनों को दाम्पत्य-बन्धन में बांध दिया है। उन देव के कार्यफल को निष्फल कौन कर सकता है ? माता के उदर में किये गये त्वष्टा के इस दम्पत्तिकरण रूप कर्म को द्यावापृथिवी जानते हैं, अत: यह असत् नहीं है।

यम- हे यमी! सत्य के भारवहनार्थ वाणी को कौन नियुक्त करता है ? क्रोध-लज्जा से हीन, अपनी वाणी से श्रोताओं के हृदय में स्थान बना लेने वाला, कर्मवान्, तेजस्वी पुरुष सत्य की रक्षा करने के फलस्वरूप दीर्घजीवी होता है।

यमी- हे यम! हमारे प्रथम दिन (समागम के दिन) को कौन जान रहा है-देख रहा है ? अत: कौन इसके बारे में अन्य से कह सकेगा ? अत: मेरे मत के प्रतिकूल कह मुझे क्लेश देने वाले तुम मुझे अनेक कर्मों वाले मनुष्यों के सम्बन्ध में क्यों कह रहे हो? मेरी इच्छा है

कि पत्नीरूप में मैं अपनी देह तुम्हें अर्पित करूँ और हम तुम ऐसे सश्लिष्ट हो जाएं, जैसे-धुरी से दो पहिए संशिलष्ट होते है।

यम- हे यमी! निरन्तर सतर्क देवदूत विचरण करते है (वे देखेंगे) अत: मेरी धर्ममति को भ्रष्ट करने की इच्छा वाली तू मुझे छोड़ अन्य किसी की पत्नी बन, उससे संश्लिष्ट हो।

यमी- (स्वगत) यम के निमित्त यजमान दिन-रात आहुति दें। सूर्य तेज इनके लिए नित्य उदित हो, संश्लिष्ट द्यावापृथिवी के समान मैं भी (सहोदरत्व को छोड़) इनसे संश्लिष्ट होऊँ।

यम- भले ही आगे ऐसे दिन आयें कि जब अपने अबन्धुत्वभाव के द्वारा बहन-भाई के भार्यात्व को पाने लगे, किन्तु अभी ऐसा नहीं है। अत: हे यमी! तू सेचन समर्थ अन्य पुरुष को पतिरूप में पाने के लिए उसकी ओर अपना हाथ बढा, मुझे छोड़।

यमी- वह भाई कैसा, जिसके रहते बहन को कामना अतृप्त रहे ? अत: तुम मेरी इच्छानुसार आचरण करो।

यम- वह बहन कैसी, जिसके समक्ष उनका बन्धु संतप्त हो ? मैं तेरी इस कामना को पूर्ण नहीं कर सकता, तेरी देह को स्पर्श नहीं कर सकता। धर्म के ज्ञाता, भाई-बहन के लिए ऐसे सम्बन्ध को पाश कहते हैं। मैं ऐसा करूँ तो यह कर्म मेरे मन, प्राण का नाश कर देगा।

यमी- हे यम! तेरी दुर्बलता पर मुझे दुःख है। तेरा मन मेरी ओर आकृष्ट नहीं है। मुझे लगता है-तेरा मन किसी अन्य स्त्री में आसक्त है।

यम- हे यमी! तू अन्य पुरुष से मिलकर उससे ऐरो ही संम्प्रुक्त हो जा, जैसे लता वृक्ष से और रस्सी अश्व से। तुम दोनों अनुकूल मन वाले होकर सुखी होओ।

पृथिवी का भरण-पोषण करने के लिए देवों ने जल, वायु और औषधि इन तीन तत्वों को प्रतिष्ठित किया। ये तीनों ही सुन्दर एवं विश्वद्रष्टा हैं। अग्नि यज्ञ के द्वारा आकाश से जलवृष्टि करते हैं, यज्ञ में पूजनीय देवताओं को उनका भाग आहुति उन तक पहुँचाते हैं और सर्वज्ञ हैं। जलधारक सूर्य स्तोत्ररूपनाद से मेरे मन की रक्षा करें। अग्नि मुझे उत्कृष्ट यजमान बनाए। अध्वर्युओं ने अग्नि को देवताओं तक हवि पहुंचाने के लिए प्रकट किया है। प्रातःकाल कल्याणमयी मन्त्र-वाणी और उषा यज्ञादि की सिद्धि के लिए प्रकट होती है। तब सोम लाये जाने पर अग्नि का वरण किया जाता है तब अग्निष्टोम आदि कर्म भी सिद्ध होते है। तुम यज्ञ को सुन्दरता से सम्पन्न करते हो और अग्नि घृतादि से पुष्ट होकर यजमान के लिए दर्शनीय होती है। हे अग्नि! स्तुत्य तुम हवि को देवताओं तक पहुँचाते हो। हे अग्नि! द्यावापृथिवी रूप माता-पिता को यज्ञ के लिए प्रेरित करो, जैसे सूर्य अपने तेज को प्रेरित करते हैं, वैसे तुम भी अपने तेज को प्रेरित करो। देवता अग्नि के द्वारा प्रेरित हो यज्ञ भाग लेने यज्ञ में आते हैं।

यजमान अग्नि की कृपा से ही अन्न-अश्वादि धन प्राप्त करता है। हे अग्नि! हमारे आव्हान को सुनो और सब देवों को यज्ञ में लाओ। हवि को देवताओं से संगत कराओ और यजमान को धन दो। अग्नि ही सूर्य होकर उषा को और उसकी किरणों को प्रकाशित करते हैं। ये उषाकाल में प्रकाशित होकर दिन भर प्रकाशित रहते हैं और द्यावापृथिवी को प्रकाश से भरते हैं। आकाश-पृथिवी हमारी स्तुति को सुने। हे अग्नि! तुम समिधाओं से दीप्त होने वाले हो। तुम हमारी हवियों को पहुंचाओ। हे द्यावापृथिवी! मैं जलकर्म की वृद्धि के लिए तुम्हारी स्तुति करता हूँ। तुम जल प्रदान कर हमारी वृद्धि करो। जब उपकारी, दीप्तिमान जल स्वकिरणों के सहित प्रकट होता है, तब अग्नि उसका दोहन करती है। देवताओं में क्षात्रबला धारी यम हमारा हव्य ग्रहण करें। यमापराध यदि बन गया हो, तो अग्नि हमें मुक्त कराये। यद्यपि यम कि भार्या बनने के लिए यम की भगिनी यमी ने प्रस्ताव किया था, अत: यम का नाम लेना अपराध है, फिर भी यम कि जो स्तुति करे, उसके अपराध का विस्मरण करते हुए हे अग्नि! तुम उसकी रक्षा करो। अग्नि यज्ञनिष्पादक है, अग्नि के कारण ही मनुष्य सूर्यलोक में निवास करते हैं, जिसने देव-तेज को लोकत्रय में स्थापित किया है, ऐसे तेजस्वी अग्नि को सूर्य और चन्द्रमा भी पूजा करते हैं। अग्नि की कृपा से सविता, आकाश, अदिति और मित्र देवता हमें निर्दोष करे। इन्द्र का मैं स्तवन करता हूँ। बल से प्रख्यात हे इन्द्र! हमें सुख और धन दो। वायु हमें सुखी करे। मित्र और वरुण हमें शोकमुक्त करे। हे अग्नि! श्मशानवासी, प्रचण्ड पराक्रमी रुद्र देवता की स्तुति कर।

मृतक-संस्कार करने वाले अग्नि की इच्छा करते हुए सरस्वती का आवाहन करते हैं और ज्योतिष्टोम यज्ञ करने वाले तथा पितर भी सरस्वती को आहूत करते हैं। ऐसी सरस्वती हविदाता यजमान को इच्छित पदार्थ दे। हे पितरों! तुम उस यज्ञ में आओ। एक रथ में ही पितरों के साथ में आने वाली सरस्वती हमें धन-बल दे। जो पितर स्वधा के साथ सोमपान करते हैं, उन्हें हे अग्नि! हमारे समीप लाओ। जो पितृलोक को चले गये, जो विभिन्न दिशाओं में हैं तथा जो पृथिवीलोक में हैं, ऐसे सब पितरों को हमारा नमस्कार। मालती नामक पितर हवि-द्वारा कव्य नामक पितरों के साथ और यम नामक पितर-नेता हवि द्वारा अंगिरा नामक पितरों के साथ बढ़ते हैं। ये सब पितर हमारे आव्हान पर यज्ञ में आयें और हमारे रक्षक हों। ये सुसिद्ध सोम आस्वादनीय, मदवान् और रसवान् हैं। इन्हें पीने वाले इन्द्र असुर-संग्राम में अजेय होते है। पृथिवी को लाँघ दूर देश में गमन करने वाले पितरो के मार्ग पर चलने वाले, विवस्वान् के पुत्र यमराज को हम पूजते हैं। आत्मसाक्षात्कार से रहित पुरुषों को कर्मफलरूप पितृलोक अवश्य प्राप्त हो। हमारे पुरुष जिस मार्ग से अपने कर्मों के अनुसार पृथिवी पर आते हैं, यमराज उन सभी मार्गों को जानते हैं।

यज्ञ में आगत हे बर्हिषद पितरो! ये हवियाँ तुम्हारे लिए हैं, इन्हें सेवन करो। हमारी रक्षा करो और रोगशमनात्मक बल हमें दो। हमारे अपराधों को क्षमा करो। वीर्य को पुरुष-आदि आकृतियों में बदलने वाले त्वष्टा ने अपनी पुत्री सरव्यु का सूर्य के साथ विवाह किया। तब सूर्यपत्नी उसके पास से अदृश्य हो गयी। हे प्रेत! जिसकी अर्थी मनुष्यों ने उठाई हुई है, उसको यम मार्ग से यमलोक गमन करा। यमलोक में यम और हमारी हवियों से प्रसन्न वरुण को भी तू देखेगा। हे राक्षसों! तुम चाहे पहले से रह रहे हो, या नये आये हो, इस स्थान से भागो-यह प्रेत यही रहेगा। यह स्थान यम ने इसे दिया है। हे अग्नि! हमारे इस पितृयज्ञ में प्रदीप्त हो स्वधा की कामना वाले पितरों के लिए हवि-भक्षणार्थ आओ, हम तुम्हारा आह्वान करते हैं। फिर पितरों को यही हवि-भक्षण के लिए लाओ। ऋषि अंगिरा हमारे पितर हैं। वे सोमपायी हैं, उनकी हम पर कृपा रहे। हे यम! अंगिरा नामक यज्ञीय पितरों-सहित यहाँ आओ और प्राप्त होओ। मैं तुमको और तुम्हारे पिता सूर्य को भी बुलाता हूँ। वे कुशासन पर बैठ हवि-ग्रहण करें। हे यम! तुम भी अंगिरा के साथ कुशासन पर बैठो। मंत्र तुम्हें बुलाने में समर्थ हैं। हमारी हवि पाकर प्रसन्न होओ।

**द्वितीय अनुवाक : सूक्त :** 2 : देवता : यम-जातवेद-पितर

सोम भाग में यम के लिए सोम प्रस्तुत किया जाता है। घृतादि हवि यम के लिए दी जाती है। अग्नि दूत के समान हवि वहन करता है। यजमानो! यम के लिए घृतादि की आहुति दो। पूर्वज, मन्त्रद्रष्टा अंगिरादि ऋषियों के लिए नमस्कार है। धृत सम्पन्न क्षीर रूप हवि यम के लिए हे यजमानो! अर्पित करो। वे हमको जीवित रखेंगे और शतायु करेंगे। हे अग्नि! इस प्रेत को भस्म मत करो। इसकी त्वचा को अन्यत्र मत फेंको। जब तुम इसके शरीर को पका लो, तब पितरों के पास भेज देना। इस हवि रूप प्रेत शरीर को जब तुम पका लो, तब पितरों के पास भेज देना। तब यह असुनीत देवता को प्राप्त हो। त्रिकदुक यज्ञ करते समय यम के लिए सोम सम्पन्न किये जाते हैं। द्यावापृथिवी, दिन-रात, जल-औषधि से छह उर्वियाँ और सब छन्द यम के लिए ही प्रवृत्त होते हैं। हे मृतक! तू नेत्रद्वार से सूर्य को, सूत्रात्मा रूप में वायु को, अन्य इन्द्रियों से द्यावापृथिवी तथा अन्तरिक्ष एवं जल को प्राप्त हो। यदि इन स्थानों में जाने की इच्छा न हो, तो औषधि आदि में प्रविष्ट हो। हे अग्नि! इस अजन्मा को अपनी दीप्ति से दीप्त करो। और जो विराट-स्वराट् आदि शरीर हैं, उनसे इस प्रेतात्मा को पुण्यात्माओं का लोक प्राप्त कराओ। हे अग्नि! तुम्हारी जो ज्वालाएँ द्यावापृथिवी अन्तरिक्ष में व्याप्त हैं, वे इस 'अज' को प्राप्त हो। अपनी लपटों से प्रेत शरीर रूपी हवि को पकाओ। हे अग्नि! यह जो हवि रूप प्रेत शरीर तुम्हें दिया है और जो 'स्वधा' सम्पन्न हो तुममें घूम रहा है, उसे तुम पितृलोक छोड़ो तथा इसका पुत्र आयु-सम्पन्न होता हुआ घर लौटे।

हे प्रेत! तू पितृलोक को जा रहा है। 'सरमा' नामक कुतिया के श्याम-शवल दोनों पुत्रों के साथ प्रसन्नचित्त से रहने वाले पितरों के पास पहुँच। हे पितरों! तुम्हारे लोक में आने वाले इस प्रेत को बाधाहीन स्थान दो। बड़ी नाक वाले, प्राणापहारी, प्राणियों के अपहुत प्राणों से तृप्ति को प्राप्त यमदूत हमारे सूर्यदर्शन के निमित्त पंचेन्द्रियुक्त प्राण को हमारे शरीर में पुन: स्थापित करें। कुछ पितरों को प्रवाहित विपुल सोम प्राप्त है; कुछ व्रतोपभोगी हैं, कुछ के लिए मधु-सरिता प्रवाहित है, हे प्रेत! तू उन सबको प्राप्त हो। तप से, यज्ञादि साधनों से, कष्टसाध्य कर्मों और उपासना से, जो पुण्यलोक प्राप्त किये जाते है, है प्रेत! तुझे वे पुण्यलोक प्राप्त हों। युद्ध-क्षेत्र में लड़ते-लड़ते शरीर त्याग की बातें दक्षिणा-यज्ञ-सम्पन्न करने वालों को जो सुफल मिलते हैं, हे प्रेत! तू उन सब फलों को प्राप्त हो और तपस्वी ऋषियों के द्वारा जो प्राप्य फल है, वह भी तुझे मिले। हे वेदीरूपिणी पृथिवी! तू इस प्रेत को बाधाहीन बल और सब सुख दे। प्रेत! पहले जो तूने हविदान रूप सुकर्म किया है, उसका सुफल अब तुझे मधु-रस-प्रवाह के रूप में प्राप्त हो।

हे प्रेत! मैं अपने मन के द्वारा तेरे मन को इस लोक में आहूत करता हूँ। तू हमारे उन घरों में आ; जिनमें तेरे लिए और्ध्व दैहिक कर्म किया जाता है और आकर पिता, पितामह और प्रपितामह आदि के साथ सपिण्डीकरण में मिल। प्राप्त लोक में यम के पास जाकर मार्ग श्रमापहारी सुखकर वायु को पा। हे प्रेत! तुझे मरुदगण धारण करें, ऊर्ध्वलोक में पहुँचावे और जल तुझे सींचे। तू पुन: आयु मन-प्राण प्राप्त करे। हे प्रेत! तेरे मन-इन्द्रिय तुझे न छोड़े; प्राण का क्षय न हो देहागों में विकृति न हो। रुधिर-रसपूर्ण रहे और कोई अंग तुझसे पृथक् न हो।

हे प्रेत! तू जिस वृक्ष के नीचे बैठ, जिस पृथिवी का आश्रय ले; वे तुझे पीड़ित न करे। तू पितृलोक में बढ़े। हे प्रेत! तेरा जो अंग शरीर से पृथक् हो गया था, जो प्राण शरीर से निकल गये थे, उन सबको एक स्थान पर अवस्थित कर पितर तुझे फिर दूसरे शरीर में प्रवेश कराये। हे मृत पुरुष के जीवित बंधुओं! इस प्रेत को घर से उठाकर ले जाओ। इसे यम ने पितृलोक के लिए लिया है। जो राक्षस पिता-पितामहों में मिल बैठकर पितृयोग की हवि माया से भक्षण कर लेते हैं, उन राक्षसों को अग्निदेव पितृयोग से निकालें। हमारे गोत्र के पितर इस पितृयज्ञ में स्थित हो ; सुखी हों ; हमें सुखी करें ; हमारी आयुवृद्धि करें। आयुष्माम् हम पितरों को हविदान से पूजते हुए चिरायु होकर जीवें। हे प्रेत! मैं तेरे निमित्त गोदान करता हूँ। उससे तू यमलोक में पुष्ट हो।

हे प्रेत! वन में मैं हिंसक जीवों से बचूँ। मुझे अश्वावती नदी से पार उतार। जिसने तेरा वध किया है, वह भी वधयोग्य हो और उपभोग्य पदार्थों को न पा सके। मेरा यह यज्ञ सर्वोत्कृष्ट

यम के लिए है। जो पितर भूमि में गाड़े गये हैं; जो काष्ठ के समान फेंके गये है; जिनका अग्नि-दाह-संस्कार किया गया है, जो ऊर्ध्वलोक-पितृ लोक को प्राप्त हुए हैं, पिण्डदान पितृयागादि तृप्त हो आकाश के मध्य रहते हैं ; वे सब यहाँ और इस यज्ञ में हविभाग पाकर तृप्त हों। हे अग्नि! इस प्रेत के शरीर को अब और अधिक न जलाओ, जिससे इसे सुख मिले, वह करो। यम प्रेत को देखकर कहता है-यह पुरुष यदि मेरा हो, तो मैं इसे स्थान दे सकता हूँ। यदि यह यही रहकर मेरा स्तवन करता रहे, तो यही रह सकता है। हम इस श्मशान को इसलिए नापते हैं कि हमें बह्मा ने सौ वर्ष को आयु दी ; अत: सौ वर्ष के पहले हमें मृतककार्य प्राप्त न हो और हम इस श्मशान में सौ वर्ष से पहले न आये। मैंने श्मशानभूमि को नाप लिया। उसी नाप के द्वारा इस प्रेत को स्वर्ग भेज चुका हूँ। इस कर्म से मैं सौ वर्ष की आयु प्राप्त करूँगा। मुझे सौ वर्ष से पहले यही नहीं आना होगा। हे प्रेत पुरुष! तू यमराज के मार्ग के द्वारा पितरों को प्राप्त हो। जो प्रेत संसार-रहित होने पर पापों को छोड़ते हुए परलोक में गये, वे अन्तरिक्ष को लाँघकर स्वर्ग के ऊर्ध्व भाग में रहते हुए पुष्य-फूल प्राप्त करते है। नीचे की ओर द्युलोक है। उस द्युलोक के तीसरे भाग में पितर निवास करते है। हमारे पिता, पितामह, प्रपितामह के पितर और वे पितर जो अन्तरिक्ष में, स्वर्ग में या पृथिवी पर रहते हैं; उन सबको मेरा नमस्कार। हे पितर! हम श्रद्धादि में जो देते हैं, वही तुम्हारा जीवन है।

हे पृथिवी! जैसे माता अपने पुत्र को ढकती है, वैसे तू इस मृतक को अपने तेज से ढक ले। यह मृतक जो जीवितावस्था में भोजन कर चुका है उसके अतिरिक्त अब इसके पास न तो भोजन है और न इस श्मशान के अतिरिक्त कोई अन्य स्थान ही इसके पास है, अत: हे पृथिवी! तू इस मृतक को ऐसे आच्छादित कर ले, जैसे पत्नी पति को वस्त्र से आच्छादित करती है। हे मृतक! इस मंगलमयी माता पृथिवी के वस्त्र से तुझे ढकता हूँ। जीवित अवस्था में जो वस्तुएँ दान करने के लिए होती हैं, वे सब तुम्हें मिलें और जो स्वधायुक्त अन्न पितरों को मिलता है, वह तुझे मिले। हे अग्नि! हे सोम। तुम पुण्यलोक के मार्ग बनाने वाले हो, तुमने स्वर्ग की रचना की है। इस प्रेत को सरल मार्गों के द्वारा वह लोक प्राप्त कराओ, जिसमें सूर्य निवास करता है। हे प्रेत! पूषा तुझे इस स्थान से ले जाएं और पितरों को अर्पण करे। अग्नि तुझे ऐश्वर्यवान् देवताओं को सौंपे, आयु तेरा रक्षक हो, पूषा तेरे पूर्व की ओर जाने वाले मार्ग को रक्षा करे। तुझे नाकपृष्ठ में सविता प्रतिष्ठित करें। अपने पहने वस्त्रों को त्याग। जिन इच्छापूर्तियों के लिए तूने बान्धवों को धन दिया था, उस इष्ट-कर्म के फल प्राप्त कर और उस दाह-निवारक कवच को पहन, जिससे इन्द्रियादि के अग्नि के द्वारा जलाये जाने पर तुझे संताप न मिले।

**तृतीय अनुवाक : सूक्त :** 3 : देवता : मन्त्रोक्त-अग्नि-भूमिए-इन्द्र-जल

यह स्त्री धर्मपालनार्थ तेरे दानादि के फल की इच्छा करती हुई तेरे समीप आती है, इस स्त्री को तू दूसरे जन्म में भी प्रजावती करना। हे नारी! तू इस प्राणहीन पति के पास बैठी है, इसके पास से उठ तू अपने पति की उत्पत्ति के रूप में पुत्र-पौत्रादि को प्राप्त है। तरुण गौ दान के लिए लायी गयी है। इसे शव के पास से मैं हटाता हूँ और अपने सामने लाता हूँ। हे गौ! तू अपने इस मृतक गोपति को स्वर्ग प्राप्त करा। शव को भस्म करने वाली हे अग्नि! सिवार और वेत में जल का सारभूत अंश है। अग्नि भी जल का पित्त रूप है, तू शव को भस्म कर चुकी अत: अब मैं तुझे वेत की शाखा नदी के फेन, सिवार और बृहद् दूर्वा से शान्त करता हूँ। अब इस स्थान पर वृहद् दूर्वादिन औषधि उगें। हे अग्नि! तुमने जिसे भस्म किया है, उसे सुखी करो। हे प्रेत! यह गार्हपत्याग्नि तुझे परलोक पहुँचाने वाली ज्योति है। तू आहनीयाग्नि से संयुक्त हो और अग्निसंवेशन से संस्कृत देवशरीर को प्राप्त करके बढ़ तथा इन्द्रादि का प्रियपात्र बन। हे प्रेत! तू इस स्थान से उठ और चल। शीघ्रता से चलता हुआ अंतरिक्ष में रह, पितरों से मिलकर सोम पीता हुआ हर्षित हो। हे प्रेत! तू अपने सब अंगों को एकत्र कर और उस स्थान में प्रवेश कर तथा उस भूमि को प्राप्त कर, जिसमें तेरा मन रमा है।

पितर, अग्निदेव मुझे तेजस्वी करे, विष्णु मेधामय करें, विश्वेदेवा मुझे सुखदायक धन दें, जल अपने शुद्धि के साधन वायु के अशों से मुझे पवित्र करें। मित्र-वरुण मुझे वस्त्रादि से युक्त रखें, आदित्य हमारी वृद्धि करते हुए शत्रुओं को सन्तप्त करें। इन्द्र मुझे भुजबल दें और सविता दीर्घायु करें। यम ने पहले मृत्यु को प्राप्त किया और उसे लेकर वे लोकान्तरों में गये। हे रुत्विजो! पाप-पुण्यानुसार फल देने वाले यम का पूजन करो। हे पितरों! हमारे पितृयाग से सन्तुष्ट तुम सब अपने लोक को जाओ। फिर जब हम तुम्हें बुलायें, तब आना। हमने तुम्हें मधु-घृतयुक्त हव्य दिया है, उसे स्वीकार करके हमें सन्तान, पशु तथा मंगलमय ऐश्वर्य दो। कण्व, कक्षीवान्, पुरुमीढ, अगर, सौभरि, विश्वामित्र, जमदग्नि, अत्रि, कश्यप, वामदेवादि पूज्य ऋषि हमारे रक्षक हो। हे पूज्य पितरों! तुम भी हमको सुख दो। बान्धव मृत्यु के दुःख को श्मशान में ही छोड़कर तथा शव-स्पर्श-पाप से मुक्त होकर अब हम घर जा रहे हैं। हम सन्तान, पशु, धन-धान्य, सुगन्ध, आयु से सम्पन्न रहें। हे पितरो! तुम अपने सोम-धन-सहित हमसे मिलो। तुम अपने यश से यशस्वी हो, हमें अभीष्ट प्रदान करो और हमारे बुलाये जाने पर आओ। तुम अत्रि-अंगिरागोत्रीय हो। नौ महीने तक सत्र-याग करने के कारण स्वर्गारोही हुए हो और सदक्षिण दशमासिक याग पूर्ण करके पुण्यात्मा हुए हो। अत: हमारे दिए कुशासन पर बैठकर हमारी हवि से तृप्ति को प्राप्त होओ।

हे अग्निदेव! जो हमारे पितर स्वर्ग को प्राप्त हुए हैं, उक्थ-गायक जो पितर अंधकार को दूर कर उषा को प्रकाशित करते हैं। देवकाम्य तप से जो पितर देवत्व को प्राप्त हुए हैं और

गार्हपत्याग्नि को प्रदीप्त करके जिन्होंनें स्तुतियों से इन्द्र को प्रवृद्ध किया है, वे हमारे सब पितर हमारे यही गौओं को सदा निवास कराये। हे अग्नि! हम तुम्हारे सेवक है और तुम हमारे स्वामी हो, हमें सुन्दर कर्म करने वाला बनाओ। उषाकाल हमारे कर्मों के फलों को सत्य करें। हमरे देवरक्षित कर्म हमारे लिए कल्याणकारी हों। हम पुत्रादि से सम्पन्न रहते हुए यज्ञ में स्तोत्रों का उच्चारण करें। हे अग्नि! मरणधर्मा मनुष्य तुम्हारी कृपा से ही भोग प्राप्त करते हैं, देवत्व को प्राप्त होते है, प्रवृद्ध होते हैं। पुण्य के फलरूप स्वर्गदाता देवों को हम हवि से पूजते हैं। हे देवो यज्ञ का भाग प्राप्त करो। मरुद्गणसहित इन्द्र पूर्व दिशा में भयों से मेरी रक्षा करे। दक्षिण दिशा के देव धाता पाप देवी निर्ऋति के भय से मेरी रक्षा करें। उत्तर दिशा के भयों से देवो के सहित सोम मेरी रक्षा करें। दाता को दी गयी पृथिवी जैसे दाता-गृहीता को स्वर्ग देती है, वैसे ही मेरी रक्षक हो। जिन स्वर्गादि को देने वाले देवताओं को हवि दी जा चुकी है, उन देवताओं का हम पूजन करते हैं। हे प्रेत! संसार के धारणकर्त्ता वरुण देव ऊर्ध्व दिशा को जाने वाले तुमको धारण करें। जिन स्वर्गादि देने वाले देवताओं का भाग हम ले चुके हैं, उन देवताओं को हम पूजते हैं।

हे प्रेत! पश्चिम, उत्तर, दक्षिण, ध्रुव, ऊर्ध्व, दिशा में स्थित कम्बल से आच्छादित पितरों को तृप्त करने वाली 'स्वधा' में मैं तुम्हें प्रतिष्ठित करता हूँ। जैसे दान की गयी पृथिवी, दाता-गृहीता को स्वर्ग प्राप्त कराने वाली होती है, वैसे वह तेरी भी रक्षिका हो। जिन स्वर्गादि प्राप्त कराने वाले देवताओं को हम हविर्भाग दे चुके हैं, उन्हें पूजते हैं। हे अग्नि! तुम धारणकर्त्ता, धरुण, वरणीय गति और सुवर्ण के पूरक तथा प्राणात्मक वायु के भी पूरक हो। द्यावापृथिवी भूलोक और स्वर्गलोक के भयों से मेरी रक्षा करें। हे द्यावापृथिवी! तुम संसार का पोषण करते हो। जब तुम्हें हवि दी जाय, तो उसे ग्रहण करो। हे हविर्धाना! मैं तुम्हें नमस्कार करता हूँ। तुम सोम-हवि के लिए प्रस्तुत होओ। अविनाशी देवता हमारे इस स्तोत्र को सुनें।

हे अग्नि! तुम प्राणियों के ज्ञाता हो, हमारी स्तुति सुनो। देवो को हवि वहन करो। तुमने पितरों को स्वधासहित कव्य दिया, जिसे पितरों ने ग्रहण किया। अब तुम हमारी हवियों का सेवन करो। पितरों! तुम उषा माता की गोद में बैठते हो। तुम यजमान को धन दो। हमें 'पुन्नाम' नर्क से बचाने वाले पुत्रों के लिए सम्पत्ति प्रदान करो। हे पितरों! तुम स्तोत्रों और हवियों से सन्तुष्ट होकर इहलौकिक और पारलौकिक फल देकर रक्षा करो। जो पितर प्यासे होते हुए भी देवताओं की स्तुति कर रहे हैं, उनको इस सोमयाग में हे अग्नि लाओ। सत्यभाषी, हव्यादि के भक्षक, सोमपायी पितरों के सहित हे अग्नि हमारे सामने होओ।

हे प्रेत! माता के समान सुखदायिनी पृथिवी पर आ। हे भूमि! तुम कर्कश मत रही। जैसे माता पुत्र को ढकती है, ऐसे तुम इसे आच्छादित करो।

हे पुरुष! तेरे जिस अंग को काले पक्षी या विषैली दाढ़ वाली पिपीलिका ने काटा है, उसे अग्नि देवता तथा सोम नीरोग करें। औषधियां तेरे लिए सार वाली हों। वरुण तुझे नीरोग करें।

हे पृथिवी! तू इस अग्नि से दग्ध पुरुष को मंडूकपर्णो वनौषधि से सुख दे, इसके अंग की जलन को शान्त कर। सूर्य हमें अमरत्व दे। हे ब्राह्मणो! यम को द्रव्यादि से पूजो। यम हमारे जीवन को पुष्ट करें। ये अग्नियों धूमरूप ध्वजा से दमकती हैं। ये कामनावर्षक हैं। हे इन्द्र! हमें अभीष्ट दो। जिससे हम दीर्घजीवी होकर सुख भोगे। हे अग्नि! तुम जलकर इस मृतक के शरीर को भस्म करके इसे पुण्यात्माओं के लोक में पहुंचा। हे मृतक! तू इस शरीर से निकलकर व्योम में चढ़ और सितारों के लोक में पहुँच।

**चतुर्थ अनुवाक : सूक्त :** 4 देवता : मन्त्रोक्त

हे अग्नि! तुम अपनी उत्पादक अरणियों में प्रविष्ट होओ। मैं तुम्हें अरणियों में स्थापित करता हूँ। जिस यजमान ने तुम्हारे निमित्त यज्ञ किया था, विदेश में मृत्यु को प्राप्त उस यजमान को पुण्यलोक में प्रविष्ट कराओ। हे प्रेत! तू दुःखरहित स्वर्ग में निवास कर। यह स्वर्ग तुझे इच्छित मन और रस देने वाला हो। तीर्थ, यज्ञादि, कर्म से विपत्तियाँ दूर होती हैं। ऐसा विचारकर यज्ञादि शुभ कर्म करने वाले इस यजमान के लिए स्वर्गादि के शुभ मार्ग खुल जाएँ। हे अग्नि! सब दिशाओं के क्रूर एवं हिंसको से इस प्रेत की रक्षा करो। हे अग्नि! इस मृतक को सब दिशाओं से जलाओ। इसने स्वयं एक होते हुए भी तुम्हें (गार्हपत्य-आहनीय-दक्षिण) तीनों रूप में स्थापित किया था। ऐसे इस याज्ञिक को स्वर्ग पहुंचा। अग्नियों इस मेध्य का भक्षण करें, इधर-उधर न फेंकें, अधजला न छोड़ें। स्वर्ग पर चढ़ते हुए इस पुण्यात्मा प्रेत के लिए देवयान मार्ग प्रकाशयुक्त हो। हे प्रेत! तेरे पितृमेध यज्ञ में अग्नि हो, बृहस्पति अध्वर्यु और इन्द्र ब्रह्मा हों। पिसे हुए गेहूँ और दधि, गोधृत प्राणिज द्रत्य, मिश्रित ओदन रूप यह चरु, इस कर्म में अस्थियों के पास पश्चिम में रहे। इस संस्कार को प्राप्त हुए प्रेत के लिए स्वर्ग-निर्माता इन्द्रादि देवताओं में से इस हवि के अधिकारी यही वर्तमान देवताओं को हम प्रसन्न करते हैं। पिसे हुए गेहूँ के अपूपों से युक्त अन्न से, छह रसों से, अन्य प्रकार के अपूपों से मिश्रित कुम्भीपक्व ओदनरूप चरु इस कर्म में अस्थियों के पश्चिम भाग में रहे। इस संस्कार किये जाते हुए प्रेत के लिए स्वर्ग के निर्माता इन्द्रादि देवताओं में से इस हवि के अधिकारी यही वर्तमान देवताओं को हम प्रसन्न करते हैं। हे प्रेत! हविभागी ने चरु को अपने भाग रूप में ग्रहण कर लिया है। ये चरु तुझे परलोक में स्वधा से युक्त करें। हे प्रेत! मैं तेरे लिए जिन काले तिलयुक्त जौ की खीलों को बिखेरता हूँ वे तुझे परलोक में प्रचुर-परिमाण में मिलें और उन्हें खाने की

तुझे यमराज आज्ञा दें। सोम रस में स्थित जलांश को पृथिवी, द्यावापृथिवी, द्युलोक और सात वषट्कर्त्ता होताओं को दृष्टि में रखकर मैं अग्नि में होमता हूँ। यह मैं देवताओं की प्रसन्नता के लिए करता हूँ। इस वेग से टपकते हुए कुम्मोदक को स्वर्ग-प्रापक देवता तेरा धन मानते हैं और चार छेद वाले इस कुम्भ को धेनु के दुहने के समान दुहते हैं।

हे प्रेत! सविता तेरे ढकने के लिए यह वस्त्र देते हैं। तू इसे ओढ़कर यम के राज्य में स्वच्छन्दता से घूम। भुने जौ की खीलों की गौ और तिल का बछड़ा बनाया गया है। ये धेनु तुझे कामधेनु के समान पितृलोक में मिले और इच्छित फल दे। लाल, श्वेत, हरी और काली तथा अरुण वर्ण की खीलों से गौएँ बनायी गयी हैं, ये खीलरूप गौ तुझे प्रेत को यमलोक में बलदायक मन देती रहें। वैश्वानर अग्नि में मैं हवि डालता हूँ। ये हथियाँ पितरों को तृप्ति देने वाली हैं। इनसे प्रदीप्त अग्नि मेरे पूर्व पुरुषों को तृप्त करे। भूत-प्रेत, पितर, छिद्रयुक्त कुंभ से टपकते हुए जल की कामना करते हैं। हे समान कुल गोत्र वाले मृतक के बान्धवों! इन अस्थियों को सावधानी से एकत्र करो। यह प्रेत अमरत्व को प्राप्त हो गया है। आचमन-योग्य यह जल पुत्र-पौत्रादि को तृप्तिकर है। यह पिण्ड से उपजीवन प्राप्त करने वाले पितरों को स्वधा प्रदान करता है। हे जलों! तुम अवसेचन के साधन हो। तुम दक्षिणाग्नि यज्ञ में प्रदत्त पिण्डों को वहन करते हो। इन पिण्डों को पितरों के पास पहुंचाओ। पितर इन पिण्डों को प्राप्त करें। जो पितर पिण्डरूप अन्न का सेवन करने के लिए आये, वे हमें कुशल और पुत्र-पौत्रादि का धन दें।

अविनाशी अग्नि को कर्मवान् प्रकट करते हैं। ये अग्नि दूर देश में वास करने वाले पितरों को जानने वाले हैं, इसीलिए प्रदीप्त किये जाते हैं। हे प्रेत! तेरे लिए जो मन्थ दे रहा हूँ, वे तुझे स्वधारूप में प्राप्त हों। हे प्रेत! ये काले तिल और खीलें स्वधारूप में तुझे यमलोक में प्राप्त हों और यम तुझे इन्हें खाने की आज्ञा दे। मृतक का संस्कार करने वाले अग्नि को प्रदीप्त करते हुए सरस्वती का आव्हान करते हैं और ज्योतिष्टम यज्ञ करते समय भी सरस्वती का आह्वान किया जाता है। यह सरस्वती यजमान को वरणीय पदार्थ दे। हे पितरों! सरस्वती को तृप्त करने वाली हवि से तुम भी तृप्त हो। पितरों द्वारा आहूत होकर हे सरस्वती हमें इच्छित अन्न दो। हे सरस्वती! तुम उक्थ एवं स्वधारूप अन्न से तृप्त होती हुई पितरों के साथ एक ही रथ पर आगमन करती हो। तुम यजमान को अन्न दो। हम यज्ञ के अनुष्ठाता की आयु वृद्धि धाता देव करें। हे पितरो! यह लिपी हुई चरु-कुम्भी तुम्हें अन्न प्राप्त कराए।

मैं संस्कार कराने वाला पितरों और देवताओं की जीवनकामना करता हुआ मृतक के प्रेत के बैठने के लिए कुशासन बिछाता हूँ। हे मृतक पुरुष के प्रेत! तू इस पर चढ़, जिससे पूर्व पितर भी जान ले कि तू प्रेत हो गया है। अब तू पितृमेध के योग्य हो गया अत: पितर तुझे प्रेत

जाने। तेरी अस्थियों जैसी जीवितावस्था में थी, वैसी ही रहें। कुल में बड़ा मैं तेरी अस्थियों को मंत्र से एकत्र करता हूँ। अस्थि-संचयार्थ ग्रहीत यह पलाशपत्र हमें अन्न, रस, बल, शक्ति तथा शतायुष्य प्रदान करे। हे बन्धुओं! यम को हवियों से सन्तुष्ट करो। ऐसा करने से तुम वृद्धि को प्राप्त होगे।

स्तोताओं को अभीष्ट देने वाला सोम छन्ते से छनता है। सोम ही दिन-रात का कारण है। उषा और आकाश को भी वही बढ़ाता है। वह वसतीवर जलों का प्राण है। वह कलशों की ओर जाता हुआ शब्द करता है और तीनों यज्ञ-सवनों में इन्द्र के उदर में प्रविष्ट होता है। यह सोम यष्टा का मित्र है और उसकी कामनाओं को पूर्ण करता है। जैसे पुरुष स्त्री से मिलता है, ऐसे ही सोम द्रोण-कलश में जाता हुआ उससे मिलता है।

पिण्ड-भक्षण करके पितर तृप्त हो गये। वे अपने शरीर को कम्पायमान कर रहे हैं। हमारी प्रशंसा कर रहे हैं। उन तृप्त पितरों से हम अपने अभीष्ट फल माँगते हैं। हे सोम के पात्र पितरो! तुम पितृयानों से आगमन करो और तुम्हारे निमित्त पिण्ड के लिए कुशासन बिछाने और तिल प्रदान करने वाले हमको आयु, सन्तान, धन से पुष्ट करो।

हे पितरो! तुम पितृयान से अपने लोक को जाओ। अमावस के दिन हवि-भक्षणार्थ हमारे घर फिर आना और हवि-ग्रहण करके हमें सुन्दर सन्तान-धन देना। हे प्रेत! तुम्हारे जिस अंग को उछटाकर अग्नि ने अलग किया है, भस्म नहीं किया, उसे अग्नि में पुन: डालकर तुम्हें प्रवृद्ध करता हूँ। तुम पूर्णांग होकर प्रसन्नता से स्वर्ग जाओ। वन्दना के योग्य अग्नि को प्रातः-सायं हमने दूत बनाकर पितरों के पास भेजा है। हे अग्नि! हमारी हवियों को तुम उन्हें दो। वे उनका सेवन करें। तुम भी अपने हवि का सेवन करो। जैसे स्त्रियाँ अपने कच्छों को ढकती हैं, हे अग्नि! तू इस प्रेत को उसी प्रकार ढक ले। हे प्रेत! मैं तुझे पितृलोक में प्रतिष्ठित करता हूँ। हे बरहि! हमारे पितरों के बैठने का स्थान बना। हे वरुण! तुम अपने उत्तम, मध्यम, अधम पाशों को हमसे दूर रखो। हम उनसे बचकर तुम्हारी आराधना करें और अहिंसित रहें तथा तुमसे रक्षित हम सौ वर्ष जियें।

कव्य-वाहन अग्नि को स्वधायुक्त हवि प्राप्त हो। मैं उन्हें नमन करता हूँ। सोम को स्वधायुक्त एवं नमस्कार से युक्त यह हवि प्राप्त हो। सोम वाले पितरों को, पितरों के अधिपति यम को प्रपितामह और पत्नी, पुत्र आदि पितर, पितारूप पितर, पृथिवीवासी पितर, अन्तरिक्षवासी पितर, स्वर्गवासी पितरों को स्वधायुक्त हवियाँ प्राप्त हों।

हे पितरो! तुम्हारे अन्न-रस को, तुम्हारे क्रोध को, तुम्हारे मानस-क्रोध को, तुम्हारे भयंकर रूप को, तुम्हारे हिंसक रूप को, तुम्हारे मंगलकारी रूप को और सुख देने वाले रूप को

हमारा नमस्कार। यह हमारी तुम्हारे लिए दी गयी हवि स्वाहुत हो। हे पितरों! इस पिण्ड-पितृयज्ञ में तुम देवतारूप में बैठे हो। अपने आश्रित पितरों में तुम श्रेष्ठ होओ। वे तुम्हारे उपजीवी हो। वे तुम्हारे ही अनुग्रह से पिंड का भाग पायें। हम पिण्ड देने वाले भी आयु से सम्पन्न हों और अपने समान व्यक्तियों में श्रेष्ठ हो। हे अग्नि! हम तुम्हें समिधाओं के द्वारा प्रवृद्ध करते हैं। तुम्हारी प्रशंसनीय दीप्ति आकाश में प्रकाशित है। हम स्तोताओं को अभीष्ट अन्न प्रदान करो। जलमय आलोक में स्थित सुषुम्ना नामक किरण से युक्त चन्द्रमा शीघ्र गमन कर रहे हैं। हे चन्द्रकिरणों! कुएँ में बन्द होने से मेरे नेत्र तुम्हारे रूप को देखने में समर्थ नहीं हैं। हे द्यावापृथिवी! तुम मेरे स्तोत्र को जानती हुई मुझ पर दया करो।

# एकोनविंश काण्ड

**प्रथम अनुवाक : सूक्त :** 1 : देवता : यज्ञ

नदियाँ सुखदायक हों, अनुकूल वायुएँ बहे, पक्षी अनुकूल हों। हे देवों! मैं घृतादि की आहुति देता हूँ। यह यज्ञ सब प्रकार संवृद्धि करने वाला हो। यह यज्ञ सफल हो। मैं घृतादि की आहुति देता हूँ। ये आहुतियाँ संवृद्धि करने वाली हो। मैं संवृद्धि की आहुति देता हूँ। इस यज्ञ को चारों दिशाएँ पुष्ट करे और यह धन-धान्य, पशु, सन्तानादि का वृद्धिकारक हो।

**सूक्त :** 2 : देवता : जल

हे यजमान! हिमालय से लाये जल, झरने के जल, प्रवाहित जल, वर्षा के जल, मरुभूमि के जल, जलयुक्त प्रदेश के जल, कूप-तड़ाग के जल तेरे लिए कल्याणकारक हों। प्रवाहित वे गंभीर प्राकृतिक जल, जो किनारों को गिरा देते हैं, वे चिकित्सकों से भी बड़े चिकित्सक हैं, उनको मेरा नमन। गतिशील अश्व के समान आकाश से छोड़े गये वर्षा के जल कल्याणकारी, रोगशामक औषधि हों, वे यही सुख-वृद्धि के लिए आयें।

**सूक्त :** 3 : देवता : अग्नि

हे अग्नि! हमारे स्तोत्रों से तुम जहाँ-तहाँ से यहाँ आओ। हे द्यावापृथिवी-अन्तरिक्ष, औषधियों से युक्त तुम हमारी प्रसन्नता के लिए यही आओ। हे अग्नि! तुम्हारे जो रूप जल में, काष्ठ में, औषधियों में, अन्तरिक्ष में है, उन सबको एकत्र करके हमको धन देने के लिए यही आओ। हे अग्नि! जिस महिमा के साथ तुम स्वर्ग में जाते हो, पितरों के समीप जाते हो, मनुष्यों में विद्यमान रहते हो, उन सब महिमाओं के साथ हमें धन देने के निमित्त यही यज्ञ में आओ। हे अग्नि! तुम हमारे स्तोत्रों को सुनने में समर्थ, अभीष्टप्रदाता, सबसे जानने योग्य, सर्वदर्शी हो, मैं तुम्हारी स्तुति करता हूँ। हमें अभय दो। देव-क्रोध को शान्त करो।

**सूक्त :** 4 : देवता : अग्नि

हे अग्नि! अथर्वा रूप ईश्वर ने जो प्रथमाहुति दी थी, तुमने उसे देवताओं के पास पहुँचाया था। तद्रूपिणी यह आहुति मैं तुम्हारे मुख में डालता हूँ इसे देवताओं तक पहुँचाइए। मैं सौभाग्यदात्री आकूति देवी का पूजन करता हूँ माता के समान अग्रस्य वे मेरे अनुकूल हो। मेरा अभीष्ट मुझे मिले। मैं अभीष्ट सदा प्राप्त करता हूँ। हे देवपालक बृहस्पति! वाणी को हमारे अनुकूल करने के लिए वाणी (सरस्वती) सहित यज्ञ में आओ और हमें सौभाग्यशाली बनाओ। अंगिरा बृहस्पति सरस्वती का स्मरण करें। इच्छित फल देने के लिए वे हमारे समक्ष यज्ञ में आयें।

**सूक्त :** 5 : देवता : इन्द्र

त्रिलोकवासी, सबके स्वामी, महान् धनपति इन्द्र पृथिवी के विपुल धन को मेरे द्वारा स्तुत होकर मुझे दें।

**सूक्त :** 6 : देवता : पुरुष

सहस्त्रबाहु, सहस्त्रहसनेत्र, सहस्त्रचरणों वाले पुरुष (ब्रह्म) पृथिवी को सब ओर से व्याप्त करके उससे भी दाशंगुल बड़े रहे। उनके तीन पद स्वर्ग में और चतुर्थपाद इस लोक में बार-बार प्रकट होता है। यह पाद भोजनजीवी मनुष्य, पशु, पक्षी आदि में व्याप्त हैं। सम्पूर्ण विश्व उसी पुरुष का कर्म है। जितनी उसकी महिमा है, वह उससे भी बड़ा है। उसके एक पाद में सम्पूर्ण विश्व और तीन पाद अमृत स्वर्ग में है जो हो चुका है, जो वर्तमान है, जो होगा, वह सब यह पुरुष ही है। पुरुष ही अमृतत्व का स्वामी और भूतेश्वर है। जब देवो ने यज्ञ पुरुष की कल्पना की, तब इस पुरुष को ही कितने ही प्रकार से कल्पित किया। इसका मुख ब्राह्मण, भुजा क्षत्रिय, उरु वैश्य और पाद शूद्र कहलाए। इसके मन से चन्द्र, मुख से इन्द्राग्नि, प्राण वायु प्रकट हुए। शिर से स्वर्ग, नाभि से अन्तरिक्ष, पाँवों से पृथिवी, श्रोत्र से दिशाएँ और इसी प्रकार देवताओं ने लोकों और वर्णों की योजना बनायी। प्रारम्भ में विराट् फिर विराट् से यज्ञपुरुष उत्पन्न हुआ। वह बढ़ा, और सर्वलोक-व्याप्त हो गया तथा जीवों की रचना की। देवों ने हवि रूप अश्व से अश्वमेध किया, उसमें वसन्त ऋतु घृत, ग्रीष्म समिधा एवं शरद पुरोडाश हुई। उस पूजायोग्य को वर्षा ने धोया और वसु देवता ने यज्ञ किया। उस यज्ञ से अश्व, खच्चर, गर्दभ तथा ऊपर-नीचे दांतों वाले पशु गाय, बकरी, भेड़ उत्पन्न हुए। उसी से ऋक्, साम, यजुष मंत्र उत्पन्न हुए। देवों ने यज्ञ का विस्तार किया। उससे और पशु उत्पन्न हुए। उस यज्ञपुरुष को बाँधा और गायत्री आदि सात छन्दों तथा इक्कीस समिधाओं की रचना की। उसके मस्तक से सोम की चार सौ नब्बे दीप्त रश्मियाँ उत्पन्न हुई।

**सूक्त :** 7 : देवता : नक्षत्र

आकाश में दीप्त गतिशील नक्षत्रों की मैं स्तुति करता हूँ। हे अग्नि! हे प्रजापति! हे रुद्र! कृतिका, रोहिणी, मृगशिरा, आर्द्रा, पुनर्वसु, पुष्प, आश्लेषा, मघा, पूर्वा-उत्तरा फाल्गुनी, हस्त चित्रा, स्वाति, अनुराधा, ज्येष्ठा, मृगशिरा, श्रवण, धनिष्ठा शतमिषा-रेवती, अश्विनी-भरणी ये सभी आव्हानीय नक्षत्र कल्याण करें, सत्यवाणी दें, अभीष्ट पूर्ण करें तथा सौभाग्यशाली बनायें।

**सूक्त :** 8 : देवता : नक्षत्र

द्यौ, अन्तरिक्ष में उदित नक्षत्र एवं चन्द्रमा मेरे लिए कल्याणकारक हों। 28 नक्षत्रों के द्वारा मैं कल्याण पाऊँ। इनसे मैं योग-क्षेम पाऊँ। दिवस-रात्रि को मेरा नमन।

सुन्दर प्रात-काल-सायंकाल, दिवस-रात्रि मुझे सुख दें। नक्षत्र मेरे लिए शुभ-फलप्रद हों। हे अग्नि! हमारी हवियाँ नक्षत्रों को पहुंचा। हे सविता देव! सब नक्षत्रों-सहित तुम अनुहव, परिहव, कठोर भाषण, वर्जित स्थल प्रवेश, छींक खाली बर्तन आदि अपशकुनों और दुर्निमित्तों को दूर करो। छींक, शृंगालदर्शन नपुंसकदर्शन ये सब पापशामक हों। हे इन्द्र! अन्धकार से ढकी दिशाओं को मेरे अनुकूल करो। हम अभय हो। हमारा मंगल हो। दिन-रात्रि को नमन।

**सूक्त :** 9 : देवता : मन्त्रोक्त

द्युलोक, अन्तरिक्ष, पृथ्वी, जल, औषधियां, हमें शान्तिप्रद हों। पूर्व पाप, कृत-अकृत पाप, भूत, भविष्य के सब पाप शान्त हों। परमेष्ठी की वाणीरूप सरस्वती तथा शापवाणी भी हमें शान्तिदायक हों। परमेष्ठी के द्वारा विरचित, संस्कारों का मूल कारण रूप जो घोर कर्मकारी मन है, वह शान्तिदायक हो। घोर कर्म में नियुक्त पचेन्द्रियाँ और छटा मन शान्ति दें। मित्र, तरुण, विष्णु, प्रजापति-इन्द्र-अर्यमा बृहस्पति, सूर्य, यम, द्यावापृथिवी, उत्पात और नक्षत्र हमें शान्ति दें। हिलती-फटती पृथिवी, लोहितक्षीरा, गौ, विद्युतग्रह, चन्द्रमा, राहु, केतु, रुद्र, आदित्य, वसु, धाता प्रजापति, इन्द्र, ब्रह्मा, सप्तर्षि, सब हमें शान्ति दें। सब ओर से हमें अभय की प्राप्ति हो। विपरीत फल, क्रूर-पापमय फल जो हमें मिलने वाला हो, कल्याणकारक हो जाय।

**द्वितीया अनुवाक : सूक्त :** 10 : देवता : मन्त्रोक्त

इन्द्राग्नि हमारी रक्षा करें। इन्द्र, वरुण हवि पाकर मंगल करें। इन्द्रपूषा युद्ध में कल्याण करें। भगदेव-नाराशंस, बुद्धि-मन-वाणी हम सुख दें। अर्यमा मंगल करें। देवस्तुति हमारा कल्याण करें। धाता, वरुण, पृथिवी, पर्वत कल्याण करें। अग्नि, मित्र, वरुण, अश्विनीकुमार,

पुण्यात्माओ के कर्म, वायु, अन्तरिक्ष हमारा कल्याण करें। औषधि, वृक्ष, लोकपाल, विद्युत्, इन्द्र, वसु, आदित्य, त्वष्टा, सोम मन्यु, सोम-पाषाण, सोमयज्ञ, हवियाँ हमारा कल्याण करें। चारों दिशाएँ, नदियाँ पर्वत, अदिति, विष्णु, पूषा, सविता, उषा, वर्षा, पर्जन्य, शम्भू हमारा कल्याण करें।

**सूक्त :** 11 : देवता : मन्त्रोक्त

सत्यपालक देवता, गौएँ, अश्व, ऋभु, पितर, स्तोत्र, सरस्वती, विश्वेदेवा द्यावापृथिवी, जल हमारा कल्याण करें। अर्जकपाद, अहिर्बुधन्य, अपानपात, समुद्र आदित्य, रुद्र, वसु, पृश्नि, हमारा कल्याण करें। देवताओं के ऋत्विज, अमृतत्व प्राप्त यज्ञनिष्ठ देवता हमें विस्तृत यश दें। देवता कल्याणसाधनों से हमारा पालन करें। मित्र-वरुण रोगों की शान्ति करें-भय दूर करें। हम खेत-प्रतिष्ठा-धन पाये। आकाश और सबकी आश्रयभूत पृथिवी को हमारा नमन।

**सूक्त :** 12 : देवता : उषा

उषा आते ही अपनी बहन रात्रि के अन्धकार को हटा देती है और प्रकाश से सब मार्ग खोल देती है। उषा से हम हव्य के लिए अन्न पायें और सुन्दर सन्तानवान् होते हुए सौ हेमन्तों तक जीवित रहते हुए सुखी हों।

**सूक्त :** 13 : देवता : इन्द्र

मैं देव-शत्रु राक्षसों को जीतने वाली इन्द्र की आयुध-वर्षक भुजाओं का कल्याण के लिए पूजन करता हूँ। दूतकर्मा, बुद्धितीक्ष्णकर्त्ता, भयंकर विद्युत्प्रेरक, शत्रुनाशक, स्वयंसमर्थ शत्रुघर्षक इन्द्र का अभीष्ट प्राप्ति के लिए सहारा लेना चाहिए। विजयशील, रणासक्त, धनुर्धर इन्द्र की सहायता से विजय प्राप्त करो। हे वीरों! इन्द्र के अनुग्रह से शत्रु को वश में करो। अस्त्रधारी इन्द्र अपने अनुचरों को शत्रु के समक्ष भेजते हैं और शत्रु को जीतते हैं। सोमपायी वे शत्रुसंहारक हैं। इन्द्र शत्रुवशकर्ता वीरों से युक्त हैं। वे शत्रुओं को जीतते और उनका धन-अपहरण करते हैं। हे गुणयुक्त इन्द्र! विजय रथ पर चढ़ो। हे वीरो! इन्द्र को आगे बढ़ाकर तुम शत्रुनाश करो। इनकी भुजाएँ वज्रसमान हैं। ये शत्रुओं को विदीर्ण करके उनके बीच घुस जाते हैं और शत्रुसेना को वश में कर लेते हैं। ऐसे इन्द्र हमारी सेना के सहायक हों। हे इन्द्र! शत्रुनाशार्थ रथसहित बढ़ते चले आओ और हमारी रक्षा करते हुए प्रवृद्ध होओ। इन्द्र हमारी सेना के नेता हो, बृहस्पति सेना के पूर्व भाग में तथा सोम और यज्ञ सेना के मध्य में तथा मरुद्गण सेना के बीच में रक्षार्थ रहे। शस्त्रास्त्रवर्षक इन्द्र तथा वरुण, मरुद्गण, आदित्य शक्तिसहित प्रकट हों। हमारे आयुध हमें विजय प्राप्त करायें। हे देवो! संग्राम में तुम हमारी रक्षा करो।

**सूक्त :** 14 : देवता : द्यावापृथिवी

श्रेष्ठ फलयुक्त लक्ष्य मैंने पा लिया। द्यावापृथिवी, सब दिशाएँ मेरा मंगल करें। हे शत्रु! हम तुम्हारे द्वेषी नहीं हैं, हमें अभय दो।

**सूक्त :** 15 : देवता : इन्द्र तथा मन्त्रोक्त

हे इन्द्र! हमें अभय दो, हमारी रक्षा करो। कामनापूर्ति के लिए हम इन्द्र को आहूत करते हैं। पशुधन-प्राप्तिरूप कामनापूर्ति में बाधक शत्रुओं को हे इन्द्र! नष्ट करो। वृत्रहन्ता, वरणीय इन्द्र हमारी रक्षा करें। आगे-पीछे-मध्य-अन्त सर्वत्र् इन्द्र हमारी रक्षा करें। हे सर्वज्ञ इन्द्र! हमें इहलोक-परलोक दोनों लोक प्राप्त कराओ। सूर्य हमें कल्याण दे। हे इन्द्र! हम तुम्हारी महाबलयुक्त भुजाओं से रक्षित हों। हम द्यावापृथिवी, सब दिशाओं, मित्रों, प्रत्यक्षाप्रत्यक्ष शत्रुओं, दिवस, रात्रि सबसे अभय प्राप्त करें।

**सूक्त :** 16 : देवता : सविता-इन्द्राग्नि

हे सविता तथा पत्नी सहित देवताओं! हमारे लिए पूर्व-पश्चिम दिशाएँ शत्रुरहित हो जायँ। उत्तर दिशा में इन्द्र और दक्षिण में सूर्य हमारे रक्षक हों। सूर्यमडल में आदित्य, पृथिवी पर अग्नि, पूर्व दिशा में इन्द्राग्नि और सब दिशाओं में अग्नि कवचरूप बनकर हमारी रक्षा करें।

**सूक्त :** 17 : देवता : मन्त्रोक्त

पृथिवी पर अग्नि और पूर्व में वसु देवता मेरी रक्षा करे। पाँव रखने में और पाँव रखता हुआ जहाँ मैं जाऊँ वही, वसुमान अग्नि मेरी रक्षा करें। अन्तरिक्ष में और पूर्व दिशा में, पादप्रक्षेप में वायु मेरे रक्षक हों। सोमसहित और आदित्यसहित वरुण दक्षिण दिशा में तथा पादप्रक्षेप और शय्या पर मेरी रक्षा करें। मैं उनकी शरण में हूँ। द्यावापृथिवीसहित सूर्य और औषधियुक्त जल पश्चिम दिशा में, तथा शय्या पर पादप्रक्षेप एवं पादप्रक्षेपस्थान में मेरी रक्षा करें, मै उनकी शरण में जाता हूँ। विश्वकर्मा परमेश्वर सप्तर्षियों के सहित एवं मरुदगणसहित इन्द्र उत्तर दिशा में; पादप्रक्षेप एवं पादप्रक्षेपस्थान में मेरी रक्षा करें, मैं उनकी शरण हूँ। प्रजापति ध्रुव दिशा में; बृहस्पति ऊर्ध्व दिशाओं सहित सर्वदिशाओं में; शय्या पर पादप्रक्षेप। एवं पादप्रक्षेपस्थान में मेरी रक्षा करें, मैं उनकी शरण में जाता हूँ।

**सूक्त :** 18 : देवता : मन्त्रोक्त

दूसरों की हिंसा करने वाले शत्रु, मुझ रात्रि मैं अनुष्ठान करने वाले की पूर्व दिशा से आकर हिंसा करना चाहते हैं, वे बसुवन्त अग्नि एवं अन्तरिक्षयुक्त वायु के द्वारा नष्ट हो जायँ जो दक्षिण दिशा से आकर हिंसा करना चाहते हैं; वे रुद्रवन्त एवं आदित्यवान् वरुण के द्वारा नाश को प्राप्त हो। जो पश्चिम दिशा से मुझको नष्ट करना चाहते हैं, वे द्यावापृथिवी के प्रकाशक सूर्य

और औषधीय जल से नष्ट हो जायँ। जो उत्तर दिशा से आकर मेरे नाशेच्छुक हैं, वे सप्तर्षिमय विश्वकर्मा एवं मरुत्वान् इन्द्र के द्वारा तथा ध्रुव एवं ऊर्ध्व दिशा से आगत हिंसेन्छुक प्रजापति इन्द्र एवं बृहस्पतिक द्वारा नष्ट कर दिए जायँ।

**सूक्त :** 19 : देवता : मन्त्रोक्त

अग्निदेव पृथिवी से; वायु अन्तरिक्ष से; आदित्य स्वर्ग से; नक्षत्रवान् चन्द्रमा आकाश से; सोम औषधियों से; यज्ञ दक्षिणायुक्त वेदी से; नदियों से युक्त समुद्र स्वस्थान से, ब्रह्मचारियों से युक्त ब्रह्म सर्वत्र, भुजबलयुक्त इन्द्र स्वर्ग से और अमृतयुक्त देवता स्वर्ग से जिस पुर की रक्षा के लिए उद्यत है; उन सबकी रक्षा से युक्त वह पुर पूरी तरह से सुरक्षित है। उस शय्यायुक्त पुर में तुम प्रजावान्, पत्नीवान् राजा को मैं प्रविष्ट करता हूँ। वह पुर उक्त सभी के द्वारा रक्षित है। वह तुम्हें अभेद्य-कवच के समान सुख देने वाला हो।

**सूक्त :** 20 : देवता : मन्त्रोक्त

जिस मारण-कर्म को शत्रु ने गुप्त-रूप से किया है; उसमें इन्द्र-अग्नि-धाता सविता-सोम-बृहस्पति' यम-अश्विद्वय की पूजा हमारे कवचधारी राजा की रक्षा करें। प्रजा के रक्षणार्थ प्रजापति के द्वारा बनाया गया कवच तथा मातरिश्वा, दिशा-महादिशा-अवान्तर-दिशाओं ने जो कवच अपनी रक्षार्थ धारण किये हुए हैं, वे कवच अनेक हैं। असुरयुद्ध में देवताओं तथा इन्द्र द्वारा अपनी रक्षार्थ जो कवच धारण किया था, वह हमारी रक्षा करें। द्यावापृथिवी-अग्नि-सूर्याग्नि राजा को युद्ध में रक्षार्थ कवच प्रदान करें।

**सूक्त :** 21 : देवता : छन्द

गायत्री, उष्णिक् अनुरूप, पंक्ति, त्रिष्टुप, जगती, बृहती छन्दों के लिए दी गई आहुति स्वाहुत हो।

**सूक्त :** 22 : देवता : मन्त्रोक्त

आदि में पांच अनुवाकों में आंगिरस के लिए दी गयी यह आहुति स्वाहुत हो। षष्ठ-सप्तम-अष्टम-नीलनखों-हरितनखों-क्षुद्रों-पर्यायिकोण-प्रथम द्वितीय तृतीय शंखा-उपोत्तमों-उत्तमों-उत्तरों-ऋषियो-शिखियों-महाप्राणों-अंगिराओ-विदगणों-पृथक्सहस्त्रों और ब्रह्मा के लिए दी गयी ये आहुतियाँ स्वाहुत हों। उक्त सब सम्पन्न वीर कर्म हैं। सब भूतों में प्रथम उत्पन्न ज्येष्ठ ब्रह्म ने पूर्वकाल में आकाश का विस्तार किया।

**सूक्त :** 23 : देवता : मन्त्रोक्त

अथर्ववेद की चार-पांच-छह-सात-आठ-नौ-दश-ग्यारह-बाहर-तेरह-चौदह-पन्द्रह-सोलह-सत्रह-अठारह-उन्नीस-बीस। ऋचाओं, महत्कांड, तृचों, एकर्चों, एकानेकर्चों, रोहितों, सूर्याओं, व्रतों-प्रजापत्यों-विषासहि-मांगलिकों और ब्रह्म के लिए यह आहुति स्वाहुत हों। सृष्टि के आरम्भ में ब्रह्म उत्पन्न हुए। वे ज्येष्ठ हैं उनकी समानता अन्य कौन कर सकता है।

**सूक्त :** 24 : देवता : मन्त्रोक्त

हे ब्रह्मणस्पते! इस महान् शान्ति वाले कर्म में यजमान को राष्ट्र-रक्षा-निमित्त प्रतिष्ठित करो। हे इन्द्र! इसे आयु प्राप्त कराओ और परोपकार परायण बनाओ। आत्मबलयुक्त करो। यह वृद्धावस्था तक जीवित रहे। हे सोम! इस यजमान को दीर्घायुष्य, सबलता और यश के लिए पुष्ट करो; हे देवो! इसे तेज से आच्छादित करो। इस तेजरूप वस्त्र को बृहस्पति ने सोम को दिया था। तू इसे पहन और पशु-सन्तान-धन से युक्त सौ वर्ष तक जीवित रह। तू कल्याण के लिए पहन रहा है। तू रक्षित होकर सौ वर्ष जी। हम स्तोताओं का सखारूप तू ऐश्वर्य-सन्तान आदि से पुष्ट हो।

**सूक्त :** 25 : देवता : बाजी

हे अश्व! शत्रुधर्षण के इच्छुक तुझे मैं अश्ववार (घुड़सवार) को उत्साहित करने और शत्रु पर आक्रमण कराने के लिए नियुक्त करता हूँ; तुझे समर्थ मन से युक्त करता हूँ। तू शक्तियुक्त होकर शत्रुसेना पर चढ़कर उसे सन्तप्त कर। तू शीघ्र ही जीतने वाले स्थान को गमन कर।

**सूक्त :** 26 : देवता : अग्नि

अग्नि से उत्पन्न सुवर्ण और अमृत रूप से मनुष्यों में ब्याज सुवर्ण के रूपों का ज्ञाता ही उसे धारण करने का अधिकारी है। जो इस सुवर्ण को आभूषण रूप में धारण करता है, वह दीर्घायु होता है। जिस सुवर्ण को मनु ने धारण किया था, वह मुझे देह-कान्ति युक्त करे। जिसको वरुण और बृहस्पति जानते हैं तथा इन्द्र भी जानते हैं, वह मृत्युनाशक सुवर्ण तुझे आयु, वर्चस् और सन्तान से युक्त करे और तू मनुष्यों में तेजस्वी हो।

**सूक्त :** 27 : देवता : त्रिवृत्त

हे पुरूष! तू त्रिवृत्त मणि को धारण कर रहा है। दलपति वृषभ, प्रजनन में समर्थ वेगवान् अश्व, वायु और इन्द्र तेरे रक्षक हों। औषधियों के सहित सोम नक्षत्रों सहित सूर्य, मासों के सहित वृत्रहन्ता, प्राणवायु सहित वायु, तीन स्वर्ग, तीन अन्तरिक्ष, तीन पृथिवी, चार समुद्र तीन स्तोत्र, तीन जल-इस त्रिवृत्त मणि के द्वारा तेरी रक्षा करें।

हे पुरुष! तू सुवर्ण, रजत, लौह से बनी त्रिवृत्त मणिधारक है, मैं त्रिवृत्त स्वर्ग को तेरा रक्षक बनाता हूँ। तीन समुद्र, तीन आदित्य, तीन भुवन, त्रिगुणात्मक वायु तेरी रक्षा करें। अग्नि को मैं घृत से सींचता हूँ। इस अग्नि, चन्द्रमा तथा सूर्य की कृपा से राक्षस तुझे हिंसित न करे। वे तेरे प्राणापान तथा तेज को नष्ट न करे। देवो तुम इस पुरुष की रक्षा करो। हे पुरुष! तू प्राणवान् होता हुआ स्थिर प्राणों से सौ वर्ष जीवित रह। इन्द्र, जल तथा चन्द्रमा देवताओं की शक्ति से इस मणिधारणकर्ता को युक्त कर। ग्यारह आदित्य, ग्यारह रुद्र, पृथिवी के ग्यारह देवता हमारे द्वारा दी गयी हवि को धारण करें। सविता दक्षिण दिशा से, इन्द्र उत्तर से सूर्य स्वर्गलोक से, अग्नि पृथिवी पर तथा सब दिशाओं से तेरी रक्षा करें।

**सूक्त :** 28 : देवता : दर्भमणि

शत्रुक्षयकारिणी, शत्रुहृदय संतापिनी इस दर्भमणि को हे पुरुष! मैं तेरे बाँधता हूँ यह तुझे दीर्घायु दे। हे मणि! तू शत्रुमन को सन्ताप दे और शत्रु के गृह-प्रजा-खेत-पशुओं का नाश कर द्वेषियों को सन्तप्त कर। तू इन्द्र के समान शत्रुबल का नाश कर, शत्रु-हृदय विदीर्ण कर, शत्रुओं के शिर को उखाड़, शत्रुओं के शिर को चीर डाल, मलिन हृदय में असद्भाव रखने वालों को नष्ट कर, उनका मस्तक छिन्न कर उनको पीस डाल और उन शत्रुओं का ताड़न कर।

**सूक्त :** 29 : देवता : दर्भमणि

हे दर्भमणि! मेरे विरुद्ध सेना एकत्र करने वाले मुझसे द्वेष करने वाले, मेरे प्रति अपने हृदय में मलिन भाव रखने वाले शत्रुओं को तू चूस लें, नष्ट कर, रोक दे और मार। तू उनका मन्थन कर, उनको चूषित कर, जला और उनको मार डाल।

**सूक्त :** 30 : देवता : दर्भमणि

हे दर्भमणि! तेरी गांठों में असीम जरा-मृत्यु है। उसको शत्रु पर डाल और उसे मार डाल। तुझमें दूसरों को पीड़ा देने वाली गाठें हैं और पीड़ानाशक पराक्रम भी हैं। कवचरूप तुझे रक्षाकामी राजाओं का जरानाशनार्थ देवताओं ने बनाया है। अत: इस राजा की वृद्धावस्था को दूर करती हुई इसको पुष्ट कर। हे दर्भमणि! तू इन्द्र, ब्रह्मणस्पति तथा देवों की रक्षाकवच है। अत: राजा की रक्षा कर। हे मणि! शत्रुनाशक, द्वेषी, हृदयसंतापी और जलवर्धन करने वाली के रूप में मैं तुझे धारण करता हूँ। उद्‌द्रवित मेघजल की बूँद और विद्युत की गड़गड़ाहट से दर्भ उत्पन्न हुआ उसी की यह मणि है।

**सूक्त :** 31 : देवता : गूलरमणि

प्राचीनकाल में ब्रह्मा ने गूलर वृक्ष की मणि के द्वारा पशु, पुत्र, धन, शरीरपोषण प्राप्ति का प्रयोग किया था। मैं उसी पोषकमणि को तुझ पुष्टि चाहने वाले के हाथ में बांधता हूँ। सविता मेरे घर में दुपायों-चौपायों को बढायें। अग्नि गवादि पशुओं की रक्षा करे। गूलर मणि अभीष्ट दे-मेरे शरीर एवं पशुओं की पुष्टि करे। धाता देव, गूलरमणि शरीर पुष्ट करें। मेरे घर में अन्न से तथा गोबर वाली भूमि हो पशु। अन्न, दही, दूध, गुड, मधु मैं मणिधारक प्रचुरता से पाता रहूँ।

**सूक्त :** 32-33 : देवता : दर्भ

अपरिमित गांठों वाली, सहस्त्रपर्णी, प्रचण्ड वीर्य दर्भ को मैं तेरी आयुवृद्धि के लिए बाँधता हूँ। पर्णयुक्त पूर्णांग, यह दर्भमणि जिसके बाँधी जाती है, यमदूत न तो उसके केशों को उखाड़ते हैं और न उसके घूंसा मारते हैं। हे मणि! तू पृथिवी पर स्थित है और तेरा आधा भाग अन्तरिक्षस्थ (स्वर्गस्थ) हैं। द्यावापृथिवी में स्थित तेरे द्वारा मैं इस पुरुष की आयु स्थिर करता हूँ। तू आकाश और पृथिवी में व्याप्त है।

दर्भमणि जलों में अग्नि रूप है, अनेक कांडों वाली है, बलसम्पन्न है और प्रशस्त है। यह हमें आयुष्मान् बनाये और हमारी रक्षा करें। होम से अवशिष्ट घृत से सिंचित, मधुर, अविनाशी, और अपनी मूल से पृथिवी को दृढ़ करने वाली हे दर्भमणि! मेरे शत्रुओं को पीछे हटाती हुई मेरी भुजा में बंध जा।

**पंचम अनुवाक : सूक्त :** 34-35 : देवता : जागिड्ग वनस्पति

हे जागिड्ग औषधि से बनी मणि! तू कृत्याओं और कृत्याकर्मों की भक्षिका एवं सर्वभयों को दूर करने वाली है। यह मणि हमारे मनुष्यों और पशुओं की रक्षिका हो। कृत्याओं को यह मणि निःशक्त करे। अभिचार-कर्म से उत्पन्न ध्वनि जो हमारे कानों को पीड़ित करती है, वह प्रभावहीन हो जाय। हमारे नासिका, नेत्र, मुख, कर्णादि सभी अंग अभिचार-कर्म के प्रभाव से मुक्त हो। हे मणि! तू अपने धारणकर्त्ता की दुर्बुद्धि और दरिद्रता को नष्ट कर। यह मणि शत्रुपतनकारिणी है।

अंगिरादि महर्षियों ने इन्द्र का नाम लेकर ऋषियों को जागिड्ग मणि दी। यह विष्कंध रोग की अचूक औषधि है। यह हमारी रक्षा करे। हे मणि! दुष्ट शत्रु के क्रूर नेत्र को नष्ट कर। यह मणि द्यावापृथिवी अन्तरिक्ष से हो सकने वाले भयों से मेरी रक्षा करे।

**सूक्त :** 36 : देवता : शतावर औषधि

यह शतावर औषधि से बनी मणि दुर्नामा नामक चर्मरोग तथा अन्य अनेक रोगों एवं असुरों की नाशिका है। यह धारक के लिए ऐसे गुण वाली रहे। यह अपने अगले भाग से अन्तरिक्षस्थ राक्षसों को, मध्य भाग से सब रोगों को और जड़ से पिशाचियों को मारती है।

पापी इसके धारण करने के अधिकारी नहीं। यह मणि यक्ष्मादि एवं दुर्नाम कुष्ठ, खाज, दद्रु आदि त्वचा रोगों एवं अपस्मरादि रोगों को दूर करे। मणि के द्वारा मैं त्वचा के सब रोगों को दूर करता हूँ।

**सूक्त :** 37 : देवता : अग्नि

अग्निप्रदत्त वर्चस्, तेज, ओज, कीर्ति, बल, युवावस्था और तेंतीस वीर्य मुझे प्राप्त हों। हे अग्नि! शत्रुधर्षक बल और युवांवस्था का बल मुझे दो। हे वरणीय अग्नि! यज्ञकर्मसिद्धि के लिए एवं शतायुष्यता की प्राप्ति के लिए तथा इन्द्रियों की दृढ़ता के लिए मैं तुझे वरण करता हूँ।

**सूक्त :** 38 : देवता : गुग्गुलु

गुग्गुलु के नस्य लेने वाले को व्याधियाँ पीड़ित नहीं करती और अन्य के द्वारा प्रेरित पाप नहीं लगता। हे गुग्गुलु! तुम समुद्र से उत्पन्न हुए या सिंधु देश में प्रकट हुए हो, मैं तुम्हारे नाम को कहता हूँ।

**सूक्त :** 39 : देवता : कूट

हे हिमालय पर्वतोत्पन्न दमकते हुए कूट! तू आ संतापी रोगों का नाश कर तथा हमारी रक्षा कर। हे कूट! तू नद्य, नद्यमार; नद्यरिक्ष कहलाता है। तेरे नामों का ध्यान करने से मरणात्मक व्याधि नहीं घेरती मैं प्रातः -सायं-मध्याह्न तीनों कालों में जिस रोगी के लिए तेरा नाम लेता हूँ वह मृत्यु को प्राप्त नहीं होता।

**सूक्त :** 40 : देवता : विश्वेदेवा

मेरे मन और वाणी में जो दोष है, उन्हें सरस्वती एवं सब देवों सहित बृहस्पति दूर करे। हे जलों! वेदाध्ययन से युक्त मेरी बुद्धि को भ्रष्ट न करो। मेरे शुष्क कर्म को आर्द्र करो। मैं सुन्दर, बुद्धि एवं ब्रह्मचर्य से युक्त होऊँ। हे द्यावापृथिवी! हमारी बुद्धि को भ्रष्ट न करो।

**सूक्त :** 41 : देवता : तप

ऋषियों ने आदिकाल में कल्याणकामना करते हुए अपनी तपस्या की शक्ति से स्वर्ग को जाना और उस साध्य स्वर्ग के साधन व्रत, दण्ड धारण आदि दीक्षा को जाना। इसी शक्ति से राष्ट्रबल को जाना।

**सूक्त :** 42 : देवता : ब्रह्म

ब्रह्म ही होता, यज्ञ, हवियाँ, अध्वर्यु, धृतपूर्ण स्रुच्, वेदी, ऋत्विज और स्वरयुक्त मन्त्र हैं। कल्याणकारी, पापनाशक इन्द्र के निमित्त मैं स्तोत्रमयी स्तुतियाँ करता हूँ। हे इन्द्र! हवि को ग्रहण करो।

**सूक्त :** 43 : देवता : अग्नि आदि

जिस स्थान (स्वर्ग) में दीक्षा एवं तप के द्वारा पहुँचा जाता है, अग्निदेव मुझे उसी स्थान में ले चलें। जिस स्थान में कर्म के द्वारा ब्रह्मज्ञानी पहुँचते हैं, वहाँ मुझे वायु ले जाय और मुझमें पंच प्राण स्थापित करे। तप और कर्म से जहाँ ब्रह्मज्ञानी पहुँचते हैं वही मुझे सूर्य ले जाय और चक्षु (दृष्टि) प्रदान करे। तपोधन-कर्मज्ञानियों के पहुँचने के स्थान पर मुझे चन्द्रमा ले जाय और 'मन' प्रदान करें।

**सूक्त :** 44-45 : देवता : आंजन

हे आंजन! तू ब्राह्मण के समान शुद्ध एवं मंगल रूप है और शतायु करने वाला है, तू जलदेव के साथ हमें सुखदाता हो। पीला शरीर कर देने वाला पाण्डु रोग, वातादिजन्य रोग विसर्पादि व्रण तथा अन्य सब रोग आंजन मणि के धारण करने पर दूर हों। यह आजन मणि मेरे लिए कल्याणमयी, जीवनदात्री, मृत्यु-अपहारिका और पापनाशिका हो।

ऋण-आदाता जैसे ऋणदाता को ऋण लौटा देता है, वैसे ही हे आंजन रूप सूर्य! शत्रुप्रेरित कृत्या को तू उसी के पास लौटा दे। हमारे दुःस्वप्न के भय को वैरी धारण करे। यह जन ओज बढ़ाने वाला, जलों का रसरूप है, हमारे लिए दिशा-विदिशा को सुखमय करे। इस आंजनमणि को मैं तेरे बाँधता हूँ। यह शक्तिरूप है।

**सूक्त :** 46 : देवता : अमृत मणि

हे अमृतमणि! तुझे सृष्टि के आदि में विधाता ने धारण किया था। तू इस पुरुष की रक्षा कर। मैं इसे तेरे बाँधता हूँ। यह मणि तेरी रक्षा करे और आयु, वर्च, ओज, तेज दे। इन्द्र तेरे शत्रु को जैसे गिराते हें, वैसे यह भी गिराये। इन्द्र ने इस मणि में चक्षु, प्राण, बल को प्रतिष्ठित किया है।

**सूक्त :** 47-50 : देवता : रात्रि

हे रात्रि! तेरा हरे-नीले रंग का अंधकार द्यावापृथिवी, अंतरिक्ष में व्याप्त है। सम्पूर्ण विश्व एक ही दीखता है, सबकी सब चेष्टाएँ रुक गयी है और जहाँ के तहाँ स्थित हैं। ऐसे समय हम अहिंसित रहते हुए तुझसे पार हों।

हे रात्रि! घर की, चरागाह की सब वस्तुएं हम तुझे सौंपते हैं। तुम माता के समान हमारी रक्षिका होओ। अपने बाद उषाकाल को, उषाकाल के बाद दिन को हमें सुखपूर्वक प्रदान करो और दिन तुमको हमें फिर दे। पृथिवी पर सरकने वाले आकाश में उड़ने वाले, पर्वत, जंगल में घूमने वाले हिंसक जीवों से हे रात्रि! हमारी रक्षा करो। हमारे स्थानों की चारों दिशाओं से रक्षा करो। हम तुम्हारी स्तुति करते हैं। रात्रि-अनुष्ठानकर्त्ता सावधान। पुरुष चोरी आदि से रक्षार्थ जागते रहे। हे रात्रि! तू घृताची है, तू हमारी रक्षा के प्रति सावधान रह।

एक् अवस्था वाली, सबके चक्षुओं को तिरस्कृत करने वाली आव्हनीय विश्वव्याप्त रात्रि की महिमा से द्यावापृथिवी व्याप्त हो रहे हैं। वन-पर्वत-समुद्र को यह आच्छादित किये हुए हैं। सूर्य जैसे जगत् पर छाते हैं, वैसे यह भी जगत् पर छायी हुई है। हे सौभाग्य एवं सुजन्म वाली! तुझे पाकर मैं सुन्दर मन वाला बनूँ तू मेरी और मेरे पुत्रादि एवं पदार्थों की रक्षा कर। यह रात्रि सिंह-हाथी आदि के तेजों को, प्राणी के शब्द को और अश्व के वेग को खिंचती है। हे राशि! तुम दीप्तिमयी होकर अनेक रूप प्रकट करती हो। हे रात्रि! तू मंगलमयी हो, अत: मैं तेरी और तेरे भरणकर्त्ता सूर्य की स्तुति करता हूँ।

**सूक्त :** 51 : देवता : आत्मा-सविता

कर्मानुष्ठान का इच्छुक मैं पूर्ण हूँ। मेरे प्राणापानब्यान-नेत्र-श्रोत्र-नसिका पूर्ण हैं-मैं सर्वेन्द्रिय पूर्ण हूँ। हे कर्म! मैं तुझे सविता देव की प्रेरणा से, अश्विनीकुमारों की शक्ति से और पूषा के हाथों से प्रारम्भ करता हूँ।

**सूक्त :** 52 : देवता : काम

सृष्टि रचना से पूर्व परमात्मा के मन में व्याप्त हो जाने वाले हे काम! तू सबसे प्रथम उत्पन्न हुआ और परमात्मा की 'सयोनि' है। तू यजमान को धन-पुष्टि दे। तू साहस में प्रतिष्ठित है और विभु है।

**सूक्त :** 53 - 54 : देवता : काल

काल अश्वरूप है। यह सब वस्तुओं में व्याप्त है। वह सहस्त्रक्षेत्र, सप्तरश्मि है। कालरूप अश्व पर बुद्धिमान् ही आरूढ हो पाते हैं। कालचक्र भी है। कालचक्र समस्त लोक में घूमता है। कालात्मक संवत्सरचक्र की ऋतुएं ही नाभि हैं, वह अमृत अक्ष है। कालरूप ब्रह जगद्रचयिता एवं नाशयिता है। भूत-भविष्य-वर्तमान सब काला-अति है। कालप्रेरित सूर्य प्रकाशित होते हैं। काल इन्द्रियाधिष्ठाता है। काल में ही अन्तर्यामी रूप से प्राण रहता है। काल ही तप है, काल ही ज्येष्ठ है, काल में ही ब्रह्म प्रतिष्ठित है। काल सर्वेश्वर, सर्वपिता, प्रजापति

है, जगत्काल में ही उत्कन हुआ और उसी में प्रतिष्ठित है। काल ने ही प्रथम प्रजापति उत्पन्न किया, फिर प्रजाओं की रचना की। काल ही कश्यप एवं स्वायम्भु मनु हुआ।

काल से जल, ब्रह्म, तप, दिशाएँ और सूर्य उत्पन्न हुए। काल से सूर्यास्त होता और वायु बहता है। पृथिवीकाल की ही महिमा के आश्रित है, द्युलोक भी कालाश्रित है। भूत-भविष्य-वर्तमानकाल के ही पुत्र हैं। काल से ऋक-यजु: उत्पन्न हुए। काल ने यज्ञ को उत्पन्न किया।

**सूक्त :** 55 : देवता : अग्नि

हे पूजनीय अग्नि! हम तुम्हें हवि देते हुए तुम्हारी समीपताओं तथा अन्न-धन से सम्पन्न होते हुए नाश को प्राप्त न हो। हे अग्नि! तुम अपनी अन्नदायिनी कृपामयी मति से हमें सुख प्रदान करो। गार्हपत्याग्नि प्रात:-सायं दोनों समय हमें सुख देते हैं। हे अग्नि! तुम हमारे द्वारा प्रवृद्ध होओ। तुम वृद्धि को प्राप्त करते हुए हमें सबका धन दो।

**सूक्त :** 56-57 : देवता : दुःस्वप्ननाशन

हे दुःस्वप्नरूप! पिशाच तू निर्भय होकर स्त्री-पुरुषों के पास पहुँचता है और निद्रित व्यक्ति के रथ पर बैठ जाता है। तुझे प्रजापति आदि ने रात्रि की रचना से पूर्व और विधाता ने सृष्टि के आरम्भ में देखा था, तभी से तू संसार पर छाया है।चिकित्सकों के सामने तू छिप जाता है।

हम दुःस्वप्नजनित अनिष्टों को शत्रु पर उतारते हैं। विनाश के लिए शत्रु ऐसे एकत्र होते है जैसे वृद्धि को प्राप्त कुष्ठादि रोग एकत्र होते हैं, जैसे फेंके हुए खर एक गड्ढे में एकत्र होते हैं, वैसे दुःस्वप्न के द्वारा अनिष्ट एकत्र हो गये है; हम उन्हे शत्रु पर फेंकते हैं।

**सूक्त :** 58 : देवता : मंत्रोक्त

आस्तिक बुद्धि ईश्वर को हवि से पुष्ट करती है और साधक इन्द्रियों का संयम करते हैं। हमारी संयमित श्रोत्र-चक्षु-प्राण-आयु सभी वर्चस् से युक्त हों। हमारे शरीरों का साधक प्राण हमें दीर्घजीवी बनाये। द्यावापृथिवी, सोम, बृहस्पति, सूर्य ने हमें प्रदान करने के लिए वर्चस (तेज) धारण किया है। हे द्यावापृथिवी! हमें तेज दो। तुम्हारे तेज से हम सर्वत्र गतिशील हों। हमें अन्न-गौ और दोनों लोकों में गतिशील यश प्राप्त हो। हे इंद्रियों! तुम भली प्रकार से कर्म करो, शरीर की रक्षा करो। शरीर ही तुम्हारा रक्षक है। विषयों को उचित रूप में ग्रहण करने में समर्थ होओ।

**सूक्त :** 59 : देवता : अग्नि

हे अग्नि! तुम जठराग्निरूप हो। कर्मरक्षक हो। यज्ञों में स्तुतियों से पूजित हो। हे देवो! विद्वानों के जिन कर्मो को हम नहीं जानते, उनको अग्नि ही सम्पन्न करते हैं। सोमपूजक

ब्राह्मणो के समान ये अग्नि प्रतिष्ठित हैं। हम जो अनुष्ठान करना चाहते हैं, उसे यथास्थान पहुँचाने वाले देवयान मार्ग के ज्ञाता अग्निदेव की हम पूजा करें। वे ही देवताओं के होता और आव्हानकर्ता हैं।

**सूक्त :** 60 : देवता : वाक् आदि

मेरे मुख में वाणी, नासिका में प्राण, नेत्रों में दर्शनशक्ति, दाँत पुष्ट, केश अपलित, बाहु बलयुक्त रहे। उरुओं में ओज, जांघों में वेग, पाँवों में खड़े रहने की शक्ति रहे। आत्मा अहिंसित और अंग पापशून्य हों।

**सूक्त :** 61, 62, 63 : देवता : अग्नि, ब्रह्मणस्पति

हे अग्नि! मेरे यहाँ सुप्रतिष्ठित होओ, मुझे स्वर्ग में सुख मिले, मेरे दाँत पुष्ट रहे, मैं शत्रुओं को दबाऊँ।

हे अग्नि! मैं राजा, देवताओं, आर्यो, शूद्रों और सबका प्रिय होऊँ। हे ब्रह्मणस्पति! उठो, देवताओं, को यज्ञ के प्रति बोधित करो। यजमान की तथा उसकी आयु, कीर्ति, प्राणों, प्रजा, पशुओं की वृद्धि करो।

**सूक्त :** 64 : देवता : अग्नि

मैं समिधाओं से अग्नि को प्रदीप्त कर रहा हूँ। अग्नि मुझे श्रद्धा और बुद्धि दें, सन्तान, आयु, धन से समृद्ध करे। हे अग्नि यज्ञीय-अयज्ञीय समिधाओं का भक्षण करो। ये समिधाएँ मेरे लिए मंगलमय हों।

**सूक्त :** 65-67 : देवता : सूर्य

अन्धकारनाशक हे सूर्य! तुम जिस स्वतेज से आकाशस्थ होते हो, उसी से स्वर्ग में प्रतिष्ठित होओ। अपने उसी तेज से हमारे हिंसक शत्रुओं को भस्म करो।

देव-शत्रु-राक्षस लौह पाश से पुण्यात्माओं को बाँधने के लिए घूमते हैं। व्रजधारी सहस्त्ररश्मि सूर्य! उन राक्षसों को मैं तुम्हारे तेज से अपने अधीन करता हूँ। तुम उन्हें मारकर हमारी रक्षा करो।

हे सूर्य! हम तुम्हें सौ वर्ष तक देखे। हम सौ वर्ष जीवें, सौ वर्ष तक बुद्धिसम्पन्न रहें, सौ वर्ष तक समृद्ध रहें-पुष्ट रहें--सन्तान परम्परायुक्त रहें। सौ वर्ष से भी अधिक जीवित रहें।

**सूक्त :** 68 : देवता : मंत्रोक्त कर्म

मैं अपने व्यान और प्राणवायु के मूलाधार को अभिभवन से पृथक् करता हूँ। उन व्यान-प्राण के अक्षरात्मक वेद को वैखरी वाणी के क्रम से पृथक् करता हूँ।

**सूक्त :** 69 : देवता : जल

हे देवो! तुम आयुष्मान् हो, तुम्हारी कृपा से मैं भी आयुष्मान् होऊँ, पूर्ण होऊँ, मेरी आयु सत्कर्मों में बीते।

**सूक्त :** 70 : देवता : इन्द्र-सूर्य

हे इन्द्र! हे सूर्य! हे देवता! तुम जीवित रहो। तुम्हारी कृपा से मैं भी जीवित रहूँ।

**सूक्त :** 71 : देवता : गायत्री

मेरे द्वारा स्तुत वेदमाता गायत्री मुझे आयु-प्राण-प्रजा-धन-ब्रह्मतेज देती हुई ब्रह्म लोक को गमन करे।

**सूक्त :** 72 : देवता : परमात्मा-देवगण

हम कोश से वेद को निकालकर उस स्थान पर प्रतिष्ठित करते हैं, जहाँ कर्म किये जाते हैं। ब्रह्म के कर्मप्रतिपादक वीर्यरूप वेद से जो कर्म किया जाता है, उस कर्म के फल से देवता हमारा पालन करें।

# विंश काण्ड

**प्रथम अनुवाक : सूक्त :** 1 : देवता : इन्द्र, मरुत, अग्नि

ऐश्वर्यवान् अभीष्टवर्षक हे इन्द्र! निष्पन्न-सोम-पानार्थ यज्ञ में आओ। उत्कृष्ट तेजधारी, याज्ञिक के रक्षक हे मरुत्! सोमपानार्थ आओ। वृषभ, गौ और सोम जिनका भाग है, उन अग्नि की हम स्तुति करते हैं।

**सूक्त :** 2 : देवता : इन्द्र, मरुत्, अग्नि

मंत्रों से सुस्तुत मरुद्गण यज्ञों में संस्कृत सोमपान करें। ऋत्विज के कर्म से प्रसन्न अग्नि एवं ब्रह्मात्मक इन्द्र स्तुति-मंत्री से युक्त यज्ञ में सोमपान करे। द्रविणोदा (अग्नि) धन दें और सुस्तुतियुक्त यज्ञ में संस्कृत सोम पिये।

**सूक्त :** 3-12 : देवता : इन्द्र

हे इन्द्र! आओ, कुशासन पर बैठ संस्कृत सोम पियो। हे इन्द्र! स्तुति सुनो हर्यश्व तुम्हें यहाँ पहुंचाये। हे इन्द्र! सस्तुतियुक्त इस सोम! याग में संस्कृत सोमपानार्थ आओ।

सुन्दर हनु वाले हे इन्द्र! सोम वाले यज्ञ में आओ, सोमरस पियो। तुम्हें सोमतृप्त करने की मेरी इच्छा है। इस मधुर रस का पान करो। धनदान के लिए प्रसिद्ध इन्द्र! तुम्हें भेंट किया गया यह सुस्वादु सोम तुम्हें शक्ति-प्रसन्नता दे।

स्वसन्तानों से घिरी स्त्रियों के समान, ऋत्विजों से घिरा सोम तुम्हारे लिए है। सोमपान से पुष्ट इन्द्र शत्रु-संहार करते हैं। इसीलिए तो जगत्स्वामी, वृत्रहन्ता इन्द्र ने हमारे सेनापति रहते हुए शत्रुओं का संहार किया। दानार्थ झुका तुम्हारा हाथ हे इन्द्र! यजमान को धन दे। तुम्हारे ही लिए अभिषुत-संस्कृत सोम प्रस्तुत है, पियो। हे इन्द्र! तुम सूर्य का पतन नहीं होने देते। आओ, सोमसम्पन्न कुण्डपाय्य-यज्ञ में मन लगाओ।

हे इन्द्र! सम्पन्न सन्सकारित सोम के लिए यजमान के द्वारा आहूत, स्तुत आप आतृप्ति सोम पिये। देव-सहित हवि ग्रहाग करके यजमान की वृद्धि करें। यह सोम आपका विशिष्ट भाग है। आप समीप, दूर कहीं हो, आ जाएं और हमारी स्तुतियों श्रवण करें।

हे सूर्य! इन्द्र याज्ञिकों के प्रसिद्ध धनदाता हैं, अभीष्टवर्षक हैं, शत्रुदलनकर्ता हैं, इन इन्द्र को ध्यान में रखते हुए ही तुम उदित होते हो। शम्बरमायानिर्मित 66 नगरों को तोड़ने वाले एवं वृत्रहंता इन्द्र हमारे सुखद मित्र हों। हमें गौएँ, अश्व, धन से धनी करें। ज्योतिष्टोम आदि यज्ञों के सम्पन्नकर्ता हे स्तुत इन्द्र! सोमपान कीजिए।

महर्षियों के सोमयाग में हे इन्द्र! तुमने सोम पिया था। हमारा भी संस्कारित सोम पियो, यह तुम्हें हर्ष दे। हमारे स्तोत्रों से समृद्ध होओ और सूर्य को प्रकाशित करो, पणियों से अपहृत हमारी गौएँ लाओ, शत्रुनाश करो, अन्न-वृद्धि करो। हम पुत्रों के स्तोत्र सुनो। अध्वर्युओं ने द्रोणकलश मैं आपके लिए सोम रखा है, सोम पीकर हर्षित हो।

हे यजमानों! अभीष्टफल हेतु दर्शनीय एवं दुःखनाशक, सुदानी, प्रजापोषक, इन्द्र की ओर हमारी स्तुति वाणी उसी प्रकार जाती है, जैसे रंभाती धेनु बछड़े की ओर और अकालग्रस्त पर्वत की ओर। इन्द्र! हमें शक्तिप्रद अन्न दीजिए और बल दीजिए।

जैसे रथ स्वगमन से रथारोही को सन्तुष्ट करता है, वैसे ही गेय-अगेय मंत्रों वाली स्तुतियों इन्द्र को सन्तुष्ट करती हैं और अन्न-बल देती हैं। जैसे कण्व, सूर्य, भार्गव स्तुतियों से इन्द्र को प्राप्त करते हैं, वैसे मनुष्य भी इन्द्र को स्तुतियों से प्राप्त करते है।

शत्रुनाशक एवं शत्रुधनप्रापक इन्द्र, मन्त्रों से समृद्ध होते हैं और द्यावापृथिवी में व्याप्त हैं। अग्रगण्य इन्द्र की मैं स्तुति करता हूँ। इन्द्र ने वृत्र को मारा और पणियों से अपहृत गोओं को छुड़ाया। लौकिक कर्म-निर्वाहार्थ उन्होंने सूर्य को प्रकट किया है। वे शत्रुविजेता हैं, वे उषा के उदयकर्ता और मनुष्यहितार्थ शत्रु सेना में प्रविष्ट होने वाले हैं। इन्द्र एकाकी ही शत्रुनाश करने

वाले, शत्रुधनापहारी, अभीष्टपूरक, जलसंचन से द्यावापृथिवी के पोषक हैं, उन्हें यजमान हवि देकर प्रसन्न करते हैं। इन्द्र ही सूर्यप्रकाशक मनुष्योपभोगार्थ उन्हें पशु-आभूषण देने वाले तथा सब वर्णों के पालक हैं। औषधियों, वनस्पतियों, दिनों के रचयिता, राक्षस-संहारक, सर्वोपकारक इन्द्र को हम स्वाहुत करते हैं।

हे रुत्विजो! यज्ञ में जीवों के वृद्धिकर्ता इन्द्र की स्तोत्रों से स्तुति करो। हे इन्द्र! देवो को प्रिय सोमवर्धक जीवों के आयुवर्धक स्तोत्र सुनो। वृत्रहन्ता, द्यावापृथिवी के स्वामी इन्द्र की हमारे स्तोत्र सेवा करते हैं। रुत्विज अभिषुत सोम लिये एवं स्तोत्रपाठ करते हुए यज्ञ में उपस्थित हैं, पधारिए और हमें अन्नदान दीजिए। अभीष्टवर्षक इन्द्र हमें पशुधन, पुत्रादि दें। इन्द्र मध्य-सवन में हर्यश्वोंसहित आकर सोम पियें।

**सूक्त :** 13 : देवता : इन्द्र, बृहस्पति, मरुतादि

हे बृहस्पति! इन्द्र सहित सोम पियो और हमें पुत्रादि का धन दो। हे मरुत्! यज्ञ में शीघ्र पधारो, कुशासन पर बैठ सोमपान से तृप्त होओ। हे अग्नि! देवताओं के सहित यज्ञ में आओ। हम स्तोत्र पढ़ रहे हैं। तुम्हारी बन्धुता पाकर हम हिंसारहित हों। हमारी आहुति देवो तक पहुँचाओ।

**द्वितीय अनुवाक सूक्त :** 14-15 : देवता : इन्द्र

हे सदानवीन, पूजनीय एवं पोषक इन्द्र! हम तुम्हें आहूत करते हैं। हे सखा! हमारी सहायतार्थ आइए। हे यजमानो! तुम्हारी रक्षार्थ मैं इन्द्र का स्तोत्र पढ़ता हूँ। इन्द्र हम स्तोताओं को सौ गौ और सौ अश्व प्रदान करें।

सर्वपालक, दाता, सर्वसामर्थ्यवान इन्द्र का मैं स्तवन करता हूँ। वे शत्रुधर्षक हैं, उनका वज्र अप्रतिरुद्ध है; अत: सब उनके अनुकूल रहते हैं। हे उषा! शत्रु को भयदायक इन्द्र को अन्न के लिए यही लाओ। हे इन्द्र! तुम महिमामय हो, हमारी स्तुतियाँ अल्प हैं, हमारी स्तुति सुनिए, जैसे राजा प्रजा की बात सुनता है। हम वृत्रहननादि तुम्हारे कार्यों को सुनकर तुम्हारे उपासक होते हैं, हमारी कामना पूर्ण कीजिए। द्यावा,पृथिवी तुम्हारा मान करते हैं। हे वर्जधारी! तुमने विशाल पर्वत को भी खण्ड-खण्ड कर दिया था और मेघ को भी तुम नदी रूप में प्रवाहित कर देते हो। तुम्हारी महिमा महान् है।

**सूक्त :** 16 : देवता : बृहस्पति

जैसे जलों में मेघों से धारा रूप में गिरती ऊर्मियों शब्द करती हैं वैसे बृहस्पति के लिए स्तुति के मन्त्र झुकते हैं। महर्षि आंगिरस जैसे मग के समान विवाहकाल में पति-पत्नी को

अर्यमा देवता की शरण प्राप्त कराते हैं, वैसे इस दम्पति को भी प्राप्त कराएँ। हे बृहस्पति इन वर-वधू को एक करो। बृहस्पति स्तोता और अतिथियों को सुवर्ण देते हैं, मेघों को वर्षार्थ अधोमुखी करते हैं, गौओं को इधर-उधर करते हैं। उन्होंने बल नामक असुर की छिपी हुई पयस्विन गौओं को देखा और गुफा से निकाला। गौओं के देखने के लिए उन्होंने उषा, सूर्य अग्नि को प्राप्त किया। बृहस्पति सूर्य, चन्द्रमा, रात्रि और दिन को प्रकट करते हैं। बृहस्पति के लिए हम हवि देते हैं। वे हमें पशु, धन, सन्तान दें।

**सूक्त :** 17 : देवता : इन्द्र, बृहस्पति

मेरे स्तोत्र और स्तुतियाँ इन्द्र के प्रति ही होते हैं, हे इन्द्र! मेरा मन तुम्हारी ही कामना करता है। शत्रुनाशक तुम इस यज्ञ में आओ, कुशासन पर बैठो और सोम पियो। धनस्वामी इन्द्र हमारी धनकामना पूर्ण करें। सोम इन्द्र का ही आश्रय लेते हैं। इन्द्र के बल के समान उनका बल नहीं। वे एक साथ अनेक की कामना पूर्ण करते हैं। व्रज और सोम उनकी ही कामना करते हैं। स्तोता स्तुतियों से उन्हें ही समृद्ध करते हैं। वे मेघ को छिन्न-भिन्न करते हैं। हे इन्द्र! हम तुम्हारी कृपा से दरिद्रता दूर करें। तुम्हारा दिया अन्न हमारी क्षुधा शान्त करे। तुम्हारी कृपा से हम श्रेष्ठ हों, शत्रुओं को जीते। सब दिशाओं में बृहस्पति और इन्द्र हमारी रक्षा करें। हे बृहस्पति, हे इन्द्र! हमें धन-बल दीजिए और हमारी रक्षा कीजिए।

**तृतीय अनुवाक : सूक्त :** 18-19 : देवता : इन्द्र

हे इन्द्र! हम कण्व श्रोतिय तुम्हारी स्तोत्रों से स्तुति करते हैं। इन्द्रादि दैव और सोमसम्पन्नकर्ता यजमान सोम से प्रसन्न रहते हैं। हे इन्द्र! हमें क्रूर, निंदक, अदानशील शत्रुओं के अधीन न करो। तुम मेरे रक्षक हो, इसलिए ही मैं शत्रुओं को ललकारता हूँ।

हे इन्द्र! वृत्रहनन जैसे बल प्रदर्शन एवं शत्रुहनन के लिए हम तुम्हें पुकारते हैं। हे बहुकर्मा इन्द्र! यज्ञ के लिए और कृपा करने के लिए ऋत्विज तुम्हें यज्ञ में बुलायें। हे शतक्रतु इन्द्र! हम अनेक नामों से तुम्हें यज्ञ में बुलाते हैं। तेजस्वी रक्षक आप पापनाशार्थ, बल-प्राप्ति एवं अन्न-धन-प्राप्ति के लिए हमारे रक्षक बनो।

**सूक्त :** 20-33 : देवता : इन्द्र

हे इन्द्र! बलप्रद, दुःस्वप्ननाशक, तेजयुक्त सोम का पान करो। मैं बल प्राप्त करूँ। समीप से या दूर से आप हमारे पास आओ। सर्वद्रष्टा, सदा-प्रतिष्ठित इन्द्र हमें सुखी करें, भय दूर करें।

असुरधनापहारी इन्द्र को मैं स्तुत करता हूँ। हे अतिप्राचीन, बहुकर्मा, मेधावी, बली इन्द्र! तुम पशु-धन के दाता और कामनापूरक हो, हम तुम्हारी स्तुति करते हैं। इन्द्र हमें बल, धन,

पशु, अन्न दें, हमारी कामना पूर्ण करें। तुम्हारी कृपा हमें प्राप्त हो। तुम यजमान की रक्षा करो और यजमान तुम्हें स्तुति से संवृद्ध करें। तुमने नमुचि का संहार किया। शक्ति से तुमने करजासुर, पर्णयासुर, वहृदासुर को नष्ट किया। साठ हजार निन्यानवे शत्रुओं से घिरे सुश्रुवा की रक्षा की और उसे आयु-आयुध प्राप्त कराया। हे इन्द्र! यज्ञ की सम्पन्नता पर हम तुम्हारी रक्षा प्राप्त करें। हमें मंगल एवं दीर्घजीवन प्राप्त हो।

हे इन्द्र! संस्कारित सोम प्रस्तुत है, पियो। ब्राह्मणद्वेषी तथा तुम्हारे प्रति व्यंग करने वालों को तुम बताओ। हे स्तोताओं! इन्द्र जैसे प्रसन्न हों, उस प्रकार स्तुति करो। इन्द्र के अश्व इन्द्र को हमारे यज्ञ में लायें। जब इन्द्र सोम पीते हैं, तब उनके लिए गौएँ मधुर दुग्ध देती हैं।

हे वज्रधारी! यज्ञ में आहूत तुम अश्वों के द्वारा लाये गये यज्ञ में आओ। यज्ञ में तुम्हारे लिए वेदी पर कुशासन बिछे हैं, होता तथा सोम-संस्कारक पाषाण प्रस्तुत हैं। हम तुम्हारी स्तुति कर रहे हैं। तीनों सवनों में स्तोत्रों को प्राप्त करो। हमें बल-धनदान दो, हर्षित होओ। मैं किसी की निन्दा न करूँ। तुम हमें अभीष्ट फल दो। तुम्हारे अश्व तुम्हें हमारे इस यज्ञ में लायें।

हे इन्द्र! तुम अपने अश्वों के द्वारा हमारे पाषाण निष्पन्न गव्यमय सोम के पास आओ और इसे पियो! इसे पीकर तृप्त होओ। हमारी स्तुतियों तुम्हारे पास आती हैं। तुम अनेक बार यज्ञ में आओ। यह हमारा सोम उदरस्थ होने पर हृदय में रमा रहे।

हे इन्द्र! तवारक्षित पुरुष युद्ध में प्रमुख रहता है, उसे तुम पशु-धन से पा लेते हो। हे इन्द्र! हमारी स्तुतियों तुम्हें ही प्राप्त करती हैं, तुम्हारे तेज का सामना नहीं किया जा सकता। स्तोता और ऋत्विज तुम्हारी सेवा करते हैं। हे इन्द्र! इस यज्ञ का यजमान सन्तान, पशु-धन एवं कल्याण प्राप्त करे। पणियों द्वारा गौ-हरण करने पर अंगिराओं ने तुम्हें प्रथम हवि दी। इन्द्र ने अंगिरावंशियों का भय दूर किया और दानादि प्राप्त कराया। उन्होंने इन्द्र की सहायता से ही गौओं को प्राप्त किया। जिस यज्ञ में सन्तान-प्राप्ति के लिए कुशाएँ फैलायी जाती हैं, जहाँ सोमाभिषव करने वाले पाषाण शब्द करते हैं और वाणी से स्तोत्र-पाठ होता है, वहाँ इन्द्र आते हैं। हे अभीष्टवर्षक इन्द्र! सोमपान करने इस यज्ञ में आओ।

यज्ञ में, युद्ध में तथा अन्नप्राप्त्यर्थ हम इन्द्र को बुलाते हैं, इन्द्र यहाँ आयें। इन्द्र! तुम, स्वर्गस्वामी, वीरप्रतिनिधि हो, मेरी पुकार पर यहाँ आओ। इन्द्र के अश्वस्थ एवं सारथी कमनीय हैं। हे मनुष्यों! अज्ञान एवं अन्धकार को दूर करने वाले सूर्य उदित हुए, दर्शन करो।

हे ऐश्वर्यवान, धन के स्वामी इन्द्र! मैं भी धनवान् होऊँ। इन्द्र! तुम्हारा स्तोता गौएँ प्राप्त करता है, मैं भी गौएँ प्राप्त करूँ और स्तोता का धन देने में समर्थ होऊँ। हे इन्द्र! हमारी वाणी

तुम्हें तृप्त करे और सोम-संस्कर्त्ता यजमान की वृद्धि करे। तुम्हारे धनदान अरोक हैं। हमें भी अपना धन अरोक दो। इन्द्र मेघों से वर्षा कराते और पृथ्वी के धान्यों को पुष्ट करते हैं। हमारी हवियाँ और स्तुतियाँ इन्द्र को संवृद्ध करें। हम शत्रुघ्न को जीतने और अपनी रक्षा करने की शक्ति पायें।

सोमपान से शक्ति पाकर इन्द्र ने मेघों को विदीर्ण करके अन्तरिक्ष को वर्षा जल से समृद्ध किया। अंगिराओं की अपहृत गायों के अपहर्त्ता राक्षसों को इन्द्र ने मारा, नक्षत्रों को आकाश में स्थित किया। हे इन्द्र! तुम्हारा स्तोत्र हमारी वाणी से प्रकट होता है। सोमपान से तुम्हारी शक्ति बढ़ती है।

हे इन्द्र! स्तोत्रों और उक्थों से तुम बढ़ते हो, स्तोताओं का कल्याण करो। हर्यश्व इन्द्र को सोमपानार्थ यहाँ लाये। हे इन्द्र! तुमने नमुचि का शिर काटा, मायावी राक्षसों को तुम अधोमुखी करते हो, सोम पीकर बलवान् होते हो और जिस समाज में सोमाभिषव नहीं होता, उसे नष्ट करते हो।

हे इन्द्र! शीघ्रगामी तुम्हारे अश्वों की मैं यज्ञ में प्रशंसा करता हूँ। सोमपान से शक्तिशाली तुम से अभीष्ट माँगता हूँ। हे इन्द्र! हर्यश्वों सहित आकर तुम धन-वृष्टि करते हो। हे ऋत्विजो। सोम के द्वारा बलवान्, शत्रुनाशक इन्द्र का पूजन करो। इन्द्र का देह, वज्र, बाण, केश और सब साज हरे रंग का ही है। इन्द्र का वज्र वायु-वेग से गन्तव्य को प्राप्त करता है। वज्र से इन्द्र ने वृत्र को मारा। जहाँ सोम है, हे इन्द्र! वहाँ तुम हो। यज्ञ में ये सोम, उक्थ और अन्न तुम्हारे ही हैं।

सोमोत्पन्न शक्त्यर्थ इन्द्राश्व इन्द्र को यज्ञ में ला रहे हैं। यज्ञ में तीनों सवनों में हरे रंग वाले सोम को इन्द्र धारण करते हैं। सोम ही इन्द्राश्वों को प्रेरित करते हैं। इन्द्र के केश, दाढ़ी, मूँछ सब हरे रंग के है। वे सोम पीने को अश्वों के द्वारा यज्ञ में लाये जाते हैं। हवि उनका धन है। यज्ञ में सोमपान करते हुए इन्द्र की हरी चिबुक स्रुवे के समान चलती है। इन्द्र का निवास द्यावापृथिवी में है। हमारा स्तोत्र इन्द्र! तुम्हारी कामना करता है, तुम यजमान की कामना करते हुए, उसे धन दो।

हे इन्द्र! सदा नवीन तुम द्यावापृथिवी में व्याप्त हो, हमारे प्रिय स्तोत्र को सुनते ही, पणियों से अपहृत गौओं के स्थान को सूर्य को देते हो। कृपा करो कि सूर्य स्तोताओं को गोष्ठ प्रदान करें। इन्द्र! तुम सोमपायी हो, तुम्हारे अश्व सोम पीने के लिए तुम्हें यहाँ लायें। हे इन्द्र! तुम तीनों में सोम-ग्रहण करते हो, इस सोम को उदरस्थ करो।

हे इन्द्र! अध्वर्युओं के द्वारा पाषाण-निष्पन्न, संस्कारित सोम को पियो। तुम अभीष्टवर्षक हो। यज्ञ में हवि और स्तुतियों से प्रसन्न होओ और सोम पीकर शक्ति प्राप्त करो। हे इन्द्र! पुत्रादि धन-सम्पन्न ऋत्विज और यजमान तुम्हारी स्तुति करते हुए बैठे हैं।

**चतुर्थ अनुवाक : सूक्त :** 34-37 : देवता : इन्द्र

द्यावापृथिवी के भयद इन्द्र ने प्रकट होकर देवताओं की रक्षा की, भूमि आदि लोगों को स्थिर किया, पर्वतों को अचल किया, आकाशस्थ मेघ को चीर कर वर्षा की, बलापहृत गौओं को प्रकट किया, विद्युत् उत्पन्न की; असुरों को गुफा में डाला। वे शत्रुधनापहर्त्ता हैं। मनुष्यों! इन्द्र पर विश्वास करो, वे शत्रुनाशक हैं, निर्धनों के धनदाता हैं। यजमानों के धन दाता व रक्षक हैं। उन्होंने प्रकाश के लिए उषा और सूर्य को उदित किया है। वर्षाजल के वे प्रेरक हैं। जिनकी बिना सहायता के शत्रुओं को हराया नही जा सकता, जो पाप-पुण्य के द्रष्टा हैं, वे, इन्द्र हैं। पापियों और प्रतिकूलों को इन्द्र हिंसित करते हैं, वे इन्द्र हैं। शम्बर एवं असुर के संहारक इन्द्र हैं। जिनकी हिंसा के लिए असुरों ने अध्वर्युओं को घेर लिया, जिन्होंने शम्बरासुर, रोहिणासुर और शुष्ण को मारा, जो सोमपायी हैं, जो जल एवं कामना के वर्षक हैं, सात नदियों के उत्पन्नकर्ता हैं, द्यावापृथिवी जिनके लिए रुकते हैं, पर्वत जिनसे काँपते है जो वज्रधारी हैं सोमपायी-हविदाता यजमान के रक्षक हैं। असाधारण वीर हैं, हे मनुष्यो! वे इन्द्र हैं। हे इन्द्र! तुम सत्य हो, हम तुम्हारी स्तुति करते रहें।

महान् बलवान्, अबाध गति वाले, ऋचाओं के अनुरूप रूप वाले इन्द्र की स्तुति करता हुआ मैं उन्हें हवि देता हूँ। धनप्रेरक इन्द्र की वृद्धयर्थ स्तोत्र पढ़ता हूँ। रथशिल्पी जैसे रथ का निर्माण करता है, वैसे मैं धनप्रेरक इन्द्र के वृद्धयर्थ स्तोत्र पढता हूँ। यज्ञाहं, प्रापणीय इन्द्र के लिए हवि और स्तुति प्रदान करता हूँ। अन्न की कामना वाला मैं हवि को धृत में मिलाता हूँ और असुर-पुरध्वंसक, शत्रु-पलायनकारक इन्द्र को आहूत करता हूँ। ब्रह्मा ने इन्द्र के लिए वज्र बनाया, वह स्तुत्य है। शत्रुनिग्रहकारी उस वज्र से इन्द्र ने वृत्रासुर को मारा। ऐसे इन्द्र सोमपान से प्राप्त बल से शत्रुओं को वश में कर उनका धन छीनते हैं और मेघ के विदीर्ण करने वाले हैं। इन्द्र का तेज द्यावापृथिवी में व्याप्त हैं। द्यावापृथिवी इन्द्र की महिमा कम करने में समर्थ नहीं हुए। इन्द्र शत्रुओं के दमनकारी और मेघों से वर्षा कराने वाले हैं। वृत्रासुर को इन्द्र ने मारा, पणियों से गौएं छुड़ाई, जलों को बरसाया और यजमान को अन्न दिया।

नदियाँ इन्द्र के वज्र से प्रकटित होती हैं। इन्द्र इच्छित-फलदाता और प्रतिष्ठा देने वाले हैं। हे इन्द्र! तुम जल को पृथ्वी पर प्रवाहित करने को मेघ पर वज्रप्रहार करके उसे टूक-टूक

करो। स्तोता इन्द्र स्तुति-गान करें। इन्द्र ने पर्वतों को स्थिर किया, द्यावापृथिवी इनसे भयभीत हैं। इन्द्र ने ऋषियों की रक्षा की। हे इन्द्र! स्तोताओं को धन दो और जैसे इस यज्ञ में पधारे हो, वैसे आगे भी आओ।

मैं काम्यवर्षक बलप्रद, बाहुकर्मा इन्द्र की स्तोत्रों से स्तुति करता हूँ। हमारे पूर्वज इन्द्र स्तुति करते हुए पितृलोक गये। वीर पुत्रों एवं सेवको सहित असीम धन इन्द्र हमें दें। हमें वह सुख दो, जिसे पूर्वकाल में स्तोताओं ने प्राप्त किया है। इन्द्र शत्रुवशकर्ता शत्रुनगरध्वसंक हैं। हे इन्द्र! तुम वृत्रहन्ता हो, हमें कठिन मार्गों से पार करो, राक्षसों को भस्म करो, राक्षसी माया दूर करो। हमें सम्पत्ति दो। तुम अपने अश्वोंसहित यज्ञ में आओ।

हे इन्द्र! तुम शत्रुभयदाता हो और उसका धन हविदाता को देते हो। तुमने कुत्स रक्षार्थ शुष्ण को दण्ड दिया, वीतहव्य, त्रसदस्यु, पुरु की रक्षा की, चुमुरि, धुनि नमुचि को नष्ट किया, शत्रु के 66 पुरों को ध्वस्त किया, यज्ञ में आओ, हमारे स्तोत्र तुम्हें प्राप्त हो। हमें रक्षित करो, तुर्वश और यादव राजाओं को तीक्ष्ण करो अतिथिगु को सुख दो। ऋत्विज तुम्हारे लिए उक्थों का उच्चारण करें। हमारे रक्षक हो, पापशमन करो। हे इन्द्र! स्तुति और हवियों से प्रवृद्ध हो। हमें पुत्र-धन दो। हे अग्नि! तथा देवताओं। हमारी रक्षा तथा कल्याण करो।

**पंचम अनुवाक सूक्त :** 38-66 : देवता : इन्द्र

हे इन्द्र! हमारी पुकार सुनो, अश्वों सहित यहाँ आओ और निष्पन्न सोम को कुशासन पर बैठकर पियो। हम सोमयाग कर चुके हैं। हमारी वाणी तुम्हारी ही स्तुति करती है। इन्द्र उपासकों के हितैषी हैं। इन्द्राश्व मंत्री के द्वारा रथ में जोडे जाते हैं। इन्द्र ने सूर्य को द्युलोकस्थित किया, मेघों को चीर डाला।

हम इन्द्र को बुलाते हैं। इन्द्र ने मेघ को चीरा, वे वर्षा से अंतरिक्ष को प्रवृद्ध करने वाले हैं। उन्होंने अंगिराओं के लिए गौएँ प्रकट की, अपहर्त्ता का बल-हरण किया। वे वर्षा जल से नक्षत्रों, समुद्र आदि को मत्त बनाते हैं।

हे इन्द्र! तुम मरुतों के साथी हो। तेजस्वी-पापरहित इन्द्र से यह यज्ञ सुशोभित है। वे हवि से प्रवृद्ध होते हैं।

इन्द्र ने वृत्र के 66 नगरों को ध्वस्त किया। पर्वतों के शिरों को काटा। चन्द्रमंडल में प्रकाशरूप में इन्द्र ही विद्यमान हैं।

मैं इन्द्र-स्तुति की अष्टपदी वाणी को उच्चारित करता हूँ। जब इन्द्र ने असुरों को नष्ट किया, तब द्यावापृथिवी ने उन पर कृपा की। हे इन्द्र! सुसंस्कारित सोम पियो।

हे इन्द्र! शत्रुओं को काटो, युद्ध-बाधा दूर करो, हमें स्थिर और उपासकों को प्राप्य धन दो।

अग्रगण्य, नित्यनवीन, पूजनीय, मनुष्यों के स्वामी तेजस्वी, स्तोता को अन्न-यश देने वाले इन्द्र की मैं स्तुति करता हूँ। हमारे उक्थ यज्ञ और हवि इन्द्र को ही प्राप्त होते हैं।

जैसे गर्भधारण करने योग्य कबूतरी की ओर कबूतर आता है, वैसे तुम हमारी ओर हे इन्द्र! आओ। हे शतकर्मा! स्तुतियों ही तुम्हें प्राप्त कराने में समर्थ हैं, हमारी रक्षा कीजिए, हम तुम्हारा स्तवन करते हैं।

नेता, युद्धभूमि में शत्रुवशकर्त्ता, यज्ञों में ज्योतिकर्त्ता इन्द्र, हमें पार करें, पशुधन से हमें बढ़ाएं। हे इन्द्र तुम हमें विपुल सुख देते हो।

अभीष्टवर्षक इन्द्र उत्कृष्ट हों, वृत्रनाशार्थ हम उन्हें पुष्ट करते हैं। इन्द्र प्रशंसनीय, तेजस्वी, बलवान हैं। गायक, वाणी, पूजामंत्र सब उनकी स्तुति करते हैं। सूर्य को इन्द्र ने ही आकाशस्थ किया। सूर्यरूप से वे मेघों को चीरते हैं। हे इन्द्र! तुम्हारे अश्व तुम्हें यहाँ लायें। हम सोमपानार्थ तुम्हें आहूत करते हैं। तुम्हारा रथ प्राणियों को लांघता हुआ जाता है और अश्व दमकते हैं। मनुष्य! सूर्यरूपी इन्द्र अंधकार एवं अज्ञान को हटाने में उदित हैं, दर्शन करो। अग्नि इव दीप्ति रश्मियाँ उन्हें ऊपर उठाती हैं, नक्षत्र उनके आगमन से भाग गये हैं। हे इन्द्र! तुम भवनों के रूप, सर्वद्रष्टा, सर्वप्रकाशक हो। जो पुण्यमार्ग पर चलते हैं, उन पर तुम कृपा करते हो। तुम त्रैलोक्यबिहारी हो। तुम्हारे रश्मिरूप सप्त-अश्व तुम्हें वहन करते हैं।

गौएँ जैसे बछड़ों के पास तथा माता वत्स के पास आती हैं, वैसे हमारी स्तुतियाँ इन्द्र के पास जाती हैं। वज्रधारी वे हमें आयु-ध्यूत-दुग्ध दें। सूर्यरूप में इन्द्र उदयाचल से पूर्व में उदित हुए, वर्षाजल से अन्तरिक्ष को व्याप्त किया। वर्षा-जल-रूप अमृत देने के कारण ये गौ भी कहे जाते हैं। सूर्य सर्वप्रकाशक हैं और प्राणापानरूप में शरीरों में स्थित हैं। सूर्य से ही दिन-रात होते हैं। वेदवाणी उन्ही का आश्रय पाती है।

देवता स्तुतिवाणी से प्रसन्न होते हैं। हे महिष्ठ, हे शक्र! आप कुशासन पर हर्षित विराजमान हों। हे यजमानो! दुःखनाशक, दर्शनीय सोमप्रिय इन्द्र की हम तुम्हारे यज्ञपुष्ट्यर्थ स्तुति करते हैं। हम अपनी स्तुतियों से इन्द्र की ओर जाते हैं। सब जीव जैसे दुर्भिक्षकाल में पर्वत की स्तुति करते हैं, वैसे हम स्कूल, पोषक दानी, तेजस्वी इन्द्र की स्तुति करते हैं। हे इन्द्र! जिस अन्न-धन से भृगु, प्रकण्व की तुमने रक्षा की वह हमें दीजिए।

नित्यनवीन, बलवान् इन्द्र की स्तुति करो, उनकी अल्पस्तुति से भी स्वर्ग मिलता है। हे इन्द्र! कौन-सा ऋषि तुम्हारे विषय में तर्क करता है, किस कारण तुम स्तोताहान पर आते हो।

धनदाता इन्द्र को स्तुति से पुकारो। हविदाता यजमान के लिए स्वर्ग से इन्द्र का धन बरसता है। संस्कारित सोम भेंट करने से प्रसन्न इन्द्र अन्न-धन देते हैं।

हे इन्द्र! संस्कारित सोम के लिए ऋत्विज तुम्हारी स्तुति करते हुए तुम्हें पुकारते हैं, सोमपानार्थ यहाँ आओ। हम तुमसे धन माँगते हैं।

हवि से प्रसन्न इन्द्र शत्रु-नगर को ध्वस्त करते हैं। हे इन्द्र! तुम्हारा रथ और तुम्हारी गति अरोक है, बल महान् है, संस्कारित सोमपानार्थ यहाँ आओ। इन्द्र हमारे आव्हान को सुन यहाँ आये।

बलवान्, उग्र, शत्रुनाशक इन्द्र को सर्वदेवों ने वरण किया। सोमपानार्थ स्तोता इन्द्रस्तुति कर रहे हैं।

धनवान्, वज्रधारी, उग्र, बलवान्, स्तुत्य इन्द्र को मैं पुकारता हूँ। वे स्तोता के मार्ग को सुन्दर करें, उसकी वृद्धि करें। सोम-हविदाता यजमान को वे गवादि का धन दें।

वृत्रहन्ता इन्द्र को हम आहूत करते हैं। वे छोटे-बड़े युद्धों में हमें बल और हर्ष दे। हे वीरेन्द्र! तुम दुष्ट-शत्रु-दण्डदाता एवं सोमाभिषव करने वालों के ऐश्वर्यदाता हो, हमें युद्ध में बल-धन दो। तुम्हारे लिए सम्पन्न किये गये यज्ञ के फलरूप हमें गवादि धन दो। संस्कारित सोम पियो बल हर्ष प्राप्त करो, हमारी रक्षा करो। हवि के अदाता निन्दकों का धन हमें दो।

प्रत्येक रक्षावसर पर हम इन्द्र को बुलाते हैं। सदा हर्षित, धनवान्, इन्द्र सोम-सवन में आ सोम पियें। हमें निन्दित न करायें, हमारे यहाँ आयें। अपना अपरिमित धन-बल हमें दे शत्रुओं से पार लगायें। हे इन्द्र! तुम दूर या पास जहाँ भी हो, वही से सोमपानार्थ यहाँ आओ। हे ऋत्विज! इन्द्र भयाहारी, सर्वद्रष्टा अरोकगतिक, रक्षक, दुःखनाशक मंगलकारी हैं, वे हमारे सब भयों को दूर करें। हवि से तुष्ट इन्द्र शत्रुनगरों को तोड़ते हैं। हे इन्द्र! तुम स्वबल से महान् हो। सोमसम्पन्न होने पर यहाँ आओ। बुलाने पर इन्द्र स्तोता के पास आते हैं। सम्पन्न सोम के लिये उक्थों से ऋत्विज तुम्हें बुलाते हैं, तुम यहाँ कब आओगे ?

रश्मियाँ जैसे सूर्य के साथ रहती हैं, वैसे ही इन्द्र के साथ रहती हैं। इन्द्र तीनों कालों में जल-धन बाँटते हैं। मंगलमय, दानदाता, उपासक-कामनाशक इन्द्र की हे स्तोताओं स्तुति करो। हे सूर्यरूप इन्द्र, आदित्य! तुम सत्य ही महिमावान् हो, तुम हवि-अन्न से भी महान् हो, अहिंस्य हो व्यापक हो, राक्षसों से संघर्ष करते हो।

स्तोत्र-वाणियाँ इन्द्र को सन्तुष्ट करने चलती हैं। जैसे धाता, अर्यमा इन्द्र में मिलते हैं, भृगुवंशी ऋषि इन्द्र का आश्रय लेते हैं, कण्वो की स्तुतियाँ इन्द्र को प्राप्त होती हैं, वैसे बुद्धिमानों की स्तुतियाँ इन्द्र को ही पहुँचती हैं। हर्यश्ववान् इन्द्र सोमप्रदाता यजमान को बल देते हैं। ऋत्विजो! सुन्दर मंत्रों का उच्चारण करो। इन्द्र का सेवक मुक्त हो जाता है।

हे इन्द्र! तुम वीर, स्थिर, असीम धन वाले, अन्नेश्वर और दुष्टनाशक हो। संस्कारित सोम पीकर आनन्दित होओ। यजमान को भूमि, परिपक्व अन्न और गौओं को देने वाली हो, तुम्हारे रक्षासाधन उसकी रक्षा करें। सोमपान करते समय स्तोत्र, उक्थ, स्तुतियाँ इन्द्र को सुन्दर लगती हैं।

अभीष्टदाता, शत्रुनाशक हे इन्द्र! तुम्हारे हर्ष की हम पूजा करते हैं। सोम से पुष्ट आप यजमान के कुशासन पर विराजें। उक्थगायक तुम्हारा महिमागान कर रहे हैं, तुम विजय प्राप्त करो। बहुस्तुत तथा बहु-आहूत इन्द्र की हे स्तोताओं! तुम स्तुति करो। इन्द्र के महान् बलपौरुष और वज्र को द्यावापृथिवी धारण करते हैं, उन इन्द्र की पूजा करो। हे इन्द्र! तुम एकाकी ही शत्रुनाश करने में समर्थ हो।

हे इन्द्र! तुम सदा नवीन हो। हम तुम्हें बुलाते हैं, हमारी रक्षा के लिए आओ। कर्मावसर पर हम तुम्हारा ही आश्रय लेते हैं, हमारी रक्षार्थ सखारूप में आओ। पहले जो हमें गवादि अभीष्ट धन दे चुके हैं, उन इन्द्र की मैं स्तुति करता हूँ। जनरक्षक, हरित-अश्ववान् सर्वनियामक इन्द्र की मैं स्तुति करता हूँ। वे मुझे धन दें। स्तोताओ! सामगान से इन्द्र की स्तुति करो। हे इन्द्र! तुम सूर्य के प्रकाशक, शत्रु-तिरस्कारक, विश्वकर्मा हो, देवता तुम्हारे मित्र हैं। हे स्तोताओ! बहुस्तुत इन्द्र की स्तुति करो। जिनकी महिमा से द्यावापृथिवी; जल-पर्वत-वज्र-बल-स्वर्ग को धारण करते हैं, उन इन्द्र की स्तुति करो।

इन्द्र, विश्वेदेवा, आदित्यो सहित हमें सर्वसामर्थ्य दें। आदित्यवान् और मरुत्वान् इन्द्र हमारी देह की रक्षा करें। स्वशक्ति से सूर्य के प्रत्यक्षकर्ता, पृथिवी को अन्तवती करने वाले इन्द्र से हम देवहितकारी अन्न और शतायुष्य पायें। हविदाता यजमान के अनन्य धनदाता हैं-इन्द्र। हे इन्द्र! सोमवान् स्तोता बल-ऐश्वर्य-सम्पन्न हो जाता है, अपने असुर-नाशक-बल को हमें दो। तुम्हारे उस बल को हम माँगते हैं, जिससे तुमने स्वर्ग की रक्षा की तथा समुद्र को और जल को गमनशील बनाया।

हमारे प्रिय, विस्तृत स्वर्गाधिपति हे इन्द्र! तुम हमें अपना प्रिय मानो! तुम सोमपायी, द्यावापृथिवी में प्रकट, सोम-सम्पन्नकर्त्ता तथा मनुष्यों को बढ़ाने वाले, असुरमारक हो। अध्वर्युओ! मधुरतम अन्न से इन्द्र को तुष्ट करो। हर्यश्वों पर आरूढ होने वाले हे इन्द्र! तुम्हारे

द्वारा कृत कल्याणों की अन्य कोई समानता नहीं कर सकता। अन्नकामी हम अन्नार्थ इन्द्र को आहूत करते हैं।

स्तुत्य इन्द्र को स्तुति-द्वारा बुलाते हैं, वे सर्वकर्मफल प्रेरक हैं। हे स्तोताओं! इन्द्र के निमित्त मधुरतम वाणी उच्चारो। यह वाणी कार्यसाधनार्थ अपरिमित बलवती और दीप्तिमती दक्षिणारूप है।

जो इन्द्र यजमान के मंगलार्थ यज्ञ में उपस्थित हैं, उन नवीन, मेधावी इन्द्र की स्तुति हे ऋत्विजो! करो। वे सशक्त असुरों को जानते हैं।

**षष्ठ अनुवाक सूक्त :** 67-70 : देवता : इन्द्र

सोमाभिषवकर्त्ता; इन्द्रकृपा से अपने और देवों के शत्रुओं का पराभवकर्त्ता, अन्तवान्, धनवान् हो जाता है। हे मरुतो! तुम्हारा तेज हमें जीर्ण न करे, हमें अविनाशी बल दो। धनप्रदाता, देवहोता, बली अग्नि; यज्ञ को सुसज्जित करते हैं। हे स्वर्गनेता मरुतो! अपनी पृषती अग्नियों के सहित यज्ञ में आकर कुशासन पर बैठ सोम पीजिए। हे अग्नि! देवों के साथ आओ, द्यावापृथिवी अन्तरिक्ष में हवि पहुंचा, स्वयं हविग्रहण करो और यही कुशासन पर बैठ सोम पियो। हे इन्द्र! आओ और आभिपुत सोम को अतृप्ति पियो।

हम रक्षा के लिए हर बार ऐश्वर्यवान्, हर्षित, गवादि-धनदाता इन्द्र को बुलाते हैं। हे इन्द्र! इस सोमसवन में आकर सोम पियो। हमारी निन्दा को रोको, हम यशस्वी हों। इन्द्र अहिंस्य हैं, मित्र-मंगलकर्त्ता हैं, उन्हीं का आश्रय लो। इन्द्र मनुष्यों-सखाओं को मुदित करते, यज्ञ की शोभा बढ़ाते हैं, इन्हीं का भरण करो। हे इन्द्र! सोमपान करके हमारे रक्षक होओ। हम यशस्वी हों। सुन्दर कृषियों से संम्पन्न हों। शतकर्मा इन्द्र को हम धन-प्राप्ति के निमित्त आहूत करते हैं। इन्द्र धन के पालक एवं रक्षक हैं, सोमकर्त्ता के सखा हैं। स्तोताओं! इन्द्र को यज्ञ में बुलाओ।

चिन्तावसर पर इन्द्र हमारे सामने आते हैं, वे अन्नोंसहित आए, स्तोताओं! इन्द्र की स्तुति करो। दधियुक्त पवित्र सोम इन्द्र लिए आ रहे हैं। हे इन्द्र! सोमपान के लिए प्रस्तुत होओ, सोम तुम्हें तृप्त करें। तुम्हें स्तोत्र, उक्थरूप स्तुतियां बढ़ाये। पराक्रमी, यज्ञरक्षक इन्द्र की हम सेवा करें। हे इन्द्! शत्रु हमारी हिंसा न कर सके। इन्द्र के रथ के अश्व दमकते हुए हैं, कमनीय हैं, सबके वशकर्त्ता हैं। हे मनुष्यों! सूर्य इन्द्ररूप में उदित हैं, दर्शन करो।

हे इन्द्र! तुमने उषोदय पर अपनी ज्योतिष्मती शक्तियों से गुफा में छिपे धन को पाया। हमारी स्तुतियाँ महान् इन्द्र को प्राप्त हों। इन्द्र और मरुतों का तेज एक-सा है, वे साथ-साथ रहते हैं। भू आदि किसी लोक में हों, हम उन्हें पुकारते हैं। स्तोता इन्द्र का गान करते हैं। इन्द्र रथ में घोड़े जोतते हैं और वज्र धारण करते हैं। इन्द्र ने सूर्य को आकाशस्थ किया और किरणों

से मेघों को विदीर्ण किया। श्रेष्ठ-धन और रक्षा के लिए हम इन्द्र को पुकारते हैं। हे इन्द्र! तुम धनद हो, हमारे चरु का भक्षण करो। तुम ईशान हो, अतिरस्करणीय हो, ऋषियों के सम्पन्नकर्त्ता हो, तुम हमारे ही हो, हम तुम्हारा ध्यान करते हैं। तुम पंचक्षितीश्वर हो, तुम सदा सह-प्रीतिकर धन रूप-बल हमें दो। तुमसे रक्षित हम शत्रु को जानें, हमारे अहिंस्य वर शत्रु को वश में करें।

**सप्तम अनुवाक : सूक्त :** 71-60 : देवता : इन्द्र

महान् इन्द्र का पराक्रम आकाश-सम-विशाल हो। इन्द्र के रक्षासाधन सदा उपलब्ध हैं। सोमपान के समय बोले गये उक्थ एवं स्तोत्र से प्रसन्न रहते हैं। हे इन्द्र! यहाँ सोम-सवन में आ, सोमपान करो, सोम सुन्दर चिबुक वाले इन्द्र को प्रसन्न करे। विद्वेषिणी स्त्रियाँ सेचन समर्थ पति को भी त्याग देती हैं, क्या हमारी स्तुतियाँ भी तुम्हें त्यागेंगी ? तुम हमें धन, ऐश्वर्य यश, आयु, रथ और श्रव हमें दो।

हम स्वर्ग फल चाहने वाले सभी सदनों में तुम्हीं से याचना करते हैं। हे इन्द्र! अन्न-कामी दम्पति गौदानावसर पर तुम्हारा ध्यान करते हैं। तुम्हीं से फल चाहते हैं। उषाकाल की हवि तुम्हें देते हैं। हे वर्षणशील! तुम हमारी रक्षार्थ वज्र ग्रहण करते हो, मेरे स्तोत्र सुनो।

हे वीरेन्द्र! यज्ञ सवनों के मन्त्र; सर्वपोषक तुम्हारे लिए ही हैं। उग्र, सुन्दरदर्शन इन्द्र की महिमा बल, धन अद्वितीय हैं। हे याज्ञिको। हवि को इन्द्र को ही दो वे इसका सेवन करे। रथ में वज्रधारी इन्द्र बैठते हैं। सोमाभिषव होने पर इन्द्र यही आते है और सोमपान करते हैं। कटुभाषियों की वाणी को मधुर कर देने वाले दुष्टनाशक पराक्रमी इन्द्र की हम स्तुति करते हैं।

हे सोमपायी इन्द्र! अगर तुम हमारे गवादि पशुओं को अक्षय करो, अपनी शत्रु-दशन-सामर्थ्य को हमारे गवादि पशुओं में भरो, मुझे एवं मेरे पशुओं को निद्रा प्रदान करो; गवादि सहस्त्रों धन हमें दो। तुम हमारे पापरूप राक्षस को मारो।

हे इन्द्र! गोदानावसर पर स्वर्ग के इच्छुक दम्पति तुम्हारा ध्यान करते हैं। इन्द्र के बल को मनुष्य जानते हैं, वे शत्रुओं को व्यथित करने वाले हैं। हे इन्द्र! पृथिवी को जल समृद्ध करो।

देवपोषक अश्विनीकुमारो! इन्द्र को प्रिय यह स्तोत्र; सोमपायी श्रेष्ठ इन्द्र को प्राप्त हो। हम इन्द्र के सत्य में रहे। हे इन्द्र! तुम उपमेघ हो, तुम्हें मैं हवियों और स्तोत्र से प्रसन्न करूँगा। हे इन्द्र! तुम्हारी कीर्ति महान् है। मुझ सखा के समान आश्रित को अन्तवान् बनाओ। धृतयुक्त सोम तुम्हारे लिए सुस्वादु हों।

इन्द्र के अश्व इस ओर गतिमान हों, धनस्वामी, सत्यनिष्ठ, सोमपायी इन्द्र यहाँ आये स्तोता स्तुति कर रहा है, सोम निष्पन्न हो रहा है। विद्वान् उशना के समान स्तोत्र उच्चार रहे

हैं। वर्षक, फल-वर्षक इन्द्र पृथिवी को सम्पन्न करते हुए यहाँ आये। ऋत्विज यज्ञरत हैं, सात स्तोता स्तुतिरत हैं, मेघों के द्वारा इन्द्र ने जलों की वृद्धि की। वे जल गोचरों पर छा गये।

हे स्तोता। सोम संस्कारित होने पर इन्द्र की स्तुति करो, वे हम सोमवानो के कल्याणकर्त्ता हैं। हे इन्द्र! तुम अपरिमितान्तवान् हो, तुम स्तुतियों को सुन आओ और बल पूर्ण करो। हे इन्द्र! हमें अभीष्ट वस्तु दो, हम दीर्घजीवी हो सुख पायें। हम पर आधि-व्याधि, पाप, अनलभय वाणी आक्रमण न करें, हम मनुष्यों से युक्त रहें, सफल कर्म करें। अपने तेजस्वी उस धन से इन्द्र हमें पूर्ण करें, जो उन्होंने द्यावापृथिवी को दिया हैं।

हे इन्द्र! सैकड़ों द्यावापृथिवी से तुम महान् हो। हमारी वृद्धि करो, रक्षा-साधनों से रक्षा करो। हे इन्द्र! मैं तुम्हें प्राप्त करूँ। स्तोताओं को धन दूँ। पाप के कारण पीड़ित न होऊँ। सर्वत: धन पाऊँ। मुझे शक्ति देने वाले तुम अद्वितीय हो। हे इन्द्र मुझे मंगलकारी घर और शत्रुसंतापी बल देकर रक्षा करे। हे इन्द्र! निष्पन्न सोम तुम्हारे लिए हैं, यहाँ मंत्र-सम्पन्न ऋत्विजों के पास हमारे स्तोत्रों की ओर और संस्कारित सोम के समीप अश्वोंसहित आओ।

अश्वसंयुक्त रथ से हे इन्द्र! हमारे सोम के समीप आओ। हे अध्वर्यु! जलवर्षक इन्द्र को सोम के दूधरूप अंश को अछूत करो, इन्द्र पीने को आ रहे हैं। आकाश में सुन्दर अन्न धारण करने वाले हे सोमपायी इन्द्र! सोमकामना करते हुए यजमान की रक्षा करो। पृथिवी को स्तंभित करने वाला घोष करने वाले, प्रसन्न बृहस्पति का ऋषि प्रथम ध्यान करते हैं। हे बृहस्पति जो ऋत्विज तुम्हें हमारी ओर आकृष्ट करते हैं, उनकी रक्षा करो। हे बृहस्पति ऋत्विज तुम पर मधुवर्षा करते हैं। परमव्योम में प्रकट होकर सप्तरश्मि बृहस्पति अंधकार मिटाते हैं।

हमारे द्वारा स्तुति किये गये इन्द्र को समस्त प्राणी प्रणाम करें, उससे शत्रु भयभीत हो। हे इन्द्र दूर-पास के सभी शत्रुओं को भयभीत करो। हमें अन्न-धन में प्रतिष्ठित करो। इन्द्र सोम-संस्कर्ता स्तोता को असीम धन देते हैं। हमारी दरिद्रता, दुर्बुद्धि दूर हो, उत्कृष्ट धन हम पायें।

**अष्टम अनुवाक : सूक्त :** 61-64 : देवता : बृहस्पति, इन्द्र

बृहस्पति ने सत्याविर्भूत बुद्धि प्राप्त की। इन्द्र से कहकर तुरीय को उत्पन्न कराया। वे सत्यकथन के कारण यज्ञ में प्रथम माने जाते हैं। वर्षक मेघों का उद्घाटन करते हुए वे स्तोता विद्वान् से लगते हैं। हृदयस्थित वाणियों को वे ही प्रकट करते हैं। आकाश में कड़कते हुए बृहस्पति, उषा, सूर्य, मंत्र को पाते हैं। इन्द्र मेघ को छिन्न-भिन्न करते हैं। दधि की इच्छा से उन्होंने पणि-अपहत गौएँ प्राप्त कीं। युद्धावसर पर हम बृहस्पति को प्रसन्न करते हैं। उपासकों के रक्षक गौ स्वामी इन्द्र को मैं पाऊँ, स्तोताओं! ऐसी स्तुति करो। हमारी कुशाओं पर इन्द्र

आकर बैठें। गौदुग्धमिश्रित सोम को इन्द्र प्राप्त करते हैं। हम इक्कीस बार सोम पीकर इन्द्र के सखा हों।

हे इन्द्र! यह स्तुति तुम्हें प्रसन्न करे। तुम ब्रह्मद्वेषियों को नष्ट करो और हमें धन दो। तुम महान् हो, तुम्हारी स्पर्धा में कोई ठहर नहीं सकता। तुम संस्कारित सोमों और मनुष्यों के भी स्वामी हो। औषधियां उत्पन्न होते ही इन्द्र की आराधना करती हैं। हे इन्द्र! तुम अन्तरिक्ष को लाँघने वाले हो, वहाँ भी तुम्हारा ओज स्तम्भित करने वाला है - तुम वृत्रहन्ता हो। तुम प्रियमन्त्रों और वज्र दोनों को धारण करते हो। उत्पन्न सभी पदार्थ तुम्हारे अधीन हैं। जो इन्द्र धनेश्वर हैं - धर्म से त्वरावान हैं, वे हर्ष से यही आये और हमारे शत्रुओं को क्षीण करें। हे इन्द्र! तुम्हारे हाथ में वज्र है और तुम्हारे अश्व तथा रथ तुम्हारे अधीन हैं। तुम यहाँ आओ, हम तुम्हारे सोमपानेच्छा को प्रवृद्ध कर रहे हैं। वज्रधारी, शत्रुनाशक, सत्य से सशक्त कामनावर्षक राजा इन्द्र को उनके अश्व हमारे यज्ञ में लायें। हे इन्द्र! इस स्तोता को आशीर्वाद दो, यजमान को धन दो और यहाँ सोमगृह में आसन पर विराजमान होओ।

**सूक्त :** 65-66 : देवता : इन्द्र

इन्द्र सोमभागों में सोम पीते और तृप्त होते हैं। इन्द्र की आराधना करो। हे इन्द्र शत्रुओं की प्रत्यंचाएँ उनके धनुषों पर न बढ़ने पायें। हे इन्द्र! तुम मेघप्रहारक, वर्षा से नदियों को गति देने वाले, वरणीय पदार्थों के पोषक को हम हृदय से लगाते हैं। हमारे शत्रुओं की बुद्धियाँ नष्ट हों। उनपर वज्र चलाओ। हमें धन दो।

हे इन्द्र! हवि ग्रहण कीजिए और यजमान के रथियो की रक्षा कीजिए। हमारी स्तुतियों को सुनिए, यही आइए, सोमपान कीजिए। सोमनिष्पन्नकर्त्ता की स्तुतियों को इन्द्र स्वीकारते हैं और उसे सुदर वाणी से तुष्ट करते हैं। जो सोम का संस्कार नहीं करता, उस ब्रह्मद्वेषी को इन्द्र नष्ट कर देते हैं। हम पशु-धनादि की कामना वाले आपको बुलाते हैं। हे रोगी! मैं तेरे जीवन के निमित्त हवि देता हुआ तुझे रोगमुक्त करता हूँ। तुझे निश्रुंति की गोद से भी छुड़ाता हूँ।

राक्षसों के नाशक अग्नि देवता मंत्रबल से मेरे रोग को दूर करे जो गर्भाशय में व्याप्त हो गया है। जो तेरे गिरते गर्भ को नष्ट करने का इच्छुक है, हम उसे नष्ट करते हैं। जो रोग तेरी योनि और उरुओं में व्याप्त है, उसे हम नष्ट करते हैं। तेरे नेत्र, हृदय, नासिका,अस्थियों, नाड़ियों आदि में सर्वत्र व्याप्त यक्ष्मा रोग को मैं दूर करता हूँ।

**नवम अनुवाक सूक्त :** 67-128 : देवता : इन्द्र

हे स्तोताओं हमने स्तोत्रों से इन्द्र के पुष्ट किया है, तुम भी स्तोत्रों ओर सोम से उन्हें संतुष्ट करो। हे इन्द्र! तुम यज्ञ में आकर स्तुतियों को सुनो। इन्द्र ने वृत्र का नाश किया, इन्द्र के पराक्रम अद्वितीय हैं।

हे इन्द्र! हम स्तोता यज्ञ में तुम्हें ही बुलाते हैं। तुम वज्रधारक हो, सज्जनों के रक्षक और जलों के प्रेरक हो। घिर जाने पर सब इन्द्र को ही आहुत करते हैं।

हे इन्द्र! तुम सोमपायी हो। सोमपान के लिए ऋभु और रुद्रदेव तुम्हारी ही स्तुति करते हैं। सोम से हर्ष को प्राप्त करने वाले इन्द्र यजमान के लिए धन की वर्षा और बल की वृद्धि करते हैं।

जल की कामना वाले मनुष्य जल से जल मिलाते हैं, वैसे हे इन्द्र! तुम्हारी कामना वाले तुम्हें सोम से मिलाते हैं। तुम प्रत्येक स्तुति पर बढ़ते हो। ये मंत्र तुम्हें प्रवृद्ध करते हैं।

सर्वज्ञाता और होतारूप अग्नि यज्ञकर्म को उत्कृष्ट बनाते हैं, हम उनका वरण करते हैं। हव्यवाहक, सर्वप्रिय अग्नि को प्रजापति भी हवि देते हैं, अत: हम भी हवि देते हैं। हे अग्नि! देवो को यज्ञ में लाओ।

अग्नि दर्शनीय स्तुत्य एवं नमस्कार्य हैं। देवों को वहन करने वाले अश्व के सदृश अग्नि फलवर्षक हैं और प्रदीप्त होते हैं।

हे मनुष्य! अग्नि दीप्तिमान एवं धनदान के लिए प्रसिद्ध हैं। हे मनुष्य! तू उन्हें ही पूज। हम होता तुम्हें आहुत करते हैं, तुम अपनी शक्तियों के सहित आओ। अंगिरा गोत्रीय तुम जल के पुत्ररूप हो।

असीम ऐश्वर्यवान् हे इन्द्र! हमारी स्तुतियों तुम्हें प्रवृद्ध करें। स्तोताओं! तुम इन्द्र की स्तुति करो। जल से वर्धमान समुद्र के समान हवियों से अग्नि प्रवृद्ध होते हैं। यज्ञों में अग्निबल दर्शनीय होता है। हे इन्द्र! तुम हवि के योग्य हो। तुम हमारे सूक्तों-हवियों को मत्रों से सुशोभित करो। हे जलपुत्र अग्नि! हम तुम्हें सहित वरण करते हैं।

हे इन्द्र! तुम कल्याणकर्त्ता, युद्ध में प्रतिस्पर्धा करने वाले और त्वरा से जाने वाले हो। तुम्हारे पीछे द्यावापृथिवी जाते हैं। जब तुम वृत्रहनन में लगे थे, तब उसकी द्वेष-दृष्टियाँ तुम्हारे नाश की कामना कर रही थीं और द्यावापृथिवी से प्रेरित शक्तियाँ तुम्हें बल प्रदान कर रही थीं-द्रुतकर्मा बना रही थीं। मैं वृत्रहन्ता, ज्येष्ठ, सेनाओं के उल्लंघक इन्द्र की स्तुति करता हूँ। इन्द्र की सत्ता अन्तरिक्ष और स्वर्ग में भी है।

हे इन्द्र! तुम्हारा बृहद् बल वरणीय है। वह कर्म रूपी वज्र को तीक्ष्ण करता है। हे इन्द्र! आकाश तुम्हारा वीर्य है, जल-पर्वत तुम्हारे प्रेरक हैं, पृथ्वी तुम्हारे द्वारा प्रवृद्ध होती है।

राजा इन्द्र के लिए समस्त प्रजाएँ झुकती हैं। इन्द्र का यह महान् पराक्रम है कि इन्द्र ने द्यावापृथिवी को चर्म के समान लपेट लिया है। क्रोधित वृत्र के शिर को इन्द्र ने वज्र से काटा। इन्द्र बल में भुवनों में उत्कृष्ट है और धनवान हैं। ये उत्पन्न होते ही शत्रुवध करते हैं। हे इन्द्र! तुम वीरों में प्रविष्ट हो संग्राम में तत्पर होओ। ये वीर जन्म, सरकार और युद्ध दीक्षा के कारण त्रिजन्मा हैं।

यह राजा इन्द्र की स्तुति करता हुआ स्वर्ग प्राप्ति की कामना कर रहा है। इन्द्र जल की वृष्टि से संसार को जलपूर्ण कर देते हैं। ये इन्द्र ही दिन को प्रकट करते हैं और अन्धकार में पापों से पार होते हैं। अपनी महिमा से द्यावापृथिवी अन्तरिक्ष को पूर्ण करते हैं।

शतकर्मा इन्द्र हमें धन, बल और शत्रुओं को हराने वाली सत्ता दो। हे इन्द्र! हम तुमसे सुख माँगते हैं। हे इन्द्र! तुम हवि की कामना करते हो। मैं तुम्हारी स्तुति करता हूँ। मुझे वीरों से युक्त धन प्रदान करो।

सेवनीय इस यज्ञ में सोम से युक्त हमारी स्तुतियों इन्द्र को पूजें। हम सोम के संस्कारित होने पर इन्द्र को आहूत करते हैं। इन्द्र को हमारी वाणियाँ प्रवृद्ध करें।

हे सूर्यात्मक इन्द्र! तुम वृत्रनाशक हो। जब तुम उदित होते हो, वह समय तुम्हारे अधीन है। तुम जिसे चाहते हो कि मृत्यु हो प्राप्त न हो, वह मरता नहीं है। दूर या पास कहीं सोम संस्कृत हों, इन्द्र वही पहुँचते हैं।

इन्द्र द्यावापृथिवी दोनों लोकों में हितकर कार्य करने वाले हैं। वे हमारे वचन मानकर सोम पीने यहाँ आ रहे हैं। इन्द्र अभीष्ट वर्षक, तेजस्वी हैं और द्यावापृथिवी उनका शरीर रूप है।

मैं सूर्य के समान उत्पन्न्न हुआ हूँ और पिता ब्रह्म की बुद्धि को मैंने पा लिया है। मैं प्राचीन स्तुतियों की वाणी से इन्द्र को स्तुत करके बली करता हूँ। हे इन्द्र! जिन ऋषियों ने तुम्हारी स्तुति की है या जिन्होंने नहीं की है उनसे उदासीन रहते हुए मेरी स्तुति के द्वारा प्रवृद्ध हो।

हे इन्द्र! तुम्हारा ऋण न चुका सकने के कारण हम दुष्ट शत्रु के समान न समझे जाये। तुम्हारी त्याज्य वस्तुओं को हम भी दावानल के समान त्याज्य समझें।

हे इन्द्र! सोम को कुचलने वाला पाषाण सोमसंस्कर्त्ता के हाथ में है, इसी ने सोम का संस्कार किया है। तुम इस सोम को पियो और हर्षित होओ। हे हर्यश्ववान् इन्द्र! जिस मद से तुम मेघ का हनन करते हो, वह तुम्हें हर्षित करे।

हे इन्द्र! मेरी याचना है कि मैं तुम्हारे सब रक्षासाधनों से यश और सौभाग्य प्राप्त करूँ और तुम्हारा भक्त हो जाऊँ। हे इन्द्र! तुम औरों को अश्व-गौ-हिरण्य और अपरिमित धन देते हो। मैं जिस कामना से आया हूँ उन वस्तुओं को मुझे प्राप्त कराओ।

हे ऋत्विजो! मैंने प्राचीन स्तोत्रों से इन्द्र की स्तुति की है, तुम भी प्राचीनों से ही स्तुति करो। स्तोताओं की बुद्धि मन्त्रों से सम्पन्न हो गयी इससे यजमान के लिए धन बढ़-बढ़ रहा हैं।

हे इन्द्र! तुम सब दिशाओं में स्थित मनुष्यों के द्वारा आहूत हो गये हो, तुम समूल शत्रुनाशक हो, इस यजमान के लिए आओ।

अपनी महिमा से जब सूर्य अपनी किरणों को अपने में समेट लेते हैं, तो संसार के सब कार्य भी अपने में सिमिट जाते हैं। तब पृथिवी भी अन्धकार रूपी वस्त्र से ढक जाती है।

वे सदा चढ़ाने वाले मित्र किन रक्षासाधनों से हमारी रक्षा करेंगे। हे इन्द्र! हर्षजनक हवियों में सोम का कौन-सा अंश श्रेष्ठ है जिससे प्रसन्न हो तुम मन्त्रों को धन देते हो। हे इन्द्र! तुम हमारे सखा हो। आदित्यवान् इन्द्र हमारी देह और सन्तान को सशक्त करें।

हे इन्द्र! द्रुत वेग वाले हो, शत्रु को व्यथित करने वाले हो, तुम जहाँ सोमपान साधन नहीं हैं, वहाँ नहीं जाते। अत: इन्द्र सबसे उत्कृष्ट हैं।

मैं इन्द्राणी को सौभाग्यशालिनी मानता हूँ क्योंकि इनके पति इन्द्र अजर-अमर हैं। हे इन्द्राणी! मैं वृषाकपि के सिवाय और कहीं नहीं जाता। वे मुझे सर्वाधिक प्रिय हैं। इनकी हवि जलयुक्त होती है। मैं इन्द्र, देवताओं में उत्कृष्ट हूँ। हे वृषाकपि रूप सूर्य पत्नी तू सुपुत्र, सम्पन्न और धनयुक्त है। तेरी जलयुक्त हवि को सर्वोत्कृष्ट इन्द्र सेवन करें। हे इन्द्र! तीक्ष्ण सींग वाले बैलों के गौओं में शब्द के समान जिनके हृदय में इन्द्र का मन्त्र गूँजता हुआ उन्हें सुख देता है, वे सुखी हैं।

हे स्तोता! जैसे फलयुक्त वृक्ष पर बैठा पक्षी शब्द करता है, वैसे तुम भी स्तुतियों की ध्वनि करो। यज्ञ कर्म की समाप्ति पर भी तुम्हारी जिव्हा न रुके।

सोमामिषकर्ता, यज्ञकर्ता सूर्यलोक को भेदकर ऊर्ध्वलोकों में जाता है। देवताओं ने यह बात पहले कल्पित कर ली थी। जो स्तोता यज्ञ एवं दान करने वाले हैं, वे सूर्य के समान ही

स्वर्ग में गमन करते हैं। हे इन्द्र! तुमने दाशराज के पुत्रों को विनष्ट किया था। तुम सबके लिए रूप रहित हुए थे, तुम यज्ञ के साथ कल्पित होते हो। हे इन्द्र! तुम सूर्यरूप में अक्ष को झुकाते हो, और रोहित को विस्तृत मुख वाला करते हो। तुमने ही वृत्र का शिर-छेदन किया था। जिन्होंने पर्वतों को स्थिर किया और जल का अवगाहन किया, जो वृत्रहन्ता है, उन इन्द्र को मेरा नमस्कार।

**सूक्त :** 129-132 : देवता : प्रजापति

संसार के सब पदार्थ उत्पन्न होकर परमेश्वर की आज्ञा में वर्तमान हैं। माता-पिता परस्पर प्रीति करके उत्पन्न सन्तान को कुमार्ग से बचाकर सुमार्गी बनायें। जिस कुल में माता-पिता-आचार्य सुशिक्षक हैं, वही सन्तान सदा सुखी रहती है। विद्वान की सन्तानों को त्रिताप नहीं सताते। स्त्री-पुरुष मिलकर धर्म-व्यवहार में परस्पर सहायक होकर संसार का उपकार करें। मनुष्य सावधान होकर पाप से बचने का उपाय करते रहें। तीव्र बुद्धि उचित कार्य में ही लगती है। उत्तम बुद्धि वाला स्वस्थ और उपकारी वचन बोलने वाला होता है।

विवेकी, क्रियाशील, कुशल विद्वानों से शिक्षा लेकर मनुष्य उपयोगी होवे शरीर और आत्मा से बलवान् होकर मनुष्य भूमि की रक्षा और विद्या की वृद्धि करे। सद्व्यवहार करके मनुष्य धन पैदा करे। अपने मित्रों को मनुष्य दुष्टों से बचाये। गुणी स्त्री की सन्तान को उत्तम शिक्षा देकर मनुष्य योग्य बनाये।

मनुष्य विघ्नों को हटाकर ऐश्वर्य प्राप्त करे। सब मनुष्य परस्पर प्रीति से रहें और क्लेशों से बचें। मनुष्य उचित रीति से दानादि करके दृढ़चित्त हो और शत्रुनाश करे। मनुष्य विद्या प्राप्त करके अपनी कीर्ति फैलाये।

वह ब्रह्म निराधार होते हुए भी सबका आधार है। वायु आदि उसकी आज्ञा में चलते हैं। सब उसी की उपासना करें। परमात्मा तीनों लोकों का रचयिता है। मनुष्य को अपना मन उदार ही रखना चाहिए। विद्वान् और विदुषी स्त्रियों सामगान करके आत्मा और शरीर की बलवर्धक क्रियाओं को प्रकाशित करें। परमात्मा के गुण, कर्म, स्वभाव, नाम असंख्य हैं।

**सूक्त :** 133 : देवता : कुमारी

संसार में मनुष्य शरीर और आत्मा की स्वस्थता से ही विचार और कर्म के द्वारा उन्नति कर सकता है। अत: समय को न खोकर सदा पुरुषार्थ करे। माता आदि से ही सुशिक्षा पाकर सन्तान पुरुषार्थी होती है। स्त्रियाँ कुरीति छोड़ सुरीति चलायें। स्त्रियाँ मधुर-मनोहर वाणी बोलें।

मलिन पानी में रूप मलिन दीखता है और शुद्ध जल में सुन्दर, अत: सब लोक मानसिक मलिनता को छोड़े और सद्व्यवहार करें।

**सूक्त :** 134-137 : देवता : प्रजापति

परमात्मा को सर्वव्यापक जानकर हम हिंसा से बचे। मनुष्य को सब स्थानों पर उपयुक्त खाद्य पदार्थ ही ग्रहण करने चाहिएं। बुद्धि का उचित प्रयोग करके मनुष्य सदा प्रसन्न रहे।

परमेश्वर के उपकारों को देख हम सबको भी उपकारी होना चाहिए। जैसे कोषागार में रखे धन की विशेष रूप से रात्रि में रक्षा की जाती है, उसी प्रकार हमको मनुष्य शरीर रूपी कोषागार में रखे आचार और उत्तम प्रवृत्ति की रक्षा करनी चाहिए। निरन्तर कर्मशील रहने से ही पहले पुरुषों ने उन्नति प्राप्त की है; यह सोच हम भी कर्मशील रहें। पति-पत्नी गुणवान् और परमेश्वर के भक्त होकर आनन्द भोगें। श्रेष्ठ कर्मों से प्रतिष्ठा मिलती है अत: श्रेष्ठ कर्म करें। सूर्य जैसे अपने मार्ग में चलकर ही संसार का उपकार करता है, वैसे हम भी उचित मार्ग पर चलकर अपना और संसार का उपकार करें। चारों वर्ण अपना कर्त्तव्य पालें और सुख, विद्या, धन की वृद्धि करें। राजा प्रजा की विद्या-धनादि से उन्नति करे। दीनों की सहायता करे। आप्त पुरुष अपना जन्म सफल करने के लिए अधर्म छोड़ धर्माचरण करें।

राजा जब न्यायपूर्वक अपराधों को मिटाता है, तभी प्रजा पाप से ऐसे डरती हैं। जैसे थोड़े जल से मछली। राजा जब दुष्टों को मिटाता है, तभी सज्जन बढ़ते हैं, जैसे सिकता प्रदेश में श्वेत कमल। अन्याय से प्रजा की हानि है अत: राजा अन्यायी शत्रुओं का नाश करे। जैसे माता सन्तान का हित करती है, वैसे राजा प्रजा का हित करे। जैसे ओखली में कूटकर शुद्ध धान्य प्राप्त किया जाता है, वैसे ही तप से मनुष्य ज्ञान प्राप्त करे और तपस्या के द्वारा दु:खों से मुक्त हो। राजा धोखेबाजों को उचित दण्ड दे। दुष्टादि प्रजा को न सताएं। जैसे सर्पदर्शित अंग को काटकर ही जीवन मिलता है, वैसे असफल नीति को छोड़कर राजा प्रजा को जीवन दे। जैसे स्त्रियों प्रसन्न हो वसन्त राग गाती हैं, वैसे ही राजा क्लेश में पड़ी प्रजाओं को उठाये।

व्यूह-रचना से राजा शत्रु-सेना को परास्त करे। प्रजा गुणी, शूर पुरुष को अपनी रक्षार्थ राजा बनाए। जैसे शीघ्रगामी अश्व अश्ववार को लेकर मार्ग तय करता हुआ ठिकाने पर पहुँचकर सुख पाता है, वैसे ही विद्वान् पराक्रमी अपना कर्त्तव्य पूरा करके यश पाये। परमात्मा पुराषार्थियों को ही ऐश्वर्यवान् करता है, अत: पुरुषार्थ करें। मनुष्य विद्याओं तथा पदार्थों का तत्त्व जानकर धन की वृद्धि करें। चढ़ाई करने वाला शत्रु यदि थककर हार मान ले, तो राजा

उसे मित्र बनाये और अपनी सेना हटा ले। अत्याचारियों को सेना भेजकर दबाये। शत्रु बार-बार एकत्र होकर उपद्रव मचायें तो राजा उनको हराये।

**सूक्त :** 138 : देवता : इन्द्र

इन्द्र महान् हैं, वे वत्स-स्तोत्र से प्रवृद्ध होते हैं। हे अश्विद्वय! तुम सत्यनिष्ठ प्रजा का पालन करो। उस प्रजा को अग्नियों पुष्ट करती हैं और ब्राह्मण उसकी रक्षा करते हैं।

**सूक्त :** 139-143 : देवता : अश्विनीकुमार

हे अश्विनीकुमारो! अन्तरिक्ष और स्वर्ग में जो धन है, वह हमें दो। यह सोम हवि- धन से युक्त है, स्तोम-धर्म से सिंचित है-माधुर्यमय है, इसे ग्रहण करो। हे अश्विद्वय! जलों, औषधियों, वनस्पतियों में जो कर्म निहित है, उससे मुझे सम्पन्न करो।

हे अश्विद्वय! तुम द्रुतगामी हो, चिकित्साकर्म में कुशल हो और हविसम्पन्न के निकट जाते हो। अश्विनीकुमार के स्तोत्र को ऋषियों ने जाना। हे अश्विद्वय! तुम द्रुतगामी रथ पर आरूढ़ हो। तुम्हारे लिए की गयी स्तुति व्योम के समान स्थिर रहे। हम उक्थों-द्वारा तुम्हारा आश्रय लेते हैं, और वाणी के द्वारा तुम्हारी सेवा कर रहे हैं।

हे अश्विद्वय! तुम हमारे रक्षक रूप में, शरीर के-पुत्र पौत्रादि के रक्षक रूप में, संसार के रक्षक के रूप में आकर मिलो। हे अश्विद्वय! तुम इन्द्र के साथ बैठते हो; वायु के साथ रहते हो, ऋतुओं के स्नेही हो और विष्णु के विक्रमणयुक्त हो। तुम यजमानों को शीघ्र प्राप्य हो, अन्न-प्राप्ति के लिए मैं तुम्हें आहूत करता हूँ। यह हव्य तुम्हारे लिए हितकारी हो। यह सोम, तुर्वशु, यदु और कण्व के हैं -यहाँ अवश्य आओ।

मैं अश्विनीकुमारों की ज्ञान-बुद्धि के साथ हूँ। हे मेधा! तुम प्रकाशित होकर धन दो। स्तोताओं! प्रात:-सायं अश्विद्वय को प्रबोधित करो। हे सत्यरूप देवी! तुम उन्हें प्रशंसनीय करो। हे होता! तुम उनके यश को फैलाओ। हे अश्विद्वय! तुम्हारा रथ उषा के तेज से मिलता हुआ सूर्य के साथ दमकता है। तब गोदोहन हो रहा होता है और ऋत्विजों की वाणी तुम्हारी स्तुति कर रही होती है। मैं ऐश्वर्य, बल और कल्याण की प्राप्ति के लिए तुम्हारी स्तुति करता हूँ। तुम कल्याणकारी कारणों के द्वारा प्रशंसनीय हो।

हे अश्विद्वय! तुम्हारा वेगवान् रथ ऊँचे-नीचे स्थानों में जाता है, सूर्य का वहन करता है, वाणी का बहन करने वाला है तथा गौओं से सुसंगत होने वाला है, मैं उसी रथ को आहूत करता हूँ। हे अश्विद्वय! तुम लक्ष्मी के अधिष्ठातृ देवता हो। कौन हविदाता तुम्हें रक्षा के लिए, संस्कारीत सोम पीने के लिए आहूत कर रहा है, कौन तुम्हारी सेवा कर रहा है ? हे अश्विद्वय! तुम अपने स्वर्णिम रथ से यहाँ पृथिवी पर, यज्ञ स्थान में आओ। सोमपान करते हुए इस सेवक

को रत्न-धन प्रदान करो। स्तोता यजमान को पुत्र-पौत्रादि दो। यजमानों को ऐसी सुबुद्धि दो कि ये परस्पर समान मति वाले हो जाएँ, तुम्हारे ऊपर ही निर्भर हो जाएँ और तुम इनकी रक्षा करो।

हमारे लिए आकाश मधुमय हो; अन्तरिक्ष मधुमय हो; औषधियाँ मधुमति हों; क्षेत्रपति मधुमय हो। हम अमृतत्व प्राप्त करके उसके अनुगामी हो घूमें। तुम्हारा स्तोत्र द्यावापृथिवी में फलवर्षक है। तुम सोमपान करके गौ पूजा वाले सैकड़ों स्तोत्रों को प्राप्त होते हो।

* * *